KB234436

승무원
중국어
100

100 cases from Flight attendant Chinese

초판 1쇄 인쇄 2014년 7월 15일
초판 1쇄 발행 2014년 7월 20일

지은이 • 윤유정(인위팅)
발행인 • 강혜진
발행처 • 진서원
등록 • 제 2012-000384호 2012년 12월 4일
주소 • (121-838) 서울 마포구 동교동 176-5 수빌딩 4층
대표전화 • (02) 3143-6353 / 팩스 • (02) 3143-6354
홈페이지 • www.jinswon.co.kr / 이메일 • service@jinwson.co.kr

편집진행 • 성경아 / 표지 및 내지 디자인 • 디박스 / 일러스트 • K'mos / 인쇄 • 보광문화사 / CTP • 교보피앤비 / 제본 • 정성문화사 / 마케팅 • 강성우

ISBN 979-11-950176-5-2 13320
진서원 도서번호 14001
값 18,000원

이 도서의 국립중앙도서관 출판예정도서목록(CIP)은 서지정보유통지원시스템 홈페이지(http://seoji.nl.go.kr)와
국가자료공동목록시스템(http://www.nl.go.kr/kolisnet)에서 이용하실 수 있습니다.(CIP제어번호: CIP2014018894)

윤유정(인위팅) 지음

리우즈구어(刘治国) 감수

진서원

승무원 분야 No.1 베스트셀러 저자

미쉘샘의 추천의 말

국내 최초 HSK 3급 합격을 위한 1개월 과정 개설!

10년 가까이 승무원 취업준비생을 가르쳤다. 최근 특징 중 하나는 항공사가 중국어를 잘하는 사람을 뽑는다는 것이다. 중국어 승객이 기하급수적으로 늘어났기 때문이다. 하지만 중국어를 배우기가 어디 쉬운가. 더군다나 승무원 직종에 특화된 중국어 강의는 전무후무한 상황이었다.

주변을 둘러봐도 중국어의 'ㅈ' 자도 모르는 승무원 지원자를 가르치는 곳은 단 한 곳도 없었다. 적어도 두 달은 중국어의 성모와 운모, 성조, 그리고 또 두 달은 중국어 기초회화 과정을 마친 후에나 HSK 3급 시험 대비반에 들어갈 정도였다.

승무원 준비생에게 스펙도, 중국어 실력도 선사한 강남 최고 중국어 선생님!

물론 중국어뿐만 아니라 모든 외국어는 처음엔 무조건 암기를 해야만 실력이 는다. 6개월 동안 중국어만 파고들며 공부를 해야 면접을 볼 만한 수준이 되는 것이다. 하지만 6개월은 긴 시간이다. 승무원 준비만 해도 할 게 많다. 게다가 승무원 채용에서 나이는 경쟁력이다.

그래서일까? 승무원을 준비하는 학생들의 마음을 윤유정 선생님은 잘 알고 있는 것 같다.

일단 중국어 HSK 3급 자격증을 한 달 만에 획득하게끔 공부시킨 후, 그다음에 따로 실용 중국어 공부를 열심히 시킨다. 보이기 위한 스펙만을 강조하지 않고 실제 기내에서 사용할 수 있는 중국어 강의를 하며 수많은 승무원 지원자를 합격시켰다. 그리고 국내 최고 강사들만 살아남는다는 강남 일대에서 입소문을 타고 유명해진 분이기도 하다.

학생들에 대한 애정으로 만든 책, 적극 추천!

나도 윤유정 선생님의 블로그(http://blog.naver.com/yuting827)에 종종 들어가본다. 선생님의 모든 포스팅은 학생들에게 돈으로도 살 수 없는 좋은 자료다. 심지어 개인적인 일상을 올릴 때도 항상 학생들이 알면 좋을 만한 중국어 단어 또한 함께 적어주면서 중국어를 공부하는 학생들에게 동기부여를 해주고 있다.

나는 승무원을 지원하는 학생들에게 영어는 기본, 중국어는 필수라고 말한다. 보여주기식 면접준비보다는 실력과 능력을 키워 경쟁력을 갖추라고 말한다. 그런 의미에서 윤유정 선생님의 중국어 강의와 그간의 경험을 모아 정리한 이 책은 승무원을 준비하는 학생들에게 단비와도 같은 역할을 하리라고 믿는다. 더불어 항상 새로운 분야에 도전하고 공부하는 사람들에게 지식이 아닌 깨달음을 얻게 해주는 책이 될 것이다.

《승무원면접 기출질문 300》 저자

유제연(미쉘)

제자들의 이구동성 추천의 말!

우리가 먼저 읽고, 승무원이 되었어요!

HSK 3급 한 달 만에 합격, 승무원 도전!

대한항공 합격자 ○○○

작년 3월 한 달 만에 HSK 3급 합격했어요. 그것도 고득점으로. 곧이어 4급 시험도 도전했죠. 이게 가능할까 싶었는데, 진짜 가능하더라고요. 항공사 준비를 하면서, 원하는 곳에 들어가게 된 것은 정말 중국어 덕분이라고 생각합니다. 정말 고맙습니다.

HSK 증서보다는 회화라는 충격적인 말씀, 현실적 조언!

대한항공 합격자 ○○○

HSK 3급 240점으로 합격하고 자신감을 얻었어요. 5급, 6급 계속 욕심이 났지만 자격증은 이 정도로 된 것 같아, 그다음에는 선생님에게 승무원 중국어 회화 특훈을 받았죠. 그래서 입에 붙는 중국어를 익힌 것 같아요. 언어는 창조가 아닌 모방. 정말 맞네요. 중국어, 정말 합격의 지름길이었어요.

중국어 전공, 승무원 회화가 필요해서 도움 받았어요

아시아나 합격자 ○○○

저는 중국어를 전공했어요. 웬만한 회화는 구사했지만, 승무원으로서 중국어는 좀 다른 것 같아서 선생님께 특별수업을 받았지요. 뭐랄까, 중국인 승객을 대해도 자신감 있을 정도로 열심히 외웠어요. 이 책에 수록된 회화 100가지 사례를 꼼꼼히 보고 외워보세요. 그러면 합격 후 중국어 교육 때 많은 도움이 된답니다!

승무원에게 필요한 중국어 회화를 모아놓은 책

아시아나 합격자 ○○○

중국어 책은 많지만, 승무원에게 필요한 중국어 책은 없더라고요. 그래서 이 책이 나오면 후배님들이 큰 도움을 받을 것 같아요. 현직에 계신 분 중 중국어에 자신이 없는 분들도 이 책이 도움이 되리라고 생각합니다. 중국어, 승무원 준비하신다면 미리 꼭 배워서 준비해두세요.

면세점, 이착륙에 필요한 회화, 달달 외웠더니 합격!

에어부산 합격자 ○○○

승무원 면접 때 중국어를 해보라고 했을 때 머릿속이 캄캄했어요. 하지만 선생님과 중국어 모의면접 때 외운 회화를 하나 떠올렸죠. 그리고 저도 모르게 능숙하게 답변하게 되었어요. 선생님이 말씀하신 것처럼 중국어는 몇 개만 응용하면 새로운 회화가 완성되는 것 같아서 신기해요. 감사합니다, 선생님!

면접 전 6개월 동안 중국어 집중 공부, 합격!

진에어 합격자 ○○○

저는 사실, 승무원 스펙이 많이 부족했어요. 중국어도 깜깜했고요. 하지만 6개월 동안 정말 선생님 조언대로 하루 종일 중국어만 공부했어요. 그래서 한 달 만에 HSK 3급 합격, 그리고 세 달 만에 4급 합격을 했답니다. 그다음 승무원 중국어 공부를 3개월 동안 정말 지독히 했어요. 많이 부족했지만 중국어에 대한 저의 노력을 크게 보셨는지 최종합격되었답니다. 감사합니다, 선생님

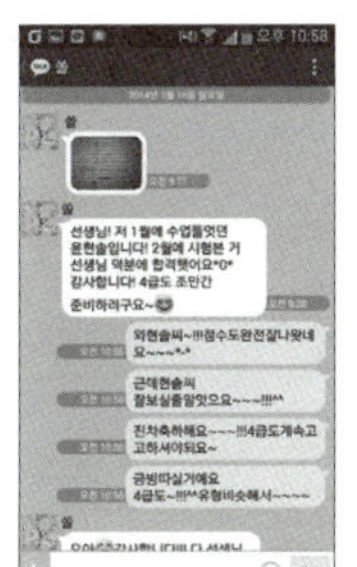 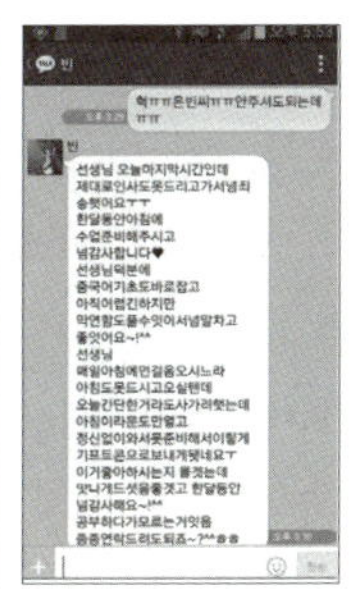  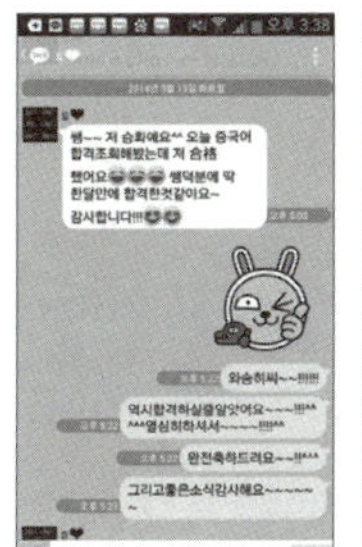 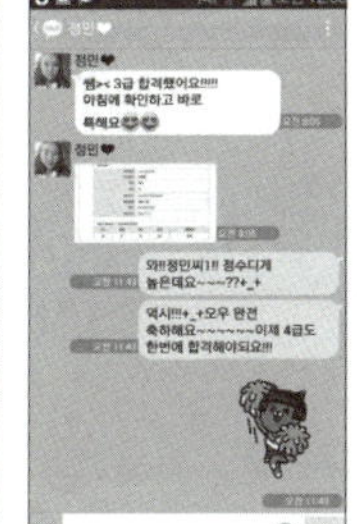 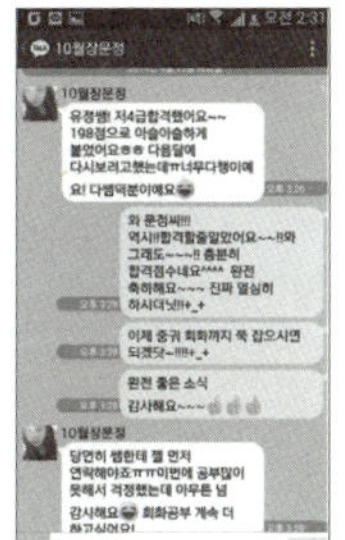

* 항공사의 입사서약 때문에 합격생의 실명을 적지 못한 점 양해 바랍니다.

지은이의 말

14억 중국인과 소통하는 언어, 내 꿈을 연결시켜주는 고리

요즘 어디를 가나 중국어가 들린다. 그만큼 중국어를 필요로 하는 곳이 늘어나고 있다는 증거다. 하지만 아직도 국내에는 중국어 가능자가 턱없이 부족하다. '중국어' 하면 익숙하지 않아서 어렵다고 생각할 수 있다. 하지만 생각하기 나름이다. 점수를 위한 중국어가 아닌, 나만의 경쟁력이 되도록 중국어 실력을 쌓는다면 중국어가 어렵지만은 않을 것이다. "시작이 반"이란 말도 있다. 이제라도 시작하면 10년 후 미래를 대비할 수 있는 게 바로 중국어다.

14억이란 인구가 한 가지 언어로 통일되었다. 궁금하지 않은가? 그들이 무슨 언어로 소통하는지. 중국어를 배워서 그들과 직접 대화를 해보자. 중국어가 여러분 꿈의 한 부분을 연결시켜주는 고리 역할을 할 것이라고 믿는다.

중국어, 배울수록 쉬워지는 언어

중국어는 갈수록 쉬워지는 언어라는 말을 들어봤을 것이다. 들어갈 때는 울지만 나올 때는 웃으면서 나온다고 한다. 그래서 중독성이 강하다. 필자도 처음엔 딱 1년만 하자고 마음을 먹었지만, 갈수록 빠져들었다. 왜냐하면 할수록 쉬워지고 조금만 더 하다 보면 더욱 발전할 것 같았기 때문이다. 처음엔 한자와 병음 때문에 외계어 같다는 느낌이 들겠지만, 어느 정도 머릿속을 채우고 나면 계속 응용이 될 뿐 아니라 발음이 비슷하다는 느낌을 받아서 갈수록 쉬워질 것이다. 그러니 처음부터 겁먹지 말자. 하루에 한 문장만이라도 정복해보자. 한 달이면 30문장이, 1년이면 360문장이 쌓인다. 일단 흥미를 붙이자. 그것이 중국어 정복의 가장 빠른 지름길이다.

영어를 하면 서류합격, 중국어를 하면 최종합격!

승무원 입사에서 중국어 비중이 커지고 있다. "영어를 하면 서류합격, 중국어를 하면 최종합격"이란 얘기가 있다. 필자가 가르친 사람 중 승무원 합격 비율이 나날이 높아지고 있다. 우선 HSK 3급을 목표로 한 달을 투자해보고, 여기 나온 승무원 중국어 회화를 숙지해보자. 유비무환이라고 했다. 이렇게 준비된 승무원이라면 자신감이 충만할 것이고, 합격으로 이어질 것이다.

서점에 수많은 중국어 학습서가 있지만 정작 승무원에게 필요한 책은 없다. 이 책은 승무원에게 필요한 면세물품 판매, 수속, 비행, 이착륙 관련 필수 회화 100가지를 정리해놓았다. 승무원을 준비하는 사람들에게 가장 효과적인 방법으로 중국어 공부를 도와줄 것이다. 뿐만 아니라 현직 승무원 중 중국어가 익숙하지 않은 사람에게는 보다 자신감 있게 중국인 승객에게 서비스할 수 있도록 도와줄 것이다.

항공승무원은 서비스와 안전을 동시에 책임져야 한다. 하지만 언어가 통하지 않으면 중국 손님들에게 최고의 서비스를 제공하기는 힘들 것이다. 이제 앞으로 비행기 좌석의 반 이상을 채우고 있을 중국 손님들에게 그들의 언어로 서비스를 전달하면 어떨까? 그렇게 할 수만 있다면 중국 항공사보다도 더 친근하고 편안한 외국계 항공사란 인상을 심어줄 수 있을 것이다.

여름을 앞두고, 윤유정

차례

준비마당

승무원 중국어 1달이면 끝낸다!

비행기 이륙 전, 꼭 써먹는 중국어 회화

| 탑승수속 | 환영인사 | 좌석안내 | 짐배정 | 이륙준비 |

비행 중 꼭 알아야 할 중국어 회화

서류작성 / 기내환경 / 요구응대 / 시차 / 연착 / 기내식 / 면세품

비행기 착륙 전후 마무리 중국어 회화

착륙준비 / 감사인사 / 착륙후안내

이 책은 일부 내용(〈준비마당〉, 〈첫째마당〉, 〈부록(기내방송문 + 어휘집)〉을 MP3, 동영상 파일로 만들었습니다. 학습에 활용하시기 바랍니다.

진서원 홈페이지(www.jinswon.co.kr 자료실, '승무원 중국어' 검색)
저자 블로그(blog.naver.com/yuting827, '승무원 중국어' 검색)

YouTube 유튜브('승무원 중국어 100 진서원' 검색)

1 승무원이 되려면 중국어를 잡아라!

2 한자가 싫어도 중국어 배울 수 있을까? OK!

3 중국의 성모, 우리말의 자음과 같다

4 중국의 운모, 우리말의 모음과 같다

5 발음의 높낮이, 성조를 정복하자!

6 중국어 어순, 영어랑 비슷하다?

7 품사, 12개만 알아두자!

준비 마당

승무원 중국어 1달이면 끝낸다!

이 책은 일부 내용(〈준비마당〉, 〈첫째마당〉, 〈부록(기내방송문 + 어휘집)〉)을 MP3, 동영상 파일로 만들었습니다. 학습에 활용하시기 바랍니다.

오디오 파일이 있는 곳

진서원 홈페이지(www.jinswon.co.kr 자료실, '승무원 중국어' 검색)
저자 블로그(blog.naver.com/yuting827, '승무원 중국어' 검색)

동영상 파일이 있는 곳 YouTube

유튜브('승무원 중국어 100 진서원' 검색)

1 승무원이 되려면 중국어를 잡아라!

승무원 지원자 상향평준화, 대한항공 100대1 경쟁률!

항공사 승무원은 인기 직종이다. 외모, 지성, 성품, 태도 등 나무랄 데 없는 지원자가 많고, 고시를 방불케 할 정도로 경쟁이 치열해 '승무원 고시'라고 불리기도 한다.

작년에 대한항공은 2~3차례 80~100명의 승무원을 선발하는 과정에서 지원자가 15,000명 가까이 왔다고 한다. 항공사 승무원 경쟁률이 평균 잡아 100대1은 넘는다는 얘기다.

그렇다면 항공사 승무원은 왜 인기가 있을까? 인지도 있는 기업의 일원이 된다는 것, 자유로운 해외여행의 기회, 적지 않은 보수 때문이리라.

이런 직장에 들어가려면 적어도 치열한 스펙 싸움에서 자신을 차별화시켜야 한다. 과거에는 영어 구사 능력이 취업 성공의 조건이었다. 하지만 지금은 영어 잘하는 사람이 너무 많다. 그래서 승무원이 되려면 영어는 기본, 제2외국어인 중국어까지 구사해야 한다고 말하는 것이다.

영어는 기본, 중국어는 차별화 요소!

최근 필자에게 중국어를 배운 승무원 지원자들이 대부분 항공사에 합격했다. 이들이 이구동성으로 하는 얘기는 중국어를 배워두길 잘했다, 변별력이 된 것 같다는 것이다. 승무원 지원자의 수준은 점점 높아지고 있다. 이들은 바로 중국어라는 차별화 요소가 있어서 승무원이 된 것이다.

언어는 시간과 노력이 필요하다. 그래도 다행인 점은, 아직 우리나라는 중국어를 잘하는 사람이 드물고 그래서 기회가 많다는 것이다. 승무원을 지원한다면 우선 영어는 꾸준히 해두고, 중국어는 HSK 4급을 목표로 공부를 해보자. 이 정도를 취득하려면 최소 3~5개월은 필요하지만, 노력 여하에 따라 1개월 이내로 단축할 수도 있다.

2014년 한국을 방문하는 외국인 관광객 중 40% 가까이가 중국인이라는 점은 시사하는 바가 크다. 승무원 지원자는 물론이고 현직 승무원들 역시 중국인 관광객 쏠림 현상 때문에 중국어를 공부하려고 고군분투 중이다.

승무원 지원자라면 지금 당장 이런 상황을 인지하고 중국어 공부를 시작해보면 어떨까? 특히 이 책은 승무원이 이륙, 비행, 착륙 등 현장에서 자주 사용하는 회화를 중심으로 구성해놓아서 실무적인 중국어 회화 습득에 도움이 될 것이다. 현직 승무원은 물론 승무원을 준비하는 지원자들에게도 특화된 중국어 교재로서, 목표하는 바를 성취하는 데 유용할 것이다.

2014년 한국에 방문한 외국 관광객 현황

국적별	2014년
	인원(명)
합계	842,671
아시아주	675,008
일본	172,077
중국	296,708
대만	45,282
필리핀	25,366
홍콩	35,077
태국	34,427
말레이시아	12,768
싱가포르	9,005
인도네시아	11,771
인도	8,352
베트남	5,661
미얀마	4,717

중국어 배우기 전에 이것만은 알아두자!

중국 하면 중국 국기가 떠오른다. 무심코 보는 중국 국기(오성홍기), 유래를 알아두는 것이 좋지 않을까?

중국 국기에서 가장 큰 별은 중국의 공산당을, 다른 4개의 별은 중국 인민을 상징한다. 마오쩌둥은 중국 인민을 노동자, 농민, 소자산계급, 민족자산계급의 네 부류로 분류했다. 즉 중국 국기는 큰 별(공산당)이 나머지 네 별(중국 인민)을 인도한다는 뜻이다. 그리고 바탕의 붉은색은 '혁명'을, 노란색은 붉은 대지로부터 밝아오는 '광명'을 상징한다.

국명 : 중화인민공화국
건국일 : 1949년 10월 1일
수도 : 북경(베이징)
면적 : 9.596,900㎢ (대한민국의 약 44배, 세계 3위)
인구 : 13.5억. 한족(94%)과 55개의 소수민족(6%)으로 구성
언어 : 북경어(만다린어)가 표준말이며, 각 지방별로 방언 사용
시차 : 1시간 (한국 시간보다 1시간 느림)
국기 : 오성홍기

중국은 대한민국의 44배나 되는 땅덩어리를 지니고 있으며, 56개의 민족이 살고 있는 나라다. 언어는 80개가 넘는다. 지역이 멀리 떨어진 경우에는 중국인들끼리도 의사소통이 안되어 통역사가 있을 정도다. 그래서 정한 표준어는 전체 인구의 94%를 차지하는 한족이 쓰는 한어. 이것이 바로 우리가 배우는 중국어다.

우리가 보통 중국어라고 하는 말을 중국인은 '한위'(汉语 [hànyǔ])라고 부른다. 한민족의 언어라는 뜻이다. 한위에는 북경어, 상해어, 광동어 등 다양한 사투리가 포함되어 있다.

2 한자가 싫어도 중국어 배울 수 있을까? OK!

간단한 한자, 간체자를 사용하는 중국

한자를 좋아하면 중국어를 학습할 때 이로운 게 사실이다. 한국과 일본은 한자문화권이기 때문에, 다른 서양문화권 사람들에 비해 중국어를 빨리 익히는 편이다.

필자가 공부한 하얼빈에도 서양에서 온 학생들이 많았다. 이들은 한자를 거의 그림을 그리듯 써내려갔다. 그러나 우리는 이미 가로획, 세로획, 삐침 등을 익혔다. 중고등학교의 기본적인 한자 교육과정을 통해서 어느 정도 한자와 친숙한 편이다.

하지만 가끔 학생 중에 "저는 한자가 제일 싫어요" 하는 사람도 있고, "저는 흰 백(白), 달 월(月) 자도 모르는데, 중국어 배우는 게 가능할까요?" 하고 물어보는 사람도 있다.

우리가 알고 있는 한국의 한자와 중국의 한자에는 많은 차이가 있다. 즉 어느 정도 형태는 비슷하지만, 중국 한자의 특징은 한국의 한자에 비해 굉장히 간추려져 있다는 것이다. 그래서 상대적으로 배우기가 더 쉽다.

한국 사람들이 평소 쓰는 한자를 '번체자'라고 한다. 즉 복잡한 한자다. 그리고 중국에서 쓰는 한자는 '간체자'로 굉장히 간추려진 글자다. 간체자는 기존의 한자보다 획수가 훨씬 간단하기 때문에 복잡한 번체자보다 배우기가 쉽다. 중국어에 보다 쉽게 다가갈 수 있다는 말이다.

아래 이미지를 한번 보자. 코카콜라는 중국에서 '가구가락'(可口可乐 [kěkǒukělè])이라고 부른다. 즉 '맛이 좋아 입이 즐겁다'라는 뜻인데, 이때 번체자가 아닌 간체자를 사용했음을 알 수 있다.

歌口歌樂 (번체자)	▸	可口可乐 (간체자)

번체자와 비교해서 간체자가 어떻게 간추려졌는지 몇 가지만 더 비교해보자.

樂 習 鷄 頭 韓 龍 飛

(번체자)

▼

乐 习 鸡 头 韩 龙 飞

(간체자)

번체자	뜻과 발음	간체자	중국어 발음	한국식 발음
樂	즐길 (락)	乐	lè	[르]
習	익힐 (습)	习	xí	[시]
鷄	닭 (계)	鸡	jī	[지]
頭	머리 (두)	头	tóu	[토우]
韓	한나라 (한)	韩	hán	[한]
龍	용 (용)	龙	lóng	[롱]
飛	날 (비)	飞	fēi	[페이]

어떤가? 간체자를 보니 우리가 평소 알던 한자들이 정말 간단하게 추려져 있지 않은가? 언뜻 보기엔 비슷하지만, 정말 몇 배로 한자의 획수가 줄어든 걸 볼 수 있다. 바로 이것이 간추려진 한자, 간체자다.

한자를 싫어해도 중국어는 좋아할 수 있는 이유가 바로 이것이다. 조금만 용기를 내보자. 한 고비 넘다 보면 어려워 보이던 중국어가 쉬워질 것이다.

문자개혁으로 간체자 등장, 문맹률 낮아졌다!

중국 사람들은 평생 3가지를 못해본다는 얘기가 전해진다. 첫째는 중국 전역을 여행하는 것, 둘째는 중국 음식을 모두 먹어 보는 것, 셋째는 한자를 모두 배우는 것이 그것이다.

한자는 49,000자가 넘는다. 배우기도 어렵다. 중국의 문호 루쉰이 활동할 당시인 20세기 초반만 해도 문맹률이 80%에 달해, 한자가 망하지 않으면 중국이 망한다고 말할 정도였다.

중화인민공화국을 세운 마오쩌둥은 정권을 잡은 뒤 문맹퇴치운동 차원에서 간체자 개발을 주문했고, 수십년간 보급에 힘썼다. 소련이 사용하던 슬라브식 표기법을 받아들이기 위해 한때는 스탈린에게 조언까지 구했다고 한다.

그러다가 우여곡절을 겪고 1956년 중국 정부가 2,238개의 간체자를 발표했고, 1958년 한자 읽는 법을 나타내는 알파벳 로마자 표기법을 발표했다. 이를 한어병음자모(汉语拼音字母, 줄여서 병음이라고 지칭)라고 한다. 한국어는 자음과 모음이 있어서 발음을 내는데 한자는 표의문자, 즉 뜻을 내포한 글자여서 발음에 대한 힌트를 문자만 봐서는 알 수가 없다. 그래서 발음표기를 위해 알파벳을 활용해 간체자를 보완한 것이다. 이를 두고 사대주의니 뭐니 하면서 중국 정부에서 논쟁이 벌어졌지만, 결국 마오쩌둥의 일갈로 알파벳을 활용한 발음법을 채택했다. 그 결과 지금 중국 문맹률은 10% 이하로 떨어졌다. 그러니 우리가 중국어를 배우는 것이 좀더 수월해진 것은 마오쩌둥 덕으로 돌려야 할지도 모르겠다.

한자의 번체자와 간체자

스탈린에게 발음표기 조언을 구한 마오쩌둥

중국의 성모, 우리말의 자음과 같다

앞에서 살펴봤듯이 간체자 한자의 등장으로 중국어를 공부하는 것이 훨씬 수월해졌다. 하지만 또 하나의 장벽이 있으니, 바로 발음이다. 하지만 발음의 원리만 정복하면 중국어 공부는 가속도가 붙는다. 발음은 중국어를 읽는 방법인 한어병음자모의 원리를 알면 된다. 그러니 조금만 더 힘을 내보자.

한어병음자모 = 성모 + 운모

우선 중국어 발음에서 말소리 단위인 기본 음절부터 낱낱이 살펴보도록 하자. 중국어 음절은 크게 성모, 운모, 성조로 나뉜다.

앞에서(23쪽) 살펴본 한어병음자모는 바로 성모와 운모*를 말한다. 이 둘은 우리나라 한글로 치면 자음과 모음에 해당한다. 한글에서 자음에 해당하는 것이 성모, 모음에 해당하는 것이 운모다. 그리고 발음의 높낮이를 나타내는 성조가 더해져서 중국어 발음이 완성된다.

옆에서 살펴보듯 한 글자의 발음은 하나의 성모와 하나 이상의 운모, 그리고 하나의 성조가 결합되어 이루어진다. 운모는 30쪽, 성조는 36쪽에서 자세히 살펴보도록 하고, 이번 장에서는 성모를 집중적으로 알아보자.

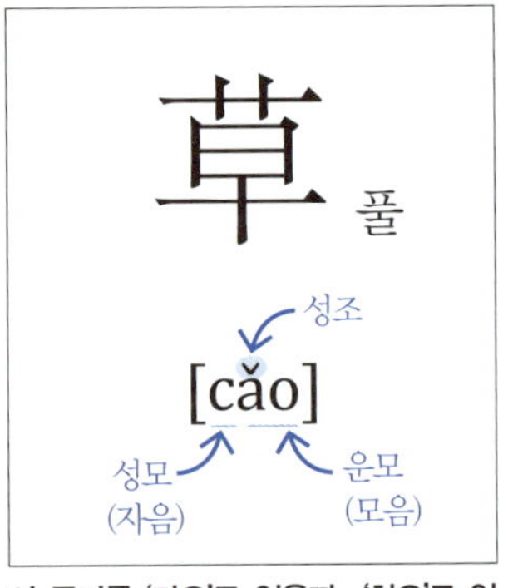

이 글자를 '카오'로 읽을까, '차오'로 읽을까? 정답은 '차오'. 그 이유는 차차 살펴보자.

성모는 한글의 자음과 같은 역할! 총 21개

성모는 한글의 자음과 같은 음절로, 머릿소리가 되는 부분이다. 중국어에는 21개의 성모가 있다.

성모는 입술의 모양과 혀의 위치, 모양의 특징에 따라 7가지(쌍순음, 설첨음, 설근음, 설면음, 권설음, 설치음, 기타)로 나뉜다. 소리를 낼 때는 일정한 운모(모음 역할)와 결합해 소리를 내고, 그것을 독음으로

성모, 운모 표시

성모, 운모는 알파벳으로 표시한다. 영어 알파벳과 읽는 법이 조금 다르다. 차이점을 염두에 두면서 공부해보자.

따로 표기한다. 소리를 낼 때 공기를 내보내는 유무에 따라 '유기음'과 '무기음'으로 구분하고, 성대 진동 여부에 따라 '유성음'과 '무성음'으로 구분한다. 아, 복잡해졌다. 하지만 우선 그냥 쭉쭉 읽으면서 넘어가 보자. 중국어를 연습하다 보면 나중에 다 이해될 것이다.

성모 1 : 쌍순음 (운모 'o'를 붙여 읽음)

위아래 입술을 붙였다 떼면서 발음한다. 한글도 자음 ㄱ, ㄴ을 읽을 때 '기역', '니은' 이렇게 읽듯, 쌍순음도 글자 자체를 읽을 때는 운모 o를 붙여서 읽는다. 이때 o는 알파벳 발음 [오]와 조금은 다르다. 뒷소리가 [~오(어)] 느낌이 나도록 소리를 내보자. 여기서 주의할 점은 f다. f는 순치음이라고도 따로 구별해서 부르는데, 윗니로 아랫입술을 살짝 물면서 발음한다. 다음은 쌍순음 종류(b, p, m, f)와 각 쌍순음으로 시작하는 단어들이다. 발음은 MP3 파일(CH0003.mp3)*을 참고하자.

MP3 파일 있는 곳

- 진서원 홈페이지(www.jinswon.co.kr) 자료실 '승무원 중국어' 검색
- 저자 블로그(blog.naver.com/yuting827) '승무원 중국어' 검색)

마당별 압축파일을 풀면 해당 파일을 찾을 수 있다.

성모 2 : 설첨음 (운모 'e'를 붙여 읽음)

혀끝소리로서, 혀끝을 입천장 앞쪽에 붙였다 떼면서 소리낸다. 각 성모에 e를 붙여 [~으]로 소리내지만 뒤에 [~으(어)]를 소리낸다는 느낌으로 읽는다. l[르(어)]의 경우 입천장에 혀끝이 닿는다는 점을 유의하자. 다음은 설첨음 종류(d, t, n, l)와 각 설첨음으로 시작하는 단어들이다. 발음은 MP3 파일

(CH0 003.mp3)을 참고하자.

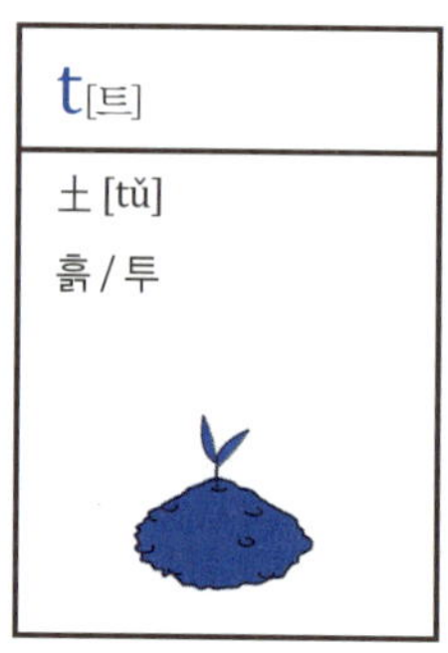

'd'는 [드] 혹은 [뜨] 처럼 발음된다.

성모 3 : 설근음 (운모 'e'를 붙여 읽음)

혀뿌리소리로서, 목구멍 안쪽, 혀뿌리에 힘을 주어 소리낸다. 각 성모에 e를 붙여 [~으]로 소리내지만, 설첨음과 마찬가지로 뒤에 [~으(어)]를 소리낸다는 느낌으로 읽는다. 다음은 설근음 종류(g, k, h)와 각 설근음으로 시작하는 단어들이다. 발음은 MP3 파일(CH0 003.mp3)을 참고하자.

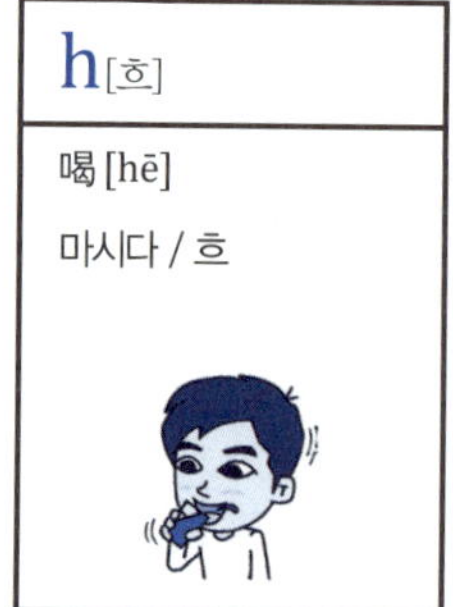

'g'는 [그] 혹은 [끄] 처럼 발음된다.

성모 4 : 설면음 (운모 'i'를 붙여 읽음)

입을 옆으로 쫙 벌리고 혀 앞쪽을 입천장 앞쪽에 살짝 붙였다 떼면서 소리낸다. 성모에 i를 붙여 [~(이)]로 읽는다. 이중 x는 다른 설면음(j, q)과 달리 혀를 펴고 공기를 마찰시켜 소리를 낸다는 것을 잊지 말자. 다음은 설면음 종류(j, q, x)와 각 설면음으로 시작하는 단어들이다. 발음은 MP3 파일(CH0 003.mp3)을 참고하자.

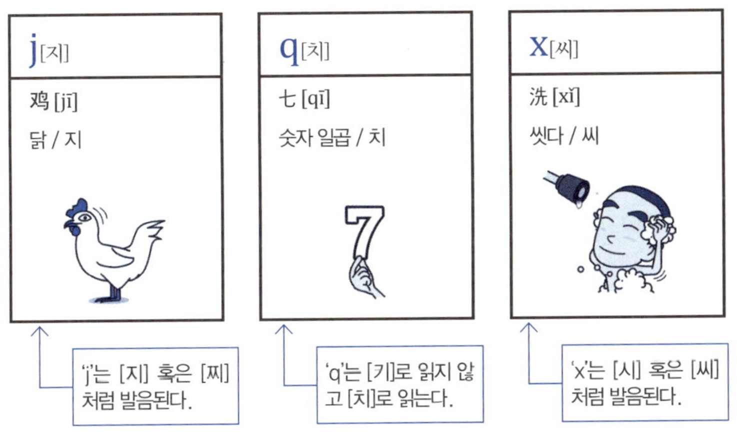

성모 5 : 권설음 (운모 'i'를 붙여 읽음)

영어에서 r 음을 내듯이 혀끝을 말아올려서 소리낸다. 운모 i를 붙여 발음하는데, 이때 i는 [~으]로 발음한다. [~이]로 발음하지 않도록 주의한다. 실제 발음은 뒤에 ㄹ이 살짝 붙어서 [~으(ㄹ)]처럼 들리도록 발음한다. 다음은 권설음 종류(zh, ch, sh, r)와 각 권설음으로 시작하는 단어들이다. 발음은 MP3 파일(CH0 003.mp3)을 참고하자.

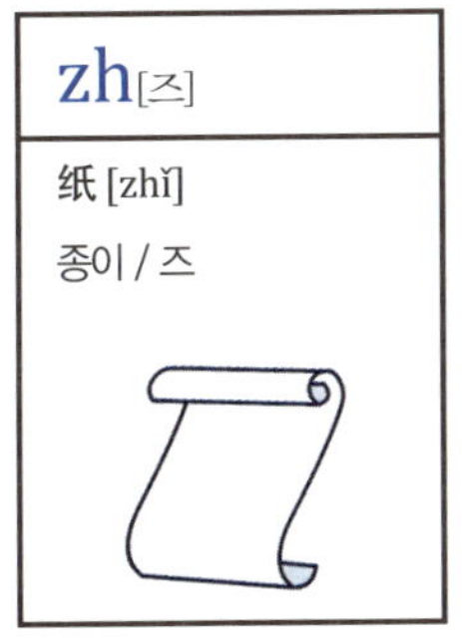

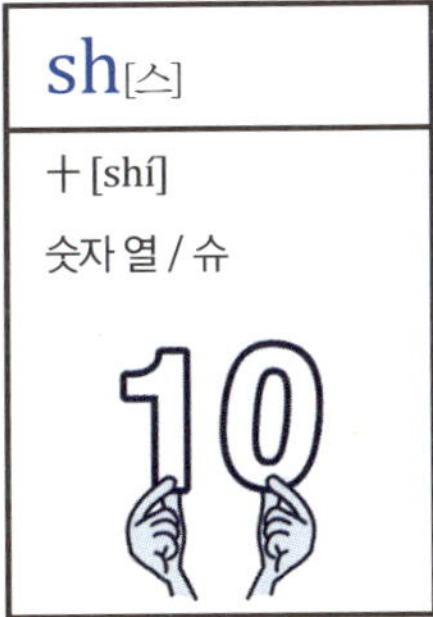

성모 6 : 설치음 (운모 'i'를 붙여 읽음)

혀끝을 윗니와 아랫니 사이에 놓고 붙였다 떼면서 공기를 내보내듯 발음한다. 운모 i를 붙여 발음하며, 바람이 새는 듯한 소리를 내면 된다. 이때 i는 [~으]로 발음한다. [~이]로 발음하지 않도록 주의한다. 설치음은 권설음과 무척 비슷하다. 중국어에서 두 발음을 구분하는 게 제일 어렵다. 다음은 설치음 종류(z, c, s)와 각 설치음으로 시작하는 단어들이다. 발음은 MP3 파일(CH0 003.mp3)을 참고하자.

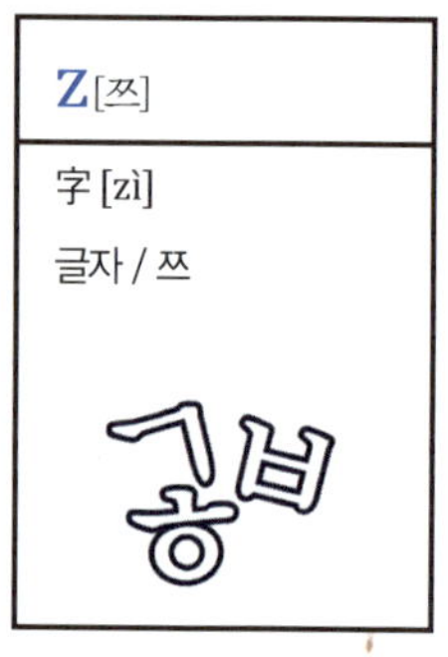

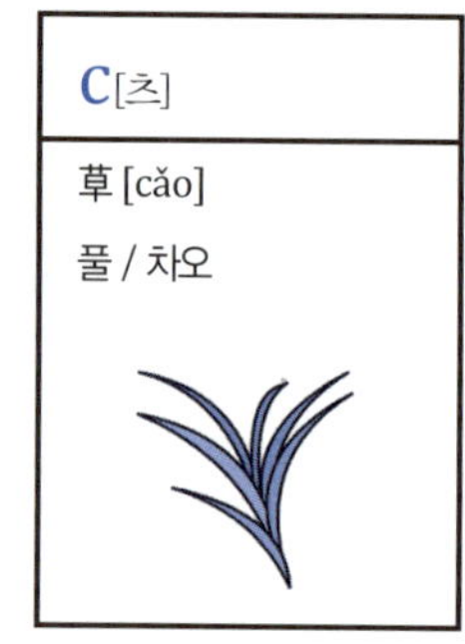

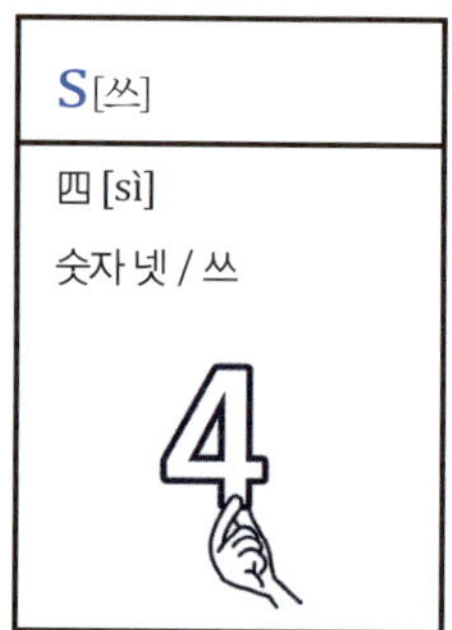

성모 7 : 기타. 이 아이들은 누구일까?

한어병음방안(汉语拼音方案)에서는 성모가 21개다. 하지만 흔히 우리는 몇몇 교재에서 y, w를 같이 볼 수 있다. 그래서 성모를 23개라고 칭하는 곳도 있다. 실제 중국의 초등학교에서도 아이들의 이해를 돕기 위해서 y, w도 성모로 칭하며 가르치고 있다. 뒤에서 운모를 배우겠지만, 운모 중에 i, u, ü는 단독으로 쓰지 않는다. 우리나라 모음과 비슷하다. ㅜ의 경우 ㅇ을 붙여 '우'로 쓰듯, 중국어 i와 u도 앞에 성모를 붙여야 한다. 이때 사용하는 성모가 y, w다. y는 i 앞에 나오며 [yi(이)]라 발음하고, w는 u 앞에 나오며 [wu(우)]라 발음한다. 역시 발음은 MP3 파일(CH0 003.mp3)을 참고한다.

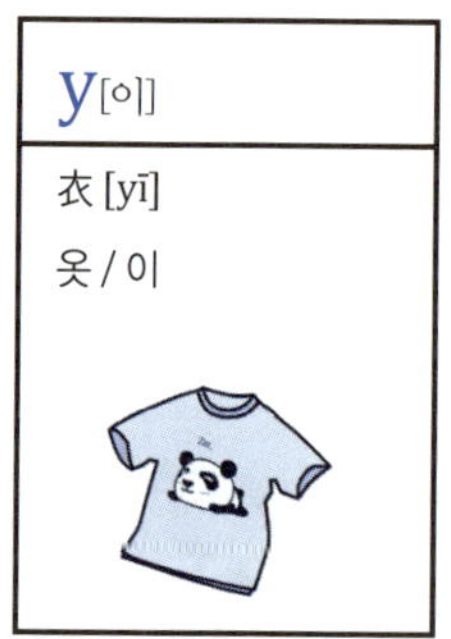

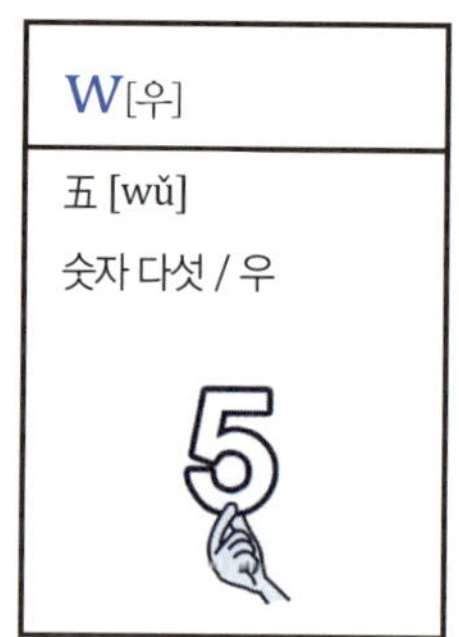

한눈에 보는 성모 발음 총정리

여기까지 잘 따라왔다. 조금은 복잡할 수 있는 성모의 발음을 다음과 같이 표로 정리해보았다. 각 성모를 발음할 때 따라붙는 운모들이다. 여기서 주의할 점은 성모 zh, ch, sh, r, z, c, s와 운모 i가 결합할 경우 운모 i는 [이]가 아닌 [으]로 발음된다는 것이다. 알쏭달쏭할 때 다음 표를 찾아보면 좋을 것이다.

b	p	m	f	+ o 운모 결합
(bo) 보	(po) 포	(mo) 모	(fo) 포	
d	t	n	l	+ e 운모 결합
(de) 드	(te) 트	(ne) 느	(le) 르	
g	k	h		
(ge) 그	(ke) 크	(he) 흐		
j	q	x		+ i 운모 결합
(ji) 지	(qi) 치	(xi) 시		
zh	ch	sh	r	
(zhi) 즈	(chi) 츠	(shi) 스	(ri) 르	
z	c	s		
(zi) 쯔	(ci) 츠	(si) 쓰		
y	w			
i(yi) 이	u(wu) 우			

zh, ch, sh, r, z, c, s는 'i' 운모를 붙여서 읽지만 [이]가 아닌 [으] 발음으로 읽는다는 점에 유의한다.

4 중국의 운모, 우리말의 모음과 같다

MP3 CH0 004

운모는 모음과 같은 역할! 총 24개

운모는 기본 단모음 a, o, e, i, u, ü와 더불어 공식적으로 총 24개다. 하지만 기본 틀에서 파생되는 소리에 따라 36개가 되고, 그 종류는 5가지(단운모, 복운모, 부성운모, 권설운모, 결합운모)로 구분된다.

운모는 우리말의 모음(ㅏ, ㅑ, ㅓ, ㅕ 등)처럼 자음과 결합해 쓰이는 음을 말한다. 성모, 운모까지 살펴보자니 역시 복잡하다고 생각할 것이다. 여기서는 그냥 운모는 모음처럼 하나의 소리를 내는 방법이라고 생각하고, 막히더라도 주저앉지 말고 우선 넘어가자. 여러 번 읽고 사용하다 보면 곧 쉬워질 것이다.

운모를 종류별로 살펴보면 다음과 같다.

성모, 운모는 발음표기용 글자

한글은 자음, 모음이 그대로 글자로 쓰이지만 중국어는 성모, 운모 모두 발음기호로만 사용된다. 잊지 말자, 중국 글자는 한자다. 우리는 성모, 운모로 표현된 발음기호를 보고 중국의 한자를 읽는 법을 배우는 것이다.

운모 1 : 단운모

단운모는 단모음으로 구성된 기본 운모를 말한다.

운모 발음 36개는 MP3 파일(CH0 004.mp3)*을 듣고 참고하자.

MP3 파일 있는 곳

- 진서원 홈페이지(www.jinswon.co.kr) 자료실 '승무원 중국어' 검색
- 저자 블로그(blog.naver.com/yuting827) '승무원 중국어' 검색)

마당별 압축파일을 풀면 해당 파일을 찾을 수 있다.

a [아]	o [오(어)]	e [(으)어]
입을 가장 크게 벌리고, 혀는 가장 낮은 위치에 두고 [아]라고 소리낸다.	혀를 뒤쪽 중간 높이에 두고, 입술을 중간 정도로 동그랗게 오므린 상태에서 [오]와 [어]의 중간 소리를 낸다.	혀를 뒤쪽 중간 높이에 두고, 입술을 양옆으로 조금 당겨서 중간 정도로 벌리고 [으]와 [어]의 중간 소리를 낸다. 이때 아래턱에 힘을 준다.

i[이]	u[우]	ü[위]
혀는 평평하게 해서 앞쪽에 높게 두고, 입술을 좌우로 많이 당겨 조금 벌리고 힘을 준 뒤 [이~]라고 소리낸다.	혀를 뒤쪽에 높이 두고, 입술을 동그랗게 오므려 앞으로 내밀고 [우]라고 소리낸다.	입술 모양은 u를 발음할 때처럼 오므리고 [위]라고 발음한다. 이때 입술이 우리말의 '위'를 발음할 때처럼 옆으로 벌어지면 안된다.

운모 2 : 복운모

단운모 2개 혹은 3개로 구성된 운모를 말한다.

ai[아이]	ei[에이]	ao[아오]	ou[오우]
혀를 조금 앞쪽에 두고 a는 길고 i는 짧게 발음한다.	e는 단운모일 때와는 달리 [에]로 발음한다. e는 길고 i는 짧게 발음한다.	a를 강하고 길게 발음하다가 o를 짧게 마무리한다.	입술을 둥글게 해서 o를 길게 발음하다가 u로 짧게 마무리한다.

운모 3 : 부성운모

성모가 결합되어 있는 운모를 부성운모라고 한다, a, e, o 운모 뒤에 결합될 수 있으며, 이때 결합 가능한 성모는 n과 ng뿐이다.

an[안]	en[언]	ang[앙]
먼저 a를 발음하고, 다음으로 입 모양을 변화시켜 콧소리 n을 소리내어 [안~] 한다.	먼저 e를 발음하고 이어 입 모양을 변화시켜 콧소리 n을 내어 [언~] 하고 소리낸다.	a를 발음하고 잇따라 입 모양을 바꿔 ng를 소리내어 [앙~] 하면 된다.

eng[엉]	ong[옹]
먼저 e를 발음하고 잇따라 입 모양을 바꿔 ng를 소리내어 [엉~] 하면 된다.	먼저 o를 발음하고 이어 입 모양을 바꿔 ng를 소리내어 [옹~] 하면 된다.

운모 4 : 권설음모

단모음 e에 r 음을 첨가해 발음한 것이다. 혀를 살짝 말아서 발음한다.

er[얼]

먼저 e음을 내다가 이어 혀끝을 입천장 가까이 말아올려 r을 발음해 [얼~] 하면 된다.

운모 5 : 결합운모

운모 i, u, ü와 다른 운모가 결합된 운모를 말한다. 만약 i, u, ü가 단독으로 쓰이면 앞에서 살펴봤듯이(28쪽) yi, wu, yü로 표기한다.

i 결합운모

i 뒤에 다른 운모(운모, 복운모, 부성운모)가 결합된 것을 말한다. i가 성모 없이 홀로 사용될 경우 y를 앞에 내세워 yi로 쓴다.

ia[이아]	ie[이에]	iao[이아오]	iou[iu][이오우], [이우]
i와 a의 소리를 이어서 발음한다	i와 e의 소리를 이어서 발음한다. 이때 e는 [에]라고 발음한다.	i와 ao의 소리를 이어서 발음한다. o는 [오]와 [어] 중간 소리로 발음한다.	iou는 [이오우] 혹은 [이우]처럼 발음하며, 성모와 결합하면 o가 생략되어 iu로 표기하고 o 발음은 약하게 한다.
ian[이앤]	**in**[인]	**iang**[이앙]	**ing**[잉]
i와 an의 소리를 이어서 [이앤]이라고 발음한다. [안]이 아니라 [앤]으로 발음한다.	[인]으로 발음한다.	i와 ang의 소리를 이어서 발음한다. [양]이라고 한꺼번에 발음하는 것이 아니고 [이앙]이라고 발음한다.	[잉]으로 발음한다.
iong[융]			
i와 ong의 소리를 한꺼번에 발음한다. [융]과 가장 가까운 소리를 낸다.			

u 결합운모

u 뒤에 다른 운모(단운모, 복운모, 부성운모)가 결합된 것을 말한다. u가 성모의 도움 없이 단독으로 쓰일 경우 wu로 표기한다.

ua[우아]	uo[우오]	uai[우아이]	uei[우에이]
			uei가 성모와 결합하면 e를 생략해 ui로만 표기하고 e는 약하게 읽는다.
uan[우안]	**uen[원]**	**uang[우앙]**	**ueng[우엉]**
	uen이 성모와 결합하면 e를 생략해 un으로 읽고 e는 약하게 읽는다.		

ü 결합운모

ü 뒤에 다른 운모(단운모, 복운모, 부성운모)가 결합된 것을 말한다 ü가 성모 없이 단독 사용될 경우 yü로 표기한다.

üe[위에]	üan[위엔]	ün[윈]
이들은 성모 j, q, x와 운모 ü가 결합할 경우 ü의 두 점을 떼어버리고 u로 표기한다.		

알쏭달쏭 결합운모 발음 변환 총정리

운모의 발음은 보이는 대로 읽으면 되기 때문에 큰 어려움은 없다. 하지만 결합운모가 성모 없이 단독으로 쓰이거나 특정 성모와 결합될 때는 발음 표기법이 달라진다. 지금은 외울 수밖에 없을 것이다. 하지만 좀더 중국어에 익숙해지면 자연스럽게 이해가 될 것이다. 그러니 우선은 '아, 이런 게 있구나' 하고 넘어가는 게 좋겠다.

그래도 한번 짚어주는 차원에서 정리하자면 다음과 같다.

i 결합운모 발음 변환 총정리

i가 성모 없이 홀로 사용될 경우 y를 앞에 내세워 쓴다.

ia → ya	ie → ye	iao → yao

그리고 음절 중 i만 있으면 i를 yi로 바꾸어 쓴다.

i → yi	in → yin

그리고 iou가 성모와 결합될 때는 o가 생략되어 iu로 표기된다.

j + iou → jiu	d + iou → diu	l +iou → liu

u 결합운모 발음 변환 총정리

u가 성모의 도움 없이 단독으로 쓰일 경우 wu로 표기한다.

u → wu

u가 성모 없이 홀로 사용될 경우 w를 앞에 내세워 쓴다.

ua → wa	uo → wo	uan → wan	uang → wang

uei, uen이 성모와 결합될 때는 e가 생략되어 ui, un으로 표기된다.

d + uei → dui	sh + uei → shui	z + uen → zun

ü 결합운모 발음 변환 총정리

ü가 성모 없이 단독 사용될 경우 yu로 표기한다.

üe → yue	üan → yuan	ün → yun

성모 j, q, x와 운모(위에 방점 2개 찍힌 것)가 결합하면 ü의 두 점을 빼고 그냥 u로 표기한다. j, q, x와 u가 결합한 발음은 원래 없으므로 jü, qü, xü를 ju, qu, xu로 표기해도 혼동을 일으킬 염려가 없기 때문이다.

qü → qu	xüe → xue	jü → ju

발음의 높낮이, 성조를 정복하자!

성조는 4개의 성과 경성으로 구성

중국어는 성조*가 있는 언어다. 성조는 음의 높낮이와 변화를 가리키는 용어다. 발음은 같지만 성조에 따라 의미가 달라지므로 정확하게 의사전달을 하고자 한다면 성조에 익숙해져야 한다. 한자, 성모, 운모가 익숙해졌다면 이제 성조를 정복해보자.

중국어의 표준어에는 1성(—), 2성(/), 3성(∨), 4성(＼) 이렇게 4개의 성조가 있으며 이를 통틀어 '4성'이라고 한다. 여기에 추가로 '경성'이라는 게 있는데, 이는 살짝 가볍게 소리내는 것을 말한다. 다음 그림을 보면 각 성조의 높낮이를 구별하기 쉬울 것이다.

성조는 단운모 위에 표시
성조는 단운모(a, o, e, i, u, ü) 위에 표시한다. 여러 운모가 있을 경우, 입이 크게 발음되는 순서로 성조를 표시한다.
a 〉 o(=e) 〉 i(=u, ü)

다음은 '마'로 발음하는 단어들이다. 1성, 2성, 3성, 4성, 경성에 따라 각각 뜻이 어떻게 달라지는지 설명하고 있다. 성조에 따른 발음은 MP3 파일(CH0 005.mp3)을 듣고 열심히 익혀보자.

1성 : 고음으로 시작해 끝까지 유지. '-' 표기

높고 평평한 소리를 끝까지 유지하면서 낸다. 악보 도레미파솔에서 '솔' 음으로 시작하듯 처음부터 끝까지 쭉 같은 음으로 길게 소리를 낸다. 발음 표시는 글자 위에 '-'를 써준다.

[mā]
엄마

2성 : 중간에서 고음으로 끌어올림. ' ˊ ' 표기

단숨에 짧게 끌어올리면서 뒤쪽에 힘을 넣어 발음한다. '미' 정도의 음으로 시작해 '솔' 음까지 끌어올린다. 발음 표시는 글자 위에 ' ˊ '를 써준다.

3성 : 낮게 시작했다가 더 내려간 후 상승. ' ˇ ' 표기

낮은 부분에서 시작해 더 내려갔다가 자연스럽게 상승시킨다. 제1성과 일정한 음높이 폭을 유지해야 하므로 제3성의 음높이가 낮을수록 유리하다. 그만큼 제1성을 높게 발음해야 하는 부담을 줄일 수 있다. 발음 표시는 글자 위에 ' ˇ '를 써준다.

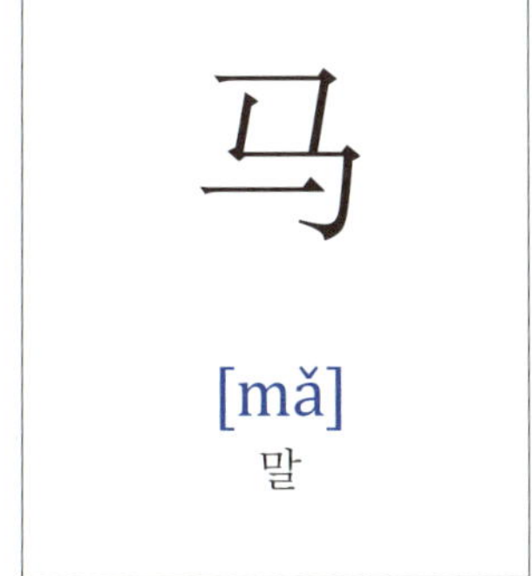

4성 : 높은 음에서 낮은 음으로 한꺼번에 확 떨어뜨리듯 발음. '`' 표기

높은 '솔' 음 정도에서 시작해 낮은 음으로 확 떨어뜨리듯이 발음한다. 발음 표시는 글자 위에 '`'를 써 준다.

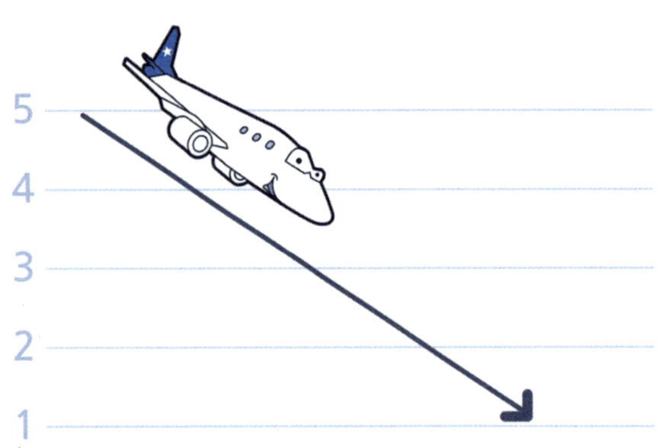

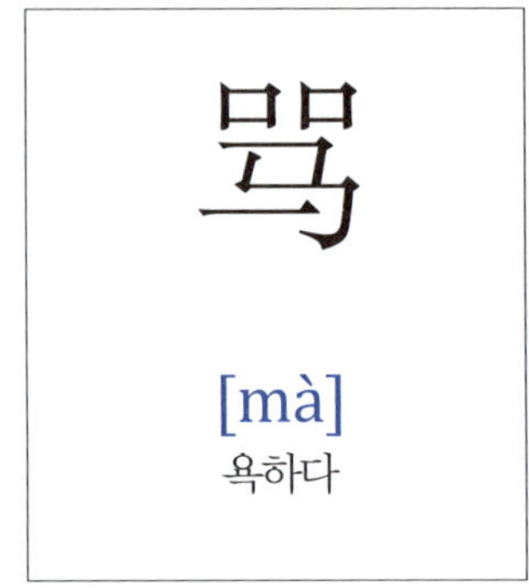

경성 : 짧고 가볍게 읽음. 표시 없거나 '·' 표시

단어나 문장을 발음하기 편하도록 원래의 성조를 무시하고 짧고 가볍게 읽는 성조다. 앞 음절에 덧붙여 발음하며, 부호는 표기하지 않거나 병음 위에 '•'을 찍기도 한다.

우리나라 한글은 말할 때 높낮이가 달라도 의미가 변하지 않지만, 앞에서도 보다시피 중국어는 높낮이에 따라 의미가 변한다. 필자가 중국어를 처음 공부할 때 늘 선생님들이 하시는 말씀이 "중국어는 발음이 중요하다"였다. 별것 아닌 것처럼 보이지만 그만큼 의사소통을 하는 데 중요한 영향을 미친다.

늘 처음이 중요하다. 잘못된 발음을 익히면 훗날 도로 고치기가 정말 힘들 것이다. 그러니 무조건 입에 맞춰 잘 익히도록 하자.

모르는 단어 인터넷 사전에서 찾는 법

〈첫째마당〉부터 본격적으로 학습하다 보면 갑자기 모르는 단어가 튀어나오기도 한다. 〈핵심어휘〉 코너에서 단어의 뜻을 설명했지만, 그래도 모르는 단어가 있다면 해당 단어의 병음(알파벳 부분)을 네이버 사전에서 입력하면 쉽게 뜻을 알 수 있다.

NAVER 사전 영어/영영 국어 한자 일본어 중국어 프랑스어 스페인어 독일어

중국어사전 전체 bangzhu 검색

· 사전이용팁 : 필기인식기를 사용하시면 중국어 입력이 더욱 편리합니다

전체 단어 예문 본문

'bangzhu' 검색결과

단어 검색결과 (1~4 / 총 4건)

帮助 [bāngzhù] 新HSK2 HSK甲

1. [동사] 돕다. 원조하다. 보좌하다.
2. [명사] 도움. 원조. 보조. 충고.

성조도 시시각각 변한다! 변조

여러 개의 음절이 연이어서 발음될 때 같이 있는 성조의 영향을 받아 본래의 성조가 변하기도 한다. 이것을 성조의 변화, 즉 '변조'라고 한다. 다음은 성조가 변하는 사례들이다. 성조는 음에 따라 의미가 달라진다. 따라서 성조의 변화를 주목해야 할 필요가 있다. 성조의 변화는 MP3 파일(CH0 005.mp3)을 참고하길 바란다.

1. 3성이 연이어 나올 때 앞의 3성은 2성으로 발음된다.

3성 + 3성 → [2성] + 3성	你好→你好 [nǐhǎo] → [níhǎo] 雨伞→雨伞 [yǔsǎn] → [yúsǎn]

2. 3성 + 1성, 2성, 4성, 경성이 올 때는 앞의 3성을 아래로 떨어뜨리기만 하고 올리지 않는다. 이것을 반3성(半三聲)이라고 한다.

3성 + 1성 / 2성 / 3성 / 4성 → 반3성	我吃 [wǒ chī] 我查 [wǒ chá] 我去 [wǒ qù] 奶奶 [nǎi nai]

3. '不'는 원래 자체 [bù] 4성이다. 하지만 4성과 함께 사용될 때는 2성으로 발음되며 변화된 성조로 표기한다.

不[4성] + 4성 → [2성] + 4성	不是 [bú shì] 不看 [bú kàn] 不要 [bú yào]

'不'가 1성, 2성, 3성과 함께 쓰이면 4성 그대로 읽는다. 즉 변화가 없다.

1성 不[4성] + 2성 → [4성] 3성	不听 [bù tīng] 不读 [bù dú] 不写 [bù xiě]

4. '一'는 원래 1성[yī]이다. 하지만 뒤에 1성, 2성, 3성이 올 때는 4성[yī]으로 발음되며, 4성이 함께 올 때는 2성[yī]으로 발음된다. 단, 서수일 경우나 숫자를 하나씩 단독으로 쓸 때는 그냥 원래의 1성[yī]으로 발음된다.

一[1성] + 4성 → [2성] + 4성	一样 [yí yàng] 一个 [yí gè]

1성, 2성, 3성과 함께 쓰이면 4성[yì]으로 발음한다.

1성 一[1성] + 2성 → [4성] 3성	一只 [yì zhī] 一年 [yì nián] 一把 [yì bǎ]

5. 이름, 지명 등 특수한 성조의 변화 : 세 글자로 된 인명 혹은 지명에서 두 번째 글자는 경성으로 읽어준다.

哈尔滨 [Hā'ěr bīn] → [Hā'er bīn]
东大门 [dōng Dà mén] → [dōng Da mén]

6 중국어 어순, 영어랑 비슷하다?

한국어는 일본어와 어순이 비슷하고, 중국어는 영어와 어순이 비슷하다. 깊게 들어가면 차이점이 많지만, 큰 구성만 보면 비슷하다. 그래서 우리나라 사람들이 일본어를 쉽게 배우듯, 중국 사람들이 영어를 쉽게 배우는 것이 사실이다.

중국어와 영어는 어순은 비슷하지만, 단어 면에서 몇 가지 차이가 있다. 영어는 단어가 변화무쌍하지만 중국어는 별 변화가 없다. 그래서 상대적으로 중국어를 공부하는 것이 영어보다 이점이 있다.

언어는 일반적으로 3가지로 나뉜다. 외울 필요는 없다. 그냥 이런 게 있구나 생각하고 넘어가자.

★ **굴절어** : 영어, 독일어, 프랑스어가 해당된다. 단어가 변한다고 해서 붙여진 이름이다.

★ **교착어** : 한국어, 일본어, 몽고어가 해당된다. 단어가 조립된다고 해서 붙여진 이름이다.

★ **고립어** : 중국어, 동남아시아 언어가 해당된다. 단어가 변하지 않는다고 해서 붙여진 이름이다.

자, 그럼 예를 들어보자.

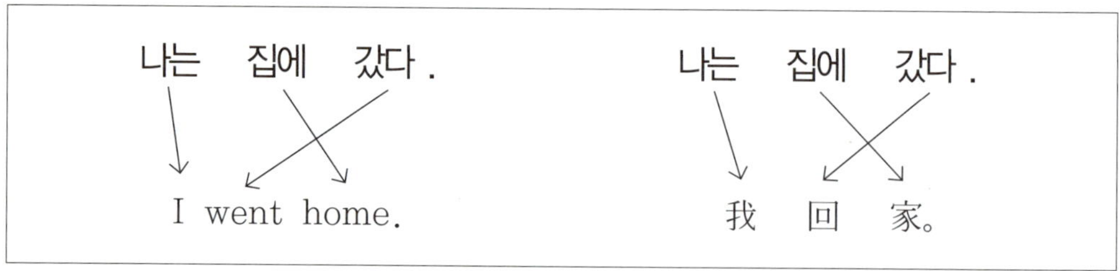

한국어	영어	중국어
나는	I	我 [wǒ] 워
갔다	went	回 [huí] 후이
집에	home	家 [jiā] 지아

'나는 집에 간다'를 중국어로 말할 때 우리말 어순대로 하면 '我家回。'라고 하면 될 것 같지만, 이것은 중국어법상 맞지 않다. 중국어는 한국어와 달리 술어가 먼저 나오고 목적어가 뒤에 나와서 '나는 간다 집에'의 어순을 갖기 때문이다.

또다른 예를 들어보자.

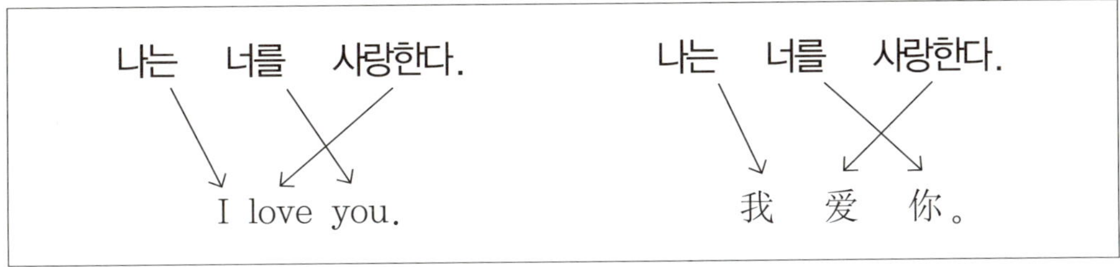

한국어	영어	중국어
나는	I	我 [wǒ] 워
사랑한다	love	爱 [ài] 아이
너를	you	你 [nǐ] 니

'나는 너를 사랑한다'는 문장을 살펴보면 우리말은 어순을 바꿔 '너를 나는 사랑한다' 또는 '나는 사랑한다 너를'로 해도 뜻은 크게 변하지 않는다. 하지만 중국어 '我爱你。'의 어순을 바꿔 '你爱我。'라고 말하면 '너는 나를 사랑한다'가 되어 의미가 전혀 달라진다.

이처럼 중국어에서 어순이 갖는 중요성은 아주 크다. 많은 한국 사람들이 중국어를 처음 배울 때 우리말과 다른 어순 때문에 어려움을 느끼고 종종 실수를 범한다. 아무리 많은 어휘와 HSK 6급 자격증을 가지고 있어도 어순에 맞지 않게 단어를 배열하면 그 뜻이 전혀 다르게 변할 수 있고 소통에 오류를 일으킬 수 있으니 주의하자. 기본적인 어순을 지키는 습관을 기른다면, 어떤 작문이 나와도 어렵지 않게 할 수 있을 것이다.

중국어 문장의 기본 틀, 이것만 알아도 끝!

중국어의 기본구조는 앞에서도 설명했듯이 "주어 + 술어 + 목적어"다. 그리고 구조가 무척 간단하다. 아무리 복잡한 문장이라도 쪼개보면 다음 6개의 문장성분으로 이루어져 있다. 어떤 표현이든 다음 틀 안에서 모두 가능하다. 그러니 중국어를 쉽게 생각하고 도전해보자.

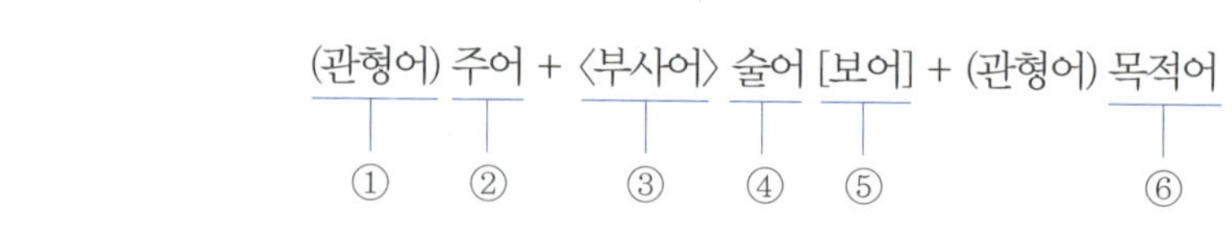

동사가 2개 이상, 알쏭달쏭 연동문

연동문이란 1개의 주어에 대해 2개 이상의 동사 또는 동사구가 이어지는 문장을 말한다. 연동문에서 앞동사구와 뒤동사구는 동작이 행해지는 순으로 연결된다.

주어 [동사1 목적어1] [동사2 목적어2]

앞동사구 뒤동사구

이럴 경우 뒤동사구가 앞동사구의 목적을 나타낸다. 다음 문장을 살펴보자. 영화관에 가는 것은 영화를 보기 위해서다.

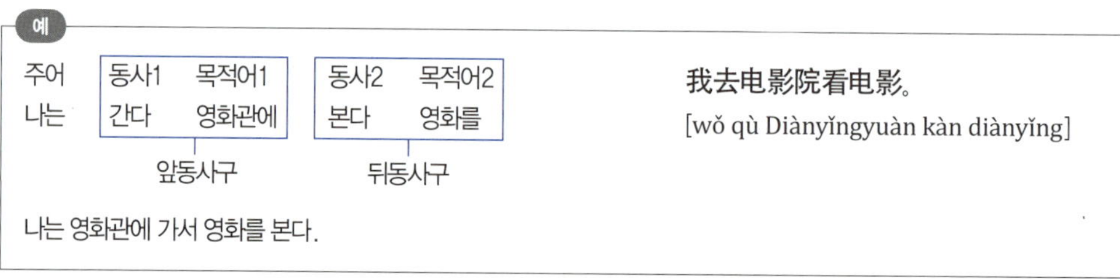

앞동사구가 뒤동사구의 수단, 방법을 나타내는 경우도 있으니 참고하자. 중국에 가는 방법으로 비행기를 탄다는 뜻이다.

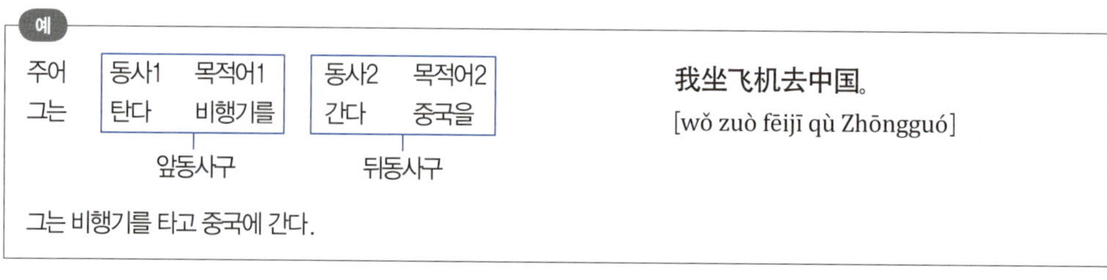

한걸음더

HSK 정복에 대한 몇 가지 조언

회화 중심으로 개편된 신HSK!

HSK는 '중국어 능력 평가시험'이다. 즉 중국어 **汉语**[hànyǔ], 능력 **水平**[shuǐpíng], 시험 **考试**[kǎoshì]에서 앞의 병음을 따서 HSK라고 하는 것이다. 영어 능력 평가시험 중 TOEIC이 있듯이, 중국어에도 여러 가지 시험이 있는데 그중 하나가 바로 HSK이다. 중국어 회화 실력을 입증하기 위해서는 증서가 필요하다. 그래서 중국어 능력 평가시험은 중국어 입문자라면 꼭 거쳐야 하는 관문이다.

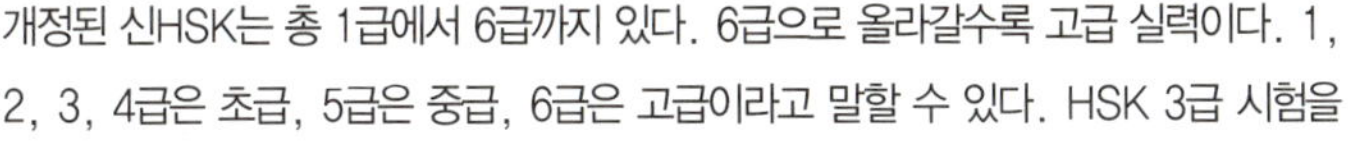

개정된 신HSK는 총 1급에서 6급까지 있다. 6급으로 올라갈수록 고급 실력이다. 1, 2, 3, 4급은 초급, 5급은 중급, 6급은 고급이라고 말할 수 있다. HSK 3급 시험을

치르기 위해서는 중국어 600어휘 , 4급은 1,200어휘, 5급은 2,500어휘, 6급은 5,000어휘가 필요하다.

자격증이 있어도 소통이 안된다면 유명무실!

막연히 단어만 단순암기해서 시험에 임하는 학생들이 많다. 급수에 정해져 있는 기본 어휘만 달달 암기하면 HSK를 정복할 수 있을까? 물론 할 수는 있다. 하지만 그것은 단지 눈에 보이는 급한 불만 꺼놓는 격이다. 시험을 보고 나면 무작정 암기한 것은 남는 게 전혀 없다. 증서만 있을 뿐 현장에서 전혀 써먹을 수 없는 보여주기식 중국어인 것이다.

정작 중국인들은 내 HSK 점수를 궁금해할까? 그들에게 급수는 전혀 중요하지 않다. 이 사람이 나와 소통이 가능한지 여부가 더 중요하다. 6급이 있지만 소통이 안되는 사람, 3급이지만 소통이 되는 사람. 내가 중국 손님이라면 난 후자를 믿고 따를 것이다.

요즘 HSK가 마치 중국어 학습을 대변하는 듯 단지 점수에만 급급해서 많은 사람들이 시험 점수 올리기에만 바쁜 모습을 흔히 볼 수 있다. 정말 중국어를 정복하고 HSK의 점수까지 높이고 싶은 사람들에게 나는 "문장을 통해서 단어를 암기하세요", "나만의 이야기로 회화를 만들어보세요"라고 말한다. 그렇게 암기하면 더 쉽게 기억된다.

구HSK와 다르게 신HSK는 모든 문장들이 평소 많이 쓰는 기본 회화로 구성되어 있다. 예를 들면 이런 식이다.

이렇게 평소 일상생활에서 많이 쓰는 기초 회화로 이루어져 있다. 이 말은, HSK 공부를 통해 스스로 마음만 먹으면 얼마든지 기본 회화 실력을 갖출 수 있다는 말이다.
HSK 문장 속 일상회화가 다른 사람 이야기가 아닌 내 이야기라고 생각하고 공부를 해보면 어떨까? 그러면 더 친근감 있게 공부할 수 있고, 머릿속에도 오래 남을 것이다.

자격증도 따고 회화도 가능한 일석이조 공부법, 문장을 통한 스토리 암기!

HSK 3급 핵심어휘에 속하는 다음의 어휘들을 우리가 암기한다고 해보자.

나	我	wǒ	먹다	吃了	chīle
아버지	爸爸	bàbà	닭고기	鸡肉	jīròu
어머니	妈妈	māmā	소고기	牛肉	niúròu
일요일	星期天	xīngqītiān	빵	面包	miànbāo
매주	每周	měizhōu	중국인	中国人	zhōngguórén
아침	早上	zǎoshang	친구	朋友	péngyou
등산	爬山	páshān	오늘 저녁	今天晚上	jīntiānwǎnshàng
수영	游泳	yóuyǒng	식당	饭馆	fànguǎn
혹은	或者	huòzhě	~에서	在	zài
가다	去	qù	~와	和	hé

자, 그럼 이 20개의 어휘를 어떻게 외울 것인가? 무작정 아버지 바바, 어머니 마마 하면서 외울 것인가? 다음처럼 문장을 2개 만들어 공부하면 어떨까? 확실하게 머릿속에 기억될 것이다. 그리고 이 문장은 나중에 회화로도 쓰일 수 있다.

매주 일요일 아침 아버지 어머니는 등산을 가시거나 혹은 수영을 가신다.
每周星期天的早上，我爸爸妈妈都要去爬山，或者去游泳。

오늘 저녁 중국인 친구와 식당에서 닭고기, 소고기, 빵을 먹었다.
今天晚上和中国朋友在饭馆吃了鸡肉，牛肉，面包。

단어만 무작정 암기하면 시험에 합격할 수는 있겠지만, 하루살이 암기법밖에 되지 않아 승무원이 된다 해도 실전에 써먹기가 힘들다. 즉 하나를 암기하면 하나를 까먹고, 시험을 보고 나면 전부 머리가 리셋되고 마는 것이다. 힘들여 공부한 중국어는 증서만 남는다.

HSK 자격증도 따고 중국어 실력도 향상시키는 일석이조 중국어 공부법은 바로 문장을 통한 암기다. 중국어를 배우는 것은 그것으로 의사소통을 하려는 것이 바로 첫 번째 목표 아닐까? 그리고 이제 그것을 증명하기 위한 수단이 바로 HSK다.

HSK 3급을 따도 비즈니스와 일상생활에서 의사소통이 가능한 수험생이 되었으면 좋겠다. 시간이 걸리더라도 많이 말하고 많이 듣고 읽어라. 자연스럽게 실력이 향상되고 중국인을 만나도 전혀 두렵지 않을 것이다.

품사, 12개만 알아두자!

단어가 갖고 있는 기능이 무엇인지에 따라 나눈 것을 '품사'라고 한다. 영어는 8품사가 있지만 중국어는 크게 12개 품사가 있다. 외울 필요는 없다. 다만 '아, 이런 게 있고, 이렇게 우리와 다르구나' 하고 이해하면 된다. 다음은 품사별로 정리한 내용이다. 단어는 MP3 파일(CH0 007.mp3)*을 참고하길 바란다.

MP3 파일 있는 곳
- 진서원 홈페이지(www.jinswon.co.kr) 자료실 '승무원 중국어' 검색
- 저자 블로그(blog.naver.com/yuting827) '승무원 중국어' 검색)

마당별 압축파일을 풀면 해당 파일을 찾을 수 있다.

1. 명사 : 이름

명사는 이름이란 뜻이다. 세상에 존재하는 모든 이름을 명사라고 한다. 명사 중에 '한국'이나 '서울'처럼 이 세상에 하나밖에 없는 이름은 '고유명사'로 분류된다. 고유명사의 맨 앞 병음은 대문자로 표기해서 구분해준다. 그리고 '오늘', '지금'처럼 시간을 나타내는 명사는 '시간명사'라고 한다.

고유명사	시간명사	일반명사
한국 韩国 [Hánguó] 한구어	오늘 今天 [jīntiān] 진티엔	비행기 飞机 [fēijī] 페이지
서울 首尔 [Shǒu'ěr] 쇼우얼	지금 现在 [xiànzài] 시엔자이	공항 机场 [Jīchǎng] 지창

2. 동사 : 움직임을 나타내는 말

'공부하다', '말하다', '노래하다', '운동하다'처럼 움직임을 나타내는 말을 동사라고 한다. 대개의 경우 우리말로 "~한다"로 해석된다. 중국어의 동사는 주어가 몇 인칭이든, 시제가 과거든 현재든 미래든 변하지 않는 것이 특징이다. 그래서 한국어에 비하면 간단하게 배울 수 있다.

동사의 종류는 다음과 같이 다양하다.

① 조동사

동사를 도와서 능력, 바람, 가능성 등을 나타낸다. 능력을 바라는 동사(~할 수 있다), 바람을 나타내는 동사(~하고 싶다), 당위성을 나타내는 동사(~해야 한다) 등이 있다.

능력을 바라는 동사**(~할 수 있다)**	能 [néng] 넝
바람을 나타내는 동사**(~하고 싶다)**	想 [xiǎng] 시앙
당위성을 나타내는 동사**(~해야 한다)**	应该 [yīnggāi] 잉가이

② 심리동사

마음의 상태를 나타내는 동사다. 심리동사는 일반동사보다 먼저 오며, 사람의 심리상태를 나타내준다.

나는 국어 공부하는 것을 **좋아한다**	喜欢 [xǐhuan] 시후안
나는 시험이 **걱정된다**	担心 [dānxīn] 단신
일이 잘되길 **희망한다**	希望 [xīwàng] 시왕

위 예문에서 '좋아한다', '걱정된다', '희망한다'가 바로 심리상태를 나타내는 심리동사다.

③ 일반동사

조동사, 심리동사 외에 일반적인 동작을 나타낸다.

듣다 听 [tīng] 팅	말하다 说 [shuō] 슈어	쓰다 写 [xiě] 시에

표현이 풍부해지는 동사의 중첩 사용법

중국어에서 동사를 중첩해서 사용하면 동작의 시간이 짧다든지, 동작을 시도해본다는 의미로 쓰이며, 어기조사*를 부드럽게 하는 기능을 한다. 즉 '좀 ~하다', '(시험 삼아) ~해보다'라는 뜻이 된다.

또한 단음절 동사 A는 AA의 형태로 중첩되고, 2음절 동사 AB는 ABAB의 형태로 중첩된다. 단음절 동사 중첩시 발음은 다음과 같다. AA 뒤에 오는 동사는 경성으로 가볍게 읽어야 하며, 2개의 음절

사이에 一을 붙여 A一A라 하고, 一은 경성으로 읽는다. 그리고 같은 의미로 쓰인다.

단 2음절 동사의 중첩 형식은 ABAB 뒤에 오는 동사 역시 경성처럼 가볍게 읽어야 하지만, 중첩된 동사들 사이에 一를 붙일 수 없다는 점을 유의하자.

看看 [kànkan]	看一看 [kànyikan]
听听 [tīngting]	听一听 [tīngyiting]
想想 [xiǎngxiang]	想一想 [xiǎngyixiang]

어기조사

어기조사는 우리말의 '~네', '~구나', '~지요'처럼 문장 끝에 놓여 말하는 이의 마음 상태나 기분 등을 나타낸다. 중국어에는 的, 呢, 吧, 吗 등이 있다. 예를 들어 어기조사 吧는 문장 끝에 놓여 '~해봐'라는 가벼운 명령이나 '~하자'는 권유, 청유의 어조를 띤다.

AA의 경우에는 동작의 의미나 전후 문맥에 따라 행위의 횟수나 지속 시간이 '조금'인 것을 나타내는 반면 A一A에서 一는 동작이 단시간적이거나 1회만 행해지는 것을 나타낸다.

동사를 중첩하면 가벼움, 발생의 빠름, 시도, 어기완화 등의 의미를 나타낼 수 있다.

给我听听。[gěi wǒ tīngting]	나에게 좀 보여주세요.
你听一听。[nǐ tīngyiting]	잠깐 들어보세요.
他听了听音乐。[tā tīngleting yīnyuè]	그는 음악을 들었다.

한편 중첩형을 만들기 어려운 동사도 있다. 중첩형을 만드는 것은 동작、행위를 나타내는 동사뿐이다. 다음에 예를 든 비동작성 동사, 지속불가능 동작을 나타내는 동사, 의지성이 없는(제어 불가능한) 동사는 중첩형을 만들지 않는다.

심리행동을 나타내는 것	爱 [ài] 사랑하다, 怕 [pà] 두려워하다
시작 · 정지를 나타내는 것	开始 [kāishǐ] 시작하다, 结束 [jiéshù] 끝내다
발전 · 변화	发展 [fāzhǎn] 발전하다, 变化 [biànhuà] 변화하다
지각작용	听见 [tīngjiàn] 들리다, 懂 [dǒng] 이해하다
존재	有 [yǒu] 가지고 있다, 在 [zài] 있다
지속 불가능한 것	死 [sǐ] 죽다, 生 [shēng] 낳다
기타	进 [jìn] 들어가다, 来 [lái] 오다, 出 [chū] 나가다

3. 형용사 : 모양, 성질, 색깔 등을 나타내는 말

"우리 선생님은 예쁘다", "한국 요리는 맛있다", "중국어는 재미있다"에서 '예쁘다', '맛있다', '재미있다'가 바로 형용사다. 모두 사물이 어떠한지 묘사해주고 있다. 즉 형용사는 주로 명사나 대명사의 성질이나 상태를 묘사해주는 역할을 한다.

크다	大 [dà] 다
아름답다	漂亮 [piàoliang] 피아오리앙
맛있다	好吃 [hǎochī] 하오츠

4. 수사 : 수를 나타내는 말

1, 2, 100, 1000, 5/100처럼 서수, 기수, 분수 등 수를 나타내는 말을 수사라고 한다.

하나	一 [yī] 이
백	一百 [yībǎi] 이바이
천	一千 [yīqiān] 이치엔

5. 양사 : 명사나 동작의 횟수, 시간을 세는 단위

책은 1권, 2권 세듯이, 중국에서도 명사를 세는 단위가 따로 있다. 또 한 차례, 두 차례같이 동작의 횟수를 나타내는 말, 1시간, 하루처럼 시간을 세는 단위가 있는데, 이런 것들을 통틀어 양사라고 한다.

(옷, 문서) 셀 때 쓰는 양사	건, 벌 件 [jiàn] 지엔
(비행기) 셀 때 쓰는 양사	대 架 [jià] 지아
(책) 셀 때 쓰는 양사	권 本 [běn] 번

6. 대명사 : 명사를 대신 가리키는 말

대명사는 '대신한다'는 뜻을 가지고 있다. 즉 명사를 대신하고 있다고 해서 대명사라고 부른다. 예를 들어 "위팅이는 하얼빈에서 공부한다. 그곳은 매우 춥다"라는 문장을 보면 '그곳'은 '하얼빈'을 가리키고 있다. 이처럼 명사를 대신하는 말을 대명사라고 하는데, 사람을 가리키고 있으면 인칭대명사, 사물이나 장소를 가리키고 있으면 지시대명사, 의문을 나타내고 있으면 의문대명사라고 한다.

나(인칭대명사)	我 [wǒ] 워	저것(지시대명사)	那 [nà] 나
너, 당신(인칭대명사)	你 [nǐ] 니	누구(의문대명사)	谁 [shuí] 쉐이
이것(지시대명사)	这 [zhè] 즈		

7. 부사 : 술어를 꾸며주는 말

부사라는 글자에서 알 수 있듯이, 부사란 부차적인 품사라는 뜻이다. 그러므로 부사는 있으나 없으나 문장의 구조 자체에는 전혀 영향을 주지 않는다. 하지만 부사가 있어서 내용을 좀더 매끄럽고 생동감 있게 전달할 수 있도록 도와준다. 부사는 이처럼 문장의 뜻을 좀더 정확하고 상세하게 표현해주는 역할을 하며, 특히 동사나 형용사를 꾸며준다.

예를 들어 "할아버지는 자주 운동하신다"라는 문장에서 주어는 '할아버지', 동사는 '운동하신다'이다. '자주'라는 부사가 없어도 의미를 전달하는 데 별 영향을 주지 않지만, '자주'라는 부사가 있음으로 해서 문장의 뜻이 더 또렷해진다.

이미 已经 [yǐjīng] 이징	갑자기 突然 [tūrán] 투란	반드시 一定 [yídìng] 이딩

① 술어를 수식하는 부사

수식성분 중에서도 부사의 위치는 어디일까? 주어 뒤 술어 앞이다. 물론 간혹 주어 앞에 가는 부사도 있다. 그래도 일단 기본적으로 술어 앞이라고 기억해두는 것이 좋다. "주어 + 부사 + 술어 + 목적어"가 기본 어순이다. 그리고 몇몇 부사들은 "부사 + 주어 + 술어 + 목적어"의 어순이 되기도 한다.

• 주어 앞/뒤 모두 가능한 부사

방금	刚才 [gāngcái] 깡차이
사실은	其实 [qíshí] 치슈

② 정도부사

술어의 정도를 보충해주는 부사다. 술어 중에서도 형용사와 심리동사를 보충해준다고 이해하면 된다. "위팅이 진짜 키가 커", "나는 다니엘 아주 좋아해" 등의 문장을 보면, 형용사인 '크다', 심리동사인 '좋아한다'가 어느 정도 되는지 앞에서 정도부사 '진짜', '아주' 등이 꾸며주고 있음을 알 수 있다.

매우	很 [hěn] 흔
아주	非常 [fēicháng] 페이창
비교적	比较 [bǐjiào] 비지아오

8. 전치사 : 명사 앞에서 시간, 장소 등을 표현하는 말

명사, 대명사 앞에 위치해 시간, 장소, 방법 등을 표현해주는 말을 전치사라고 한다. '~에', '~로' 등 우리말의 조사와 성격이 비슷하다. 전치사는 반드시 "전치사 + 명사/대명사" 형태로 써야 한다는 것을 기억하자.

~에	在 [zài] 자이
~에게	对 [duì] 두이
~으로	把 [bǎ] 바

9. 접속사 : 문장과 문장을 연결해주는 말

접속사의 의미는 연결해준다는 뜻이다. 중국어에서 단어와 단어를 연결해주거나, 문장과 문장을 연결해주는 역할을 하는 것이 바로 접속사다. 예를 들어서 "어제 늦게 잠을 잤다", "오늘 피곤하지 않다" 이 두 문장을 연결할 때는 '그런데'라는 말을 쓰면 된다. 그러면 전달하고자 하는 의미를 또렷하게 나타낼 수 있다. 이처럼 접속사는 문장과 문장을 연결함으로써 전달하고자 하는 의미를 더욱 또렷하게 해주는 역할을 한다.

비록 ~이지만	虽然 [suīrán] 수이란
그러나	但是 [dànshì] 단슈
게다가	而且 [érqiě] 얼치에

10. 조사 : 단어와 단어를 연결하고 어감을 조절하는 말

"공부를 하고 있다", "중국에 간 적이 있다"에서 '하고 있다', '~적 있다'같이 조사는 단어와 단어를 연결하고 말투를 조절하며, 동작이 어떤 상태에 있는지 표현하는 역할을 한다.

- 동태조사 : 동작의 상태를 나타내주는 조사
  了 [le] 르　　着 [zhe] 즈　　过[guò] 구어

- 구조조사 : 단어와 단어를 연결해주는 조사
  得 [de] 더　　地 [de] 더　　的 [de] 더

11. 감탄사 : 느낌을 표현하는 말

"응?", "뭐라고?", "아름답다!"는 감탄사다. 감탄사는 말하는 사람의 추궁, 느낌, 놀람, 찬탄 등을 나타내는 말이다.

아 啊 [a] 아　　아이고 哎 [āi] 아이　　어 呦 [yōu] 요

12. 의성사 : 소리를 흉내내는 말

우리말의 의성어에 해당한다.

꼬꼬 咯咯 [gēgē] 기기　　멍멍 汪汪 [wāngwāng] 왕왕　　엉엉 呜呜 [wūwū] 우우

마음만 먹으면 한국에서도 중국어 실력이 쑥쑥!

중국에 있을 시절, 나의 룸메이트는 나이지리아 국적인 애블린과 태국인 광이었다. 우리의 공통어는 중국어였다. 한국인 룸메이트보다 외국인 룸메이트와 있으니 쉴새없이 중국어로 말할 기회가 주어졌다. 서로 소통이 안되면 사전을 찾아서 단어를 보여주며 대화를 했다. 그렇게 생활하니 남들보다 중국어가 빨리 늘었다.

해외에 있다고 중국어를 더 많이 말할 수 있는 것도 아니고, 국내에 있다고 중국어를 사용할 수 없는 것도 아니다. 마음만 먹으면 어디서든 중국어를 생활화할 수 있다. 한국에서 중국어가 들린다면 먼저 다가가라. 내가 중국에 있을 때, 나와 친구가 한국말을 하면서 지나가자 뒤에서 한국말을 따라 하며 먼저 다가와준 중국 친구들이 있었다. 그 친구들이 먼저 다가와준 게 고마웠다. 분명히 한국어에 관심이 있기 때문에 먼저 더듬거리는 한국어로 다가와준 것이다. 그렇게 서로 도우며 공부를 할 수 있었다.
지금 한국에서도 한국인들이 먼저 말을 걸어주기를 바라는 중국인 여행객과 유학생들이 많이 있을 것이다. 먼저 다가가서 말을 걸어보자. 마음만 먹으면 한국에서도 얼마든지 중국어를 생활화할 수 있다.

한번은 지하철에서 지도를 들고 헤매는 중국인 여행객들을 보았다. 먼저 다가가서 뭐 도와줄 게 없는지 묻자, 호텔의 위치를 못 찾겠다며 곤란해했다. 내가 호텔에 직접 전화해서 위치를 전해받고, 집에서 한참 떨어진 곳이지만 직접 데려다주겠다고 했다. 그들은 고마워했고, 나 또한 중국어를 사용할 수 있으니 서로 고마운 셈이다.
이렇게 이어진 인연은 지금까지 메신저로 연락하면서 친구로 지내고 있다. 기회는 만들면 되는 것이다. 중국 유학을 못 간다고 좌절하지 마라. 동대문, 명동 가면 쉽게 만날 수 있는 게 중국인이니까.

001 〈탑승수속〉 여권과 항공권을 보여주시겠습니까?

002 〈탑승수속〉 짐을 이곳 트레일에 올려주세요

003 〈탑승수속〉 한 분당 짐은 20kg이 제공됩니다

004 〈탑승수속〉 이건 항공사의 규정이라서 저도 어쩔 수가 없습니다

005 〈탑승수속〉 기내 반입금지 물품이 적혀 있으니 천천히 봐주십시오

006 〈탑승수속〉 탑승구가 이미 닫혔습니다

007 〈탑승수속〉 안에 특별히 신경써서 처리해야 할 것이 있나요?

008 〈환영인사〉 좋은 아침입니다, 저희 항공에 탑승하신 걸 환영합니다!

009 〈환영인사〉 좌석번호가 몇 번이시죠?

010 〈환영인사〉 좋은 저녁입니다, 환영합니다

011 〈좌석안내〉 좌석을 잘못 앉으신 것 같습니다

012 〈좌석안내〉 제 남편과 함께 앉고 싶어요

013 〈좌석안내〉 탑승권 좀 보여주시겠습니까?

014 〈좌석안내〉 실례지만 좌석을 바꿔주실 수 있으신가요?

015 〈짐배정〉 통로에다 짐을 두는 건 허락되지 않습니다

016 〈짐배정〉 이 유모차는 어느 분 거죠?

017 〈짐배정〉 이거 선생님 가방입니까?

018 〈이륙준비〉 안전을 위해서 안전벨트를 착용해주세요

019 〈이륙준비〉 창문의 셔터를 열고, 테이블을 접어주세요

020 〈이륙준비〉 곧 이륙하니 핸드폰을 꺼주십시오

021 〈이륙준비〉 곧 이륙하니 자리에 앉아주시십시오

022 〈이륙준비〉 이륙 후 아기바구니를 가져다드릴게요

비행기 이륙 전, 꼭 써먹는 중국어 회화

첫째 마당

- 탑승수속
- 환영인사
- 좌석안내
- 짐배정
- 이륙준비

이 책은 일부 내용(〈준비마당〉, 〈첫째마당〉, 〈부록(기내방송문 + 어휘집)〉)을 MP3, 동영상 파일로 만들었습니다. 학습에 활용하시기 바랍니다.

오디오 파일이 있는 곳

진서원 홈페이지(www.jinswon.co.kr 자료실, '승무원 중국어' 검색)
저자 블로그(blog.naver.com/yuting827, '승무원 중국어' 검색)

동영상 파일이 있는 곳 YouTube

유튜브('승무원 중국어 100 진서원' 검색)

탑승수속

001

MP3 CH1 001

여권과 항공권을 보여주시겠습니까?

칭 츄슈 이시아 닌 더 후자오 흐 지피아오, 하오 마?

* 진서원(www.jinswon.co.kr) 자료실 → '승무원 중국어' 검색 → '첫째마당' 압축파일을 찾아서 풀면 해당 파일이 있다.

칭 츄슈 이시아 닌 더 후자오 흐 지피아오, 하오 마?
请出示一下您的护照和机票，好吗？
qǐng chūshì yíxià nín de hùzhào hé jīpiào, hǎo ma?

자이 즈얼.
在这儿。
zài zhèr.

닌 요 지지엔 싱리?
您有几件行李？
nín yǒu jǐjiàn xíngli?

리앙지엔 싱리, 이다이시아오.
两件行李，一大一小。
liǎngjiàn xíngli, yídàyìxiǎo.

하이요 비에더 마?
还有别的吗？
háiyǒu biéde ma?

승무원 여권과 항공권을 보여주시겠습니까?
승객 여기 있습니다.
승무원 짐이 몇 개 있으십니까?
승객 2개요. 큰 거 하나, 작은 거 하나.
승무원 다른 것도 있으십니까?

핵심어휘

- 请 ⓢ 부탁하다, 청하다 qǐng / 칭
- 出示 ⓢ 제시하다 chūshì / 츄슈
- 一下 (동사 뒤에서) 좀 ~하다 yíxià / 이시아
- 您 ⓓ 당신, 선생님 nín / 닌
- 护照 ⓜ 여권 hùzhào / 후자오
- 和 ⓙ ~와, 과 hé / 흐
- 机票 ⓜ 탑승권 jīpiào / 지피아오
- 吗 (의문조사) 문장 중간 또는 끝에 쓰임 ma / 마
- 在儿 ⓢ 여기 있다 zài zhèr/ 자이 즈얼
- 几件 ⓜ 물품, 우편물 jǐjiàn / 지지엔
- 行李 ⓜ 짐, 수화물 xíngli / 싱리
- 两件 ⓨ 2개 liǎngjiàn / 리앙지엔
- 还有 ⓙ 그리고 háiyǒu / 하이요
- 别的 ⓓ 다른 것 biède / 비에더

이거 쇼우티바오.

一个手提包。

yígè shǒutíbāo.

쇼우티바오 슈 미엔페이 더, 커이 수이션 시에다이 덩지.

手提包是免费的，可以随身携带登机。

shǒutíbāo shì miǎnfèi de, kěyǐ suíshēn xiédài dēngjī.

승객 핸드백이 하나 있어요.

승무원 핸드백은 무료입니다. 몸에 지니고 탑승하시면 됩니다.

핵심어휘

一个 ㊇ 1개
yígé / 이거

免费 ㊁ 무료로 하다
miǎnfèi / 미엔페이

可以 ㊁ 할 수 있다
kěyǐ / 커이

随身 ㊁ 몸에 붙이다
suíshēn / 수이션

携带 ㊁ 휴대하다, 지니다
xiédài / 시에다이

登机 ㊁ 비행기에 탑승하다
dēngjī / 덩지

소유관계를 나타내는 구조조사 的

的(더/de)은 구조조사로서 '~의'라는 의미를 지니며, 명사와 명사를 연결해 소유관계를 나타낼 때 사용한다.

수식어(명사 / 대명사) + 的 + 중심어(명사 / 대명사)

예

你手机 (×) [nǐ shǒujī]	→	你的手机 (○) [nǐ de shǒujī]	당신의 핸드폰
我们航班 (×) [wǒmen hángbān]	→	我们的航班 (○) [wǒmen de hángbān]	저희 항공편

하지만 수식하는 단어가 가족이나 친구 또는 소속단체인 경우, 일반적으로 的을 생략하기도 한다. 또한 문맥상 무엇을 나타내는지 알 수 있는 경우도 뒤의 중심어를 생략할 수 있다. 이때는 '~의 것'이라는 뜻이 된다.

예

我妈妈	我女儿	我的	爸爸的
[wǒmāma]	[wǒnǚer]	[wǒde]	[bàbade]
내 어머니	내 딸	나의 것	아버지의 것

짐을 이곳 트레일에 올려주세요

칭 바 타먼 팡자이 방청 샹

닌 더 싱리시앙 자이 나리?

您的行李箱在哪里？

nín de xínglǐxiāng zài nǎlǐ?

즈얼, 자이 디샹.

这儿，在地上。

zhèr, zài dìshàng.

칭 바 타먼 팡자이 방츠엉 샹.

请把它们放在磅秤上。

qǐng bǎ tāmen fàngzài bàngchèng shàng.

시엔자이 도우 팡 하오 라.

现在都放好啦。

xiànzài dōu fàng hǎo la.

핵심어휘

行李箱 ㊔ 여행용 가방
xínglǐxiāng / 싱리시앙

哪里 ㊐ 어디, 어느 곳
nǎli / 나리

地上 ㊔ 땅 위
dìshàng / 디샹

把 ㉑ ~게 하다
bǎ / 바

它们 ㊐ 그것들
tāmen / 타먼

放 ㉍ 놓다
fàng / 팡

磅秤 ㊔ 저울
bàngchèng / 방츠엉

现在 ㊔ 지금, 현재
xiànzài / 시엔자이

都 ㊕ 모두
dōu / 도우

啦 ㉠ 동사 뒤에서 동작완료 조사 了의 변화체
la / 라

승무원 짐은 어디에 있습니까?

승객 여기 아래에 있어요.

승무원 짐을 이곳 트레일(저울)에 올려주세요.

승객 다 올려놨어요.

쇼우티바오 부 츠엉중.

手提包不称重。

shǒutíbāo bù chēngzhòng.

부야오 푸 차오중페이 바?

不要付超重费吧?

búyào fù chāozhòng fèi bā?

닌 요 리우 공진 싱리 차오중.

您有6公斤行李超重。

nín yǒu 6 gōngjīn xíngli chāozhòng.

워 야오 푸 니 두오샤오 치엔 너?

我要付你多少钱呢?

wǒ yào fù nǐ duōshǎo qián ne?

리우슈 메이유엔.

60美元。

60 měiyuán.

핵심어휘

手提包 ㉮ 핸드백
shǒutíbāo / 쇼우티바오

称重 ㉯ 무게를 달다
chēngzhòng / 츠엉중

不要 ㉯ 필요 없다
búyào / 부야오

付 ㉯ 돈을 지불하다
fù / 푸

超重费 ㉮ 초과비용
chāozhòngfèi / 차오중페이

6公斤 ㉮ 6kg
liù gōngjīn / 리우 공진

超重 ㉯ 초과하다
chāozhòng / 차오중

你 ㉰ 너, 당신
nǐ / 니

多少 ㉰ 얼마 정도
duōshǎo / 두오샤오

钱 ㉮ 돈
qián / 치엔

呢 ㉱ 동작 상황 지속 의미
ne / 너

승무원　핸드백은 포함되지 않습니다.

승객　초과비용 안 내도 되죠?

승무원　6kg 초과되었습니다.

승객　얼마를 내야 하죠?

승무원　60달러입니다.

한 분당 짐은 20kg이 제공됩니다

메이런 더 싱리 시엔으 슈 얼슈 공진

랑 워 칸칸 닌더 지피아오 흐 후자오.

让我看看您的机票和护照。

ràng wǒ kànkan nín de jīpiào hé hùzhào.

닌 야오 투오윈 지거 시앙즈?

您要托运几个箱子？

nín yào tuōyùn jǐgè xiāngzi?

싼거 시앙즈 흐 이거 쇼우티바오.

3个箱子和一个手提包。

sān gè xiāngzi hé yígè shǒutíbāo.

부 바오쿠오 쇼우티바오. 메이런 더 싱리 시엔으 슈 얼슈 공진.

不包括手提包。每人的行李限额是20公斤。

bù bāokuò shǒutíbāo. měirén de xíngli xiàn'é shì 20 gōngjīn.

닌 더 싱리 차오중 르 빠 공진.

您的行李超重了8公斤。

nín de xíngli chāozhòng le 8 gōngjīn.

핵심어휘

让 ⓢ 권하다, 하게 하다
ràng / 랑

看看 ⓢ 조사하다, 살펴보다
kànkan / 칸칸

托运 ⓢ 운송을 위탁하다, 부치다
tuōyùn / 투오윈

几个 ⓨ 몇 개
jǐgè / 지거

箱子 ⓜ 상자, 박스
xiāngzī / 시앙즈

包括 ⓢ 포함하다
bāokuò / 바오쿠오

每人 ⓜ 한 사람당
měirén / 메이런

限额 ⓢ 한정하다, ⓜ 한정액
xiàn'é / 시엔으

是 ⓗⓢ 옳다, (확실히) 맞다
shì / 슈

公斤 ⓜ 킬로그램(kg)
gōngjīn / 공진

了 ⓙ 동작 변화 완료 의미
le / 르

승무원 항공권과 여권을 보여주세요. 부칠 짐이 몇 개죠?

승객 3개와 핸드백 하나예요.

승무원 핸드백은 포함되지 않습니다. 한 분당 짐은 20kg이 제공됩니다. 손님은 8kg을 초과하셨습니다.

워 야오 푸 두오샤오 치엔? 넝 자이 즈얼 푸쿠안 마?

我要付多少钱? 能在这儿付款吗?

wǒ yào fù duōshǎo qián? néng zài zhèr fùkuǎn ma?

빠수 메이위엔. 즈 슈 닌 더 위 중 쇼우페이단,

80美元。这是您的逾重收费单,

80 měiyuán. zhè shì nín de yú zhòng shōufèidān,

칭 닌 나 하오 다오 K1 하오 구이타이 지아오 차오중 페이.

请您拿好到K1号柜台交超重费。

qǐng nín ná hǎo dào K1 hào guìtái jiāo chāozhòng fèi.

지아오 완 칭 자이 후이다오 즈얼, 지쉬 반리 쇼우쉬.

交完请再回到这儿,继续办理手续。

jiāo wán qǐng zài huídào zhèr, jìxù bànlǐ shǒuxù.

히오디, 즈나오.

好的,知道了。

hǎo de, zhīdàole.

핵심어휘

钱 명 돈
qián / 치엔

付款 동 돈을 지불하다
fùkuǎn / 푸쿠안

逾 동 초과하다, 부 더욱, 훨씬
yú / 위

收费单 명 계산서
shōufèidān / 쇼우페이단

拿 동 잡다, 받다
ná / 나

号 명 번호
hào / 하오

柜台 명 카운터, 업무데스크
guìtái / 구이타이

交 동 지불하다, 사귀다
jiāo / 지아오

继续 동 계속하다, 명 계속
jìxù / 지쉬

办理手续 동 수속을 밟다
bànlǐ shǒuxù / 반리 쇼우쉬

물건의 단위, 수량사, 양사

핸드백 3개, 책 1권처럼 '개', '권' 같은 단어의 품사를 양사라고 한다. 양사에 대한 설명은 238쪽을 참고하라.

승객 제가 얼마 내야 되죠? 여기서 지불할 수 있나요?

승무원 80달러입니다. 이건 비용명세서입니다. 이걸 가지고 K1 창구로 가셔서 지불하십시오. 지불하고 다시 이곳으로 오셔서 수속절차를 이어서 받으시면 됩니다.

승객 네, 알겠습니다.

이건 항공사의 규정이라서 저도 어쩔 수가 없습니다

즈 슈 항콩 공스 더 구이딩, 워 예 메이요 반퐈

시엔셩, 닌 더 싱리 차오중르 슈우 공진.

先生，您的行李超重了15公斤。

xiānsheng, nín de xíngli chāozhòngle 15 gōngjīn.

워 창 주오 니먼 더 항반, 요 메이요 요후이 너?

我常坐你们的航班，有没有优惠呢？

wǒ cháng zuò nǐmen de hángbān, yǒu méiyǒu yōuhuì ne?

시엔셩, 워 즈다오 닌 징창 주오 워먼 더 항반,

先生，我知道您经常坐我们的航班，

xiānsheng, wǒ zhīdào nín jīngcháng zuò wǒmen de hángbān,

부구오 즈 슈 항콩공스 더 구이딩,

不过这是航空公司的规定，

búguò zhè shì Hángkōnggōngsī de guīdìng,

워예 메이요 반퐈, 칭 닌 리지에 워.

我也没有办法，请您理解我。

wǒyě méiyǒu bànfǎ, qǐng nín lǐjiě wǒ.

핵심어휘

15公斤 명 15kg
shíwǔ gōngjīn / 슈우 공진

常 부 자주, 늘
cháng / 창

你们 대 너희들, 당신들
nǐmen / 니먼

没有 동 없다, 부족하다
méiyǒu / 메이요

优惠 형 특혜의, 우대의
yōuhuì / 요후이

经常 부 자주
jīngcháng / 징창

不过 접 하지만, 그러나
búguò / 부구오

航空公司 명 항공사
Hángkōnggōngsī / 항콩공스

规定 명 규정, 동 규정하다
guīdìng / 구이딩

我 대 나
wǒ / 워

办法 명 방법, 수단
bànfǎ / 반퐈

승무원 선생님, 짐 무게가 15kg 초과되었습니다.

승객 저는 늘 귀사의 항공편을 이용하는데, 무슨 혜택 없나요?

승무원 네, 선생님, 저도 선생님이 저희 항공을 자주 이용해주신다는 걸 알고 있지만, 이건 항공사의 규정이라서 저도 어쩔 수가 없네요. 이해해주시길 부탁드립니다.

즌 메이반파 마? 워 다이 더 시엔진 부 두오,

真没办法吗？我带的现金不多，

zhēn méibànfǎ ma? wǒ dài de xiànjīn bù duō,

방 워 시앙 시앙 반파 바.

帮我想想办法吧。

bāng wǒ xiǎng xiǎng bànfǎ bā.

나 지우 즈양바, 이공 슈우 공진,

那就这样吧，一共15公斤，

nà jiù zhèyàngbā, yígòng 15 gōngjīn,

워먼 게이 닌 지엔 우 공진 더 페이용.

我们给您减5公斤的费用。

wǒmen gěi nín jiǎn 5 gōngjīn de fèiyòng.

닌 즈야오 푸 셩시아 더 슈 공진 더 페이용,

您只要付剩下的10公斤的费用，

nín zhǐyào fù shèngxià de 10 gōngjīn de fèiyòng,

즈양 커이 마?

这样可以吗？

zhèyàng kěyǐ ma?

하오더, 즌 시에시에 니.

好的，真谢谢你。

hǎo de, zhēn xièxie nǐ.

핵심어휘

理解 ⓢ알다, 이해하다
lǐjiě / 리지에

现金 ⓜ현금
xiànjīn / 시엔진

帮 ⓢ돕다
bāng / 방

想 ⓢ생각하다
xiǎng / 시앙

那 ⓓ그, 저
nà / 나

就 ⓑ즉시, 바로
jiù / 지우

这样吧 (그럼) 이렇게 하자
zhèyàngba / 즈양바

给 ⓢ하게 해주다
gěi / 게이

减 ⓢ감소하다
jiǎn / 지엔

只 ⓑ다만
zhǐ / 지

剩下 ⓢ남기다
shèngxià / 셩시아

这样 ⓓ이래서
zhèyàng / 즈양

真 ⓑ정말
zhēn / 즌

승객 진짜 방법이 없나요? 현금을 많이 안 가져왔어요. 제발 방법을 생각해주세요.

승무원 그럼 이렇게 하세요. 전부 15kg이니, 저희가 5kg만 제해드릴게요. 남은 10kg의 비용만 지불하시는 건 어떠신가요?

승객 네, 정말 고맙습니다.

기내 반입금지 물품이 적혀 있으니 천천히 봐주십시오

즈리 시에 즈 지 네이 웨이진우핀 위 쇼우시엔 우 핀 닌 시엔 만만 칸 이시아

워 넝 자이 수이션다이 더 바오 리 팡 미엔바오 흐 단가오 마?

我能在随身带的包里放面包和蛋糕吗?

wǒ néng zài suíshēndài de bāo lǐ fàng miànbāo hé dàngāo ma?

페이지 샹 수이션 시에다이 단가오 후오즈 미엔바오 메이 원티.

飞机上随身携带蛋糕或者面包没问题。

fēijī shàng suíshēn xiédài dàngāo huòzhě miànbāo méi wèntí.

단 부야오 타이 다 더.

但不要太大的。

dàn búyào tài dà de.

페이지 샹 부넝 수이션 시에다이 나시에 예티?

飞机上不能随身携带哪些液体?

fēijī shàng bùnéng suíshēn xiédài nǎxiē yètǐ?

핵심어휘

随身带 동 몸에 지니다
suíshēndài / 수이션다이

包 양 포, 봉지, 꾸러미
bāo / 바오

里 명 이웃, 근처
lǐ / 리

放 동 놓아주다
fàng / 팡

面包 명 빵
miànbāo / 미엔바오

蛋糕 명 케이크
dàngāo / 단가오

飞机 명 비행기
fēijī / 페이지

携带 동 휴대하다
xiédài / 시에다이

或者 접 이든지, 아니면
huòzhě / 후오즈

没问题 동 문제없다
méiwèntí / 메이 원티

大 형 크다
dà / 다

승객 제가 빵이나 케이크를 가지고 타도 되나요?

승무원 기내에 케이크와 빵을 가지고 탑승하시는 것은 괜찮습니다. 하지만 너무 커서는 안됩니다.

승객 가지고 탈 수 없는 액체는 어떤 것이 있죠?

르용핀 더 롱치 롱지 즈야오 부 차오구오 이바이 하오셩 지우 커이 다이샹 페이지.

日用品的容器容积只要不超过100毫升就可以带上飞机。

rìyòngpǐn de róngqì róngjī zhǐyào bù chāoguò100háoshēng jiù kěyǐ dàishàng fēijī.

즈리 시에즈 지 네이 웨이진우핀 위 쇼우시엔 우핀 닌 시엔 만만 칸 이시아.

这里写着机内违禁物品与受限物品您先慢慢看一下。

zhèli xiězhe jī nèi wéijìnwùpǐn yǔ shòuxiàn wùpǐn nín xiān mànmàn kàn yíxià.

핵심어휘

不能 ⓓ ~해서는 안된다
bùnéng / 부넝

液体 ⓜ 액체
yètǐ / 예티

日用品 ⓜ 일용품
rìyòngpǐn / 르용핀

只要 ⓙ ~하기만 하면
zhǐyào / 즈야오

毫升 ⓨ 밀리리터(ml)
háoshēng / 하오셩

这里 ⓓ 이곳, 여기
zhèlǐ / 즈리

写着 ⓓ 쓰여 있다
xiězhe / 시에즈

违禁物品 ⓜ 금지품
wéijìnwùpǐn / 웨이진우핀

受限物品 ⓜ 제한된 물품
shòuxiàn wùpǐn / 쇼유시엔 우핀

慢慢 ⓗ 천천히
mànmàn / 만만

看 ⓓ 보다
kàn / 칸

승무원 액체는 100ml를 넘지 않아야 합니다.
여기에 기내 반입금지 물품이 적혀 있으니 천천히 봐주십시오.

탑승구가 이미 닫혔습니다

콩파 덩지 코우 이징 구안비르

닌하오, 칭원 CZ빠얼치 츠 항반 자이 나리 덩지 통구안?

您好，请问CZ827次航班在哪里登机通关?

nínhǎo, qǐngwèn CZ827 cì hángbān zài nǎlǐ dēngjī tōngguān?

나츠 항반 너? CZ빠얼치 츠?

哪次航班呢? CZ827次?

nǎcì hángbān ne?CZ827 cì?

콩파 덩지코우 이징 구안비 르. 워 시앙 닌 우지 르.

恐怕登机口已经关闭了。我想您误机了。

kǒngpà dēngjīkǒu yǐjīng guānbì le. wǒ xiǎng nín wùjī le.

페이지 치페이르 마? 워 하이요 반파 자이 덩지 마?

飞机起飞了吗? 我还有办法再登机吗?

fēijī qǐfēile ma? wǒ háiyǒu bànfǎ zài dēngjī ma?

핵 심 어 휘

登机 ⓢ 비행기에 탑승하다
dēngjī / 덩지

通关 ⓢ 세관을 통과하다
tōngguān / 통구안

恐怕 ⓑ 대략, 아마 ~일 것이다
kǒngpà / 콩파

关闭 ⓢ 닫다
guānbì / 구안비

想 ⓢ 생각하다
xiǎng / 시앙

误机 ⓢ 비행기를 놓치다
wùjī / 우지

起飞 ⓢ 이륙하다
qǐfēi / 치페이

还有 ⓙ 그리고, 또한
háiyǒu / 하이요

승객　안녕하세요, 여쭤볼 게 있는데요. CZ827 항공편 어디서 탑승수속을 하나요?

승무원　어떤 항공편입니까? CZ827 말씀입니까? 탑승구가 이미 닫혔습니다. 아마 비행기를 놓치신 것 같습니다.

승객　이미 이륙했나요? 제가 탑승할 방법이 없나요?

바오치엔. 지슈 페이지 메이요 치페이.

抱歉。即使飞机没有起飞，

bàoqiàn. jíshǐ fēijī méiyǒu qǐfēi,

우 지 더 뤼커 예 부넝 자이 덩지르.

误机的旅客也不能再登机了。

wù jī de lǚkè yě bùnéng zài dēngjìle.

즌슈 타이 자오 르.

真是太糟了。

zhēnshì tài zāo le.

자이 라이 지창 더 루샹 두츠 흔 옌중.

再来机场的路上堵车很严重。

zài lái Jīchǎng de Lùshàng dǔchē hěn yánzhòng.

나 워 시엔자이 가이 점머반 너?

那我现在该怎么办呢?

nà wǒ xiànzài gāi zěnmebàn ne?

워 시앙 닌 커이 가이 치엔다오 비에더 항반.

我想您可以改签到别的航班。

wǒ xiǎng nín kěyǐ gǎi qiāndào biéde hángbān.

핵심어휘

办法 ㉑ 방법
bànfǎ / 반파

即使 ㉓ 설령 ~하더라도
jíshǐ / 지슈

旅客 ㉑ 여행객
lǚkè / 뤼커

糟 ㉘ 상황이 좋지 않다, 나쁘다
zāo / 자오

机场 ㉑ 공항
jīchǎng / 지창

堵车 ㉛ 차가 막히다
dǔchē / 두츠

很 ㉐ 매우
hěn / 흔

严重 ㉘ 위급하다, 심각하다
yánzhòng / 옌중

现在 ㉑ 현재, 지금
xiànzài / 시엔자이

该 ㉛ ~해야 한다, 당연하다
gāi / 가이

怎么办 어쩌면 좋은가
zěnmebàn / 점머반

可以 ㉛ 할 수 있다
kěyǐ / 커이

别的航班 ㉑ 다른 항공편
biéde hángbān / 비에더 항반

승무원 죄송합니다. 설령 이륙을 안 했어도, 착오가 있는 분들은 탑승을 하실 수가 없어요.

승객 정말 운이 없네요. 공항 오는 길이 심하게 막혔거든요. 그럼 저는 이제 어떻게 해야 하죠?

승무원 제가 볼 땐 다른 항공편을 이용하시는 것이 좋겠습니다.

안에 특별히 신경써서 처리해야 할 것이 있나요?

리미엔 요 메이요 동시 쉬야오 터비에 츄리 더

시아오지에, 시아우 하오. 워 시앙 야오 투오윈 즈거 시앙즈 다오 하얼빈.

小姐，下午好。我想要托运这个箱子到哈尔滨。

xiǎojiě, xiàwǔ hǎo. wǒ xiǎng yào tuōyùn zhège xiāngzi dào Hā'ěrbīn.

메이 원티, 리미엔 슈 셤머 너?

没问题，里面是什么呢？

méi wèntí, lǐmiàn shì shénme ne?

리미엔 요 메이요 동시 쉬야오 터비에 츄리 더.

里面有没有东西需要特别处理的。

lǐmiàn yǒu méiyǒu dōngxi xūyào tèbié chǔlǐ de.

리미엔 요시에 보리 치민, 페이창 롱이 수이.

里面有些玻璃器皿，非常容易碎。

lǐmiàn yǒuxiē bōli qìmǐn, fēicháng róngyì suì.

니 넝 티싱 싱리 반윈공 시아오신 디엔,

你能提醒行李搬运工小心点，

nǐ néng tíxǐng xíngli bānyùngōng xiǎoxīn diǎn,

핵심어휘

托运 동 (짐, 화물을) 탁송하다
tuōyùn / 투오윈

箱子 명 상자
xiāngzi / 시앙즈

到 동 ~까지 오다, 도착하다
dào / 다오

什么 대 무슨, 어느
shénme / 셤머

里面 명 안, 내부
lǐmiàn / 리미엔

特别 부 특히, 형 특별하다
tèbié / 터비에

处理 동 처리하다
chǔlǐ / 츄리

玻璃器皿 명 유리로 만든 생활용기
bōli qìmǐn / 보리 치민

승객 아가씨, 좋은 오후예요. 이 짐 몇 개를 하얼빈으로 부치고 싶어요.

승무원 문제없습니다. 안에 특별히 신경써서 처리해야 할 것들이 있나요?

승객 안에 유리용기가 있어요. 쉽게 깨질 테니 운송하시는 분에게 조심히 들어서 놔달라고 해주실 수 있나요?

칭 나 칭 팡 마?
轻拿轻放吗?
qīng ná qīng fàng ma?

나양 더 후아, 닌 쉬야오 총신 다바오,
那样的话，您需要重新打包，
Nàyàng de huà, nín xūyào chóngxīn dǎbāo,

인웨이 즈중 싱리 두이 다바오 야오치우 흔 가오.
因为这种行李对打包要求很高。
yīnwèi zhèzhǒng xíngli duì dǎbāo yāoqiú hěn gāo.

웨이르 안츈엔 카오뤼, 워 후이 총신 다바오 더.
为了安全考虑，我会重新打包的。
wèile ānquán kǎolǜ, wǒ huì chóngxīn dǎbāo de.

란호우 워 후이 자이 시앙즈 샹 팡 샹 이수이 더 비아오치엔 라이
然后我会在箱子上放上易碎的标签来
ránhòu wǒ huì zài xiāngzi shàng fàng shàng yìsuì de biāoqiān lái

티싱 싱리 반윈공 시아오신 츄리.
提醒行李搬运工小心处理。
tíxǐng xíngli bānyùngōng xiǎoxīn chǔlǐ.

시에시에 니 카오뤼 더 즈머 주오다오.
谢谢你考虑的这么周到。
xièxie nǐ kǎolǜ de zhème zhōudào.

핵심어휘

行李搬运工 명 수하물 운반공
xíngli bānyùngōng / 싱리 반윈공

小心 동 조심하다, 형 조심스럽다
xiǎoxīn / 시아오신

因为 접 왜냐하면
yīnwèi / 인웨이

要求 동 요구하다, 명 요구
yāoqiú / 야오치우

为了 전 ~를 위해
wèile / 웨이르

会 동 할 것이다
huì / 후이

重新 부 새로, 다시, 재차
chóngxīn / 총신

打包 동 포장하다
dǎbāo / 다바오

然后 접 그런 후
ránhòu / 란호우

易碎 형 깨지기 쉽다
yìsuì / 이수이

标签 명 상표, 꼬리표
biāoqiān / 비아오치엔

提醒 동 일깨우다
tíxǐng / 티싱

搬运工 명 짐꾼
bānyùngōng / 반윈궁

这么 대 이와 같이
zhème / 즈머

周到 형 세심하다 꼼꼼하다
zhōudào / 주오다오

승무원 그러면 처음부터 다시 포장하셔야 돼요. 그런 거는 포장에 대한 요구사항이 높거든요.

승객 안전을 고려해서 다시 포장할게요.

승무원 그다음에 제가 상자에 쉽게 깨질 수 있으니 조심해달라는 표시를 해놓겠습니다.

승객 그렇게 잘 생각해주셔서 고맙습니다.

좋은 아침입니다, 저희 항공에 탑승하신 걸 환영합니다!

자오샹하오 시엔셩, 후안잉 청조우 번츠 항반!

자오샹하오 시엔셩, 후안잉 청조우 번츠 항반!
早上好 先生, 欢迎乘坐本次航班!
zǎoshanghǎo xiānsheng, huānyíng chéngzuò běncì hángbān!

자오샹하오! 닌 넝 즈이시아 워더 주오웨이 자이 나리 마?
早上好! 您能指一下我的座位在哪里吗?
zǎoshanghǎo! nín néng zhǐyíxià wǒde zuòwèi zài nǎlǐ ma?

하오, 칭 츄슈 닌더 덩지파이.
好, 请出示您的登机牌。
hǎo, qǐng chūshì nínde dēngjīpái.

게이 닌.
给您。
gěi nín.

핵심어휘

早上好 좋은 아침입니다
zǎoshanghǎo / 자오샹하오

先生 명 선생님(남성 존칭)
xiānsheng / 시엔셩

欢迎 동 환영합니다
huānyíng / 후안잉

乘坐 동 탑승하다
chéngzuò / 청조우

航班 명 항공편
hángbān / 항반

指一下 동 가리키다
zhǐyíxià / 즈이시아

座位 명 좌석
zuòwèi / 주오웨이

在 전 ~에
zài / 자이

哪里 대 어디
nǎlǐ / 나리

吗 의문어기조사
ma / 마

승무원 좋은 아침입니다, 선생님. 저희 항공에 탑승하신 걸 환영합니다!

승객 안녕하세요! 제 자리가 어디인지 알려주실 수 있나요?

승무원 네, 항공권 좀 보여주세요.

승객 여기 있습니다.

슈 슈쓰 비, 자이 중창 카오 츄앙 조우웨이.

是14B, 在中舱靠窗座位。

shì14B, zài zhōngcāng kào chuāng zuòwèi.

칭 왕 즈비엔 조우, 워 다이 닌.

请往这边走, 我带您。

qǐng wǎng zhèbiān zǒu, wǒ dài nín.

핵심어휘

出示 ⓢ 제시하다
chūshì / 츄슈

登机牌 ⓜ 탑승권
dēngjīpái / 덩지파이

中舱 ⓜ 객실 중앙
zhōngcāng / 중창

靠窗 ⓜ 창가 쪽
kào chuāng / 카오 츄앙

往 ⓙ ~로 향하다
wǎng / 왕

边 ⓜ 근방
biān / 비엔

走 ⓢ 걷다
zǒu / 조우

승무원 네, 14B입니다. 객실 중앙부 창가 쪽입니다.
이쪽으로 오세요, 제가 안내해드릴게요.

좌석번호가 몇 번이시죠?

닌 더 주오웨이하오 슈 두오샤오?

닌하오, 뉘슈. 워 넝 웨이 닌 주오 디엔 셤머 마?

您好，女士。我能为您做点什么吗？

nínhǎo, nǚshì. wǒ néng wèi nín zuò diǎn shénme ma?

워더 주오웨이 자이 나리?

我的座位在哪里？

wǒde zuòwèi zài nǎlǐ?

닌 더 주오웨이하오 슈 두오샤오?

您的座位号是多少？

nín de zuòwèihào shì, duōshǎo?

얼슈얼 비.

22B。

èrshí'èr B.

핵심어휘

女士 ㊔ 여사님(여성 존칭)
nǚshì / 뉘슈

的 ㊅ 관형어 뒤에 쓰여 관형어와 중심어 사이가 종속 관계임을 나타냄
de / 더

哪里 ㊐ 어디
nǎlǐ / 나리

座位号 ㊔ 좌석번호
zuòwèihào / 주오웨이하오

승무원 안녕하세요, 부인. 제가 무엇을 도와드릴까요?

승객 제 좌석이 어디인가요?

승무원 좌석번호가 몇 번이시죠?

승객 22B예요.

왕치엔 취 리우파이 주오비엔 카오 츄앙 주오웨이.　칭 수이 워 라이!
往前去六排左边靠窗座位。请随我来!
wǎngqián qù liùpái zuǒbiān kào chuāng zuòwèi. qǐng suí wǒ lái!

야오 워 방닌 나 싱리 마?
要我帮您拿行李吗?
yào wǒ bāng nín ná xíngli ma?

타이 시에시에 닌 르.
太谢谢您了。
tài xièxie nín le.

부용시에.　다오르.　즈 슈 후지아오니우.
不用谢. 到了。这是呼叫钮。
búyòngxiè. dàole. zhè shì hūjiàoniǔ.

루구오 닌 쉬야오 워먼 주오셤머,　즈 쉬 안 이시아.
如果您需要我们做什么, 只需按一下。
rúguǒ nín xūyào wǒmen zuòshénme, zhǐ xū àn yíxià.

시에시에,　워 후이 더.
谢谢, 我会的。
xièxie, wǒ huì de.

핵심어휘

多少 ㉹ 얼마, 몇
duōshǎo / 두오샤오

六排 ㉮ 6번째 줄
liùpái / 리우파이

左边 ㉮ 왼쪽 편
zuǒbiān / 주오비엔

帮 ㉯ 돕다
bāng / 방

行李 ㉮ 짐
xíngli / 싱리

呼叫钮 ㉮ 호출기
hūjiàoniǔ / 후지아오니우

做 ㉯ ~하다, 만들다
zuò / 주오

只 ㉫ 단지
zhǐ / 즈

需 ㉯ 필요하다
xū / 쉬

按 ㉯ 누르다
àn / 안

승무원　앞으로 가셔서 6번째 줄 왼쪽 창가 좌석이에요. 저를 따라오세요! 제가 짐을 들어드릴까요?
승객　정말 감사합니다.
승무원　천만에요. 여기예요. 이건 호출기예요. 필요한 게 있으면 누르기만 하시면 돼요.
승객　네, 알겠습니다. 감사합니다.

좋은 저녁입니다, 환영합니다

완상 하오, 후안잉 덩지

완샹 하오, 시엔셩, 후안잉 덩지. 워 커이 칸 이시아 닌 더 덩지파이 마?

晚上好，先生，欢迎登机。我可以看一下您的登机牌吗？

wǎnshang hǎo, xiānsheng, huānyíng dēngjī. wǒ kěyǐ kàn yíxià nín de dēngjī pái ma?

커이, 게이 니.

可以，给你。

kěyǐ, gěi nǐ.

시에시에, 칭 건 워 라이. 닌 더 주오웨이 지우슈 즈리.

谢谢，请跟我来。您的座位就是这里。

xièxie, qǐng gēn wǒ lái. nín de zuòwèi jiùshì zhèli.

시에시에. 워 바 워 더 바오 팡 자이 날?

谢谢。我把我的包放在哪儿？

xièxie. wǒ bǎ wǒ de bāo fàng zài nǎer?

핵심어휘

晚上好 좋은 저녁입니다
wǎnshang hǎo / 완샹 하오

登机 ㉰ 비행기에 탑승하다
dēngjī / 덩지

可以 ㉳ ~할 수 있다
kěyǐ / 커이

登机牌 ㉤ 탑승권
dēngjīpái / 덩지파이

谢谢 ㉰ 감사합니다
xièxie / 시에시에

包 ㉤ 가방
bāo / 바오

放 ㉰ 놓다
fàng / 팡

승무원　좋은 저녁입니다, 환영합니다. 탑승권을 보여주시겠습니까?

승객　네, 여기 있습니다.

승무원　감사합니다, 절 따라오세요. 좌석은 여기입니다.

승객　감사합니다. 제 가방은 어디에 두죠?

닌 커이 바 닌 더 바오 팡자이 싱리지아 후오즈어 치엔미엔 더 주오웨이 디시아.

您可以把您的包放在行李架或者前面的座位底下。

nín kěyǐ bǎ nín de bāo fàngzài xínglǐjià huòzhě qiánmiàn de zuòwèi dǐxià.

핵심어휘

行李架 ⓜ 짐받이, 선반
xínglǐjià / 싱리지아

或者 ⓙ 혹은
huòzhě / 후오즈어

前面 ⓜ 앞부분
qiánmian / 치엔미엔

座位底下 ⓜ 좌석 아래
zuòwèi dǐxià / 주오웨이 디시아

승무원　선반이나 앞좌석 아래에 두시면 됩니다.

좌석을 잘못 앉으신 것 같습니다

콩파 닌 주오 츄오 주오웨이르

두이부치, 뉘슈. 워 커이 칸칸 닌더 덩지파이 마?

对不起，女士。我可以看看您的登机牌吗？

duìbùqǐ, nǚshì. wǒ kěyǐ kànkàn nínde dēngjīpái ma?

게이 닌.

给您。

gěi nín.

콩파 닌 주오 츄오 주오웨이르. 즈 슈 슈 우에이,

恐怕您坐错座位了。这是15A，

kǒngpà nín zuò cuòzuòwèile. zhè shì15A,

얼 닌 더 주오웨이하오 슈우에이, 자이 치엔 창.

而您的座位号是5A，在前舱。

ér nín de zuòwèihào shì5A, zài qián cāng.

주오웨이하오 지우 비아오 자이 싱리지아 비엔샹.

座位号就标在行李架边上。

zuòwèihào jiù biāo zài xínglǐjià biānshàng.

핵심어휘

登机牌 명 탑승권
dēngjīpái / 덩지파이

恐怕 형 아마 ~일 것이다
kǒngpà / 콩파

而 접 그리고, 그러면서도
ér / 얼

舱 명 객실
cāng / 창

就 부 곧
jiù / 지우

标 명 표시
biāo / 비아오

行李架边上 명 선반 옆
xínglǐjià biānshàng / 싱리지아 비엔샹

승무원 죄송합니다, 여사님. 탑승권 좀 보여주실 수 있나요?

승객 여기 있습니다.

승무원 좌석을 잘못 앉으신 것 같습니다. 여기는 15A입니다. 손님의 좌석은 5A이고, 객실 앞쪽입니다. 좌석번호는 선반 옆에 표시되어 있습니다.

오, 두이부치, 워 랑 웨이.
哦，对不起，我让位。
ò, duìbùqǐ, wǒ ràng wèi.

메이관시. 야오 워 방 닌 나 씽리 마?
没关系。要我帮您拿行李吗？
méiguānxì. yào wǒ bāng nín ná xíngli ma?

부, 워 즈지 넝 나, 시에시에 닌.
不，我自己能拿，谢谢您。
bù, wǒ zìjǐ néng ná, xièxie nín.

핵심어휘

拿 ⓓ 쥐다, 잡다
ná / 나

自己 ⓜ 자기 자신
zìjǐ / 즈지

能 ⓗ ~할 수 있다
néng / 넝

谢谢 ⓓ 고맙습니다
xièxie / 시에시에

승객 아, 죄송합니다. 비켜드릴게요.
승무원 괜찮습니다. 제가 짐 옮기는 걸 도와드릴까요?
승객 아니에요, 혼자 할 수 있어요. 고맙습니다.

중국어로 숫자 읽기

다음은 숫자를 중국어로 표시하는 법과 발음을 정리한 표다. 회화에서 다양하게 활용되므로 꼭 알아둬야 한다.

숫자	한자 표기	발음 표기
0	零	líng
1	一	yī
2	二(两)	èr(liǎng)
3	三	sān
4	四	sì
5	五	wǔ
6	六	liù
7	七	qī
8	八	bā
9	九	jiǔ
10	十	shí
11	十一	shíyī
12	十二	shíèr
23	二十三	èrshísān
35	三十五	sānshíwǔ
47	四十七	sìshíqī
59	五十九	wǔshíjiǔ
100	一百	yībǎi
206	二百六	èrbǎiliù
388	三百八十八	sānbǎibāshíbā
1000	一千	yīqiān
10000	一万	yīwàn
30800	三万零八百	sānwànlíngbābǎi
85005	八万五千零五	bāwànwǔqiānlíngwǔ

주의할 점 1 : 十 부분 발음 변화

여기서 주의할 점은 十 부분 발음이다. 十[shí]은 원래는 2성이지만, 31[sānshiyī]같이 十 전후에 숫자가 오면 [shi] 경성으로 발음한다.

주의할 점 2 : 긴 숫자를 읽을 때는 0을 주의

중간에 0이 한 번 이상 들어간 경우는 꼭 한 번만 읽어줘야 한다. 또한 끝부분에 0이 있는 경우 0 단위를 생략하고 읽을 수 있다.

140 一百四 [yībǎisì] 이바이스 / 1600 一千六 [yīqiānliù] 이치엔리우

0이 앞뒤로 있을 경우 뒤에 있는 0 앞에 마지막 단위는 반드시 읽어준다.

3080 三千零八十 [sānqiānlíngbāshí] 산치엔링빠슈

8008 八千零八 [bāqiānlíngbā] 빠치엔 링 빠

주의할 점 3 : 4자리 단위로 나누어 적용

3600 8908 三千六百万 八千九百零八 [sānqiānliùbǎiwàn bāqiānjiǔbǎilíngbā]

산치엔리우바이완 빠치엔지우바이링빠

주의할 점 4 : 二와 两

• **二만 사용하는 경우 :** 양사 없이 숫자 홀로 쓰이거나 마지막 자리의 수인 경우, 그냥 수만 나열하듯 쓴다.

2 二

222 二百二十二

• **两을 사용하는 경우(일반적인 양사와 함께 쓰이는 경우) :** 수를 나타낼 때는 십단위와 십단위 뒤의 2는 반드시 二을 쓴다. 따라서 2는 '二', 20은 '二十', 12는 '十二', 22는 '二十二'라 말해야 하고, 200은 두 가지가 다 사용되지만, 2000은 반드시 **两**만 사용한다. 양사와 연용해 수량을 말할 때 2개는 반드시 **两**이라고 해야 한다. 즉 양사와 함께 쓰일 때는 **两**을 써야 한다는 것, 잊지 않도록 하자.

제 남편과 같이 앉고 싶어요

워 시앙 흐 워 시엔셩 주오자이 이치

시아오지에, 야오슈 요 콩 주오웨이 더 화,
小姐，要是有空座位的话，
xiǎojiě, yàoshì yǒu kòng zuòwèi de huà,

워 시앙 흐 워 시엔셩 주오자이 이치.
我想和我先生坐在一起。
wǒ xiǎng hé wǒ xiānsheng zuòzài yìqǐ.

두이부치, 진티엔 토우덩창 만유엔,
对不起，今天头等舱满员，
duìbùqǐ, jīntiān tóuděngcāng mǎnyuán,

루구오 닌 부지에이 더 화,
如果您不介意的话，
rúguǒ nín bújièyì de huà,

워 커이 방 닌 자이징지창 칸이칸.
我可以帮您在经济舱看一看。
wǒ kěyǐ bāng nín zài jīngjìcāng kànyíkàn.

핵심어휘

要是 ㉨ 만약 ~라면
yàoshi / 야오슈

空座位 ㊔ 빈 좌석
kòng zuòwèi / 콩 주오웨이

一起 ㊒ 함께 더불어
yìqǐ / 이치

头等舱 ㊔ 일등석
tóuděngcāng / 토우덩창

满员 ㊔ 만석
mǎnyuán / 만유엔

不介意 ㊍ 개의하지 않다
bújièyì / 부지에이

经济舱 ㊔ 비지니스석
jīngjìcāng / 징지창

승객 아가씨, 만약 빈 좌석이 있으면 제 남편과 같이 앉고 싶어요.

승무원 죄송합니다, 오늘 일등석이 꽉 차서요.
괜찮으시다면 제가 비지니스석을 보고 오겠습니다.

워먼 푸푸 리앙 런 이치 딩 더 피아오,

我们夫妇两人一起定的票,

wǒmen fūfù liǎng rén yìqǐ dìng de piào,

메이요 다오리 부 안파이 주오자이 이치 더 마?

没有道理不安排坐在一起的吗?

méiyǒu dàolǐ bù ānpái zuòzài yìqǐ de ma?

부하오이스,

不好意思,

bùhǎoyìsī,

시아츠 닌 커이 자오 이디엔 라이 지창 환 덩지파이,

下次您可以早一点来机场换登机牌,

xiàcì nín kěyǐ zǎo yìdiǎn lái Jīchǎng huàn dēngjīpái,

인웨이 디엔나오 리미엔 슈 부후이 시엔슈

因为电脑里面是不会显示

yīnwèi diànnǎo lǐmiàn shì búhuì xiǎnshì

니먼 슈 푸치 구안시 더.

你们是夫妻关系的。

nǐmen shì fūqī guānxì de.

워 후이 진리앙 흐 닌 장푸 션비엔 더 뤼커 샹리앙 이시아.

我会尽量和您丈夫身边的旅客商量一下。

wǒ huì jǐnliàng hé nín zhàngfu shēnbiān de lǚkè shāngliàng yíxià.

하오 더, 시에시에 닌 르.

好的, 谢谢您了。

hǎo de, xièxie nín le.

승객 저희 부부 두 사람이 같이 예약했는데, 함께 앉도록 배정을 해줘야 하는 거 아닌가요?

승무원 죄송합니다. 다음엔 조금 일찍 오셔서 탑승수속을 해주세요. 컴퓨터상에서는 부부관계인 것이 보이지 않거든요. 하지만 제가 남편 분 옆 좌석 분께 자리를 바꾸는 것에 대해서 양해 말씀을 드려보겠습니다.

승객 네, 고맙습니다.

핵심 어휘

夫妇 명 부부
fūfù / 푸푸

道理 명 도리
dàolǐ / 다오리

安排 동 안배하다
ānpái / 안파이

因为 접 왜냐하면
yīnwèi / 인웨이

电脑 명 컴퓨터
diànnǎo / 디엔나오

显示 동 보여주다, 나타나다
xiǎnshì / 시엔슈

夫妻关系 명 부부관계
fūqī guānxì / 푸치 구안시

尽量 부 가능한 한, 되도록, 최대한도로
jǐnliàng / 진리앙

丈夫 명 남편
zhàngfu / 장푸

身边 명 곁, 몸 옆
shēnbiān / 션비엔

旅客 명 여행객
lǚkè / 뤼커

商量 동 상의하다
shāngliang / 샹리앙

좌석안내

013 탑승권 좀 보여주시겠습니까?

MP3 CH1 013

워 넝 칸 이시아 닌 더 덩지파이 마?

두이부치, 시엔셩.
对不起，先生。
duìbùqǐ, xiānsheng.

워 넝 칸 이시아 닌 더 덩지파이 마?
我能看一下您的登机牌吗？
wǒ néng kàn yíxià nín de dēngjīpái ma?

안 워 더 주오웨이하오, 워 잉가이 주오자이 중 창.
按我的座位号，我应该坐在中舱。
àn wǒ de zuòwèihào, wǒ yīnggāi zuòzài zhōng cāng.

단 워 진티엔 자오샹 치라이 호우 토우 요디엔 통,
但我今天早上起来后头有点痛，
dàn wǒ jīntiān zǎoshang qǐlái hòu tóu yǒudiǎn tòng,

두즈 부 슈푸,
肚子不舒服，
dùzi bù shūfu,

수오이 워 시앙 주오 카오진 웨이셩지엔 더 주오웨이. 워 넝 주오자이 즈얼 마?
所以我想坐靠近卫生间的座位。我能坐在这儿吗？
suǒyǐ wǒ xiǎng zuò kàojìn wèishēngjiān de zuòwèi. wǒ néng zuòzài zhèr ma?

핵심어휘

按 전 ~에 따라서
àn / 안

座位号 명 좌석번호
zuòwèihào / 주오웨이하오

应该 동 반드시 ~해야 한다
yīnggāi / 잉가이

今天早上 명 오늘 아침
jīntiānzǎoshang / 진티엔 자오샹

头 명 머리
tóu / 토우

痛 형 아프다
tòng / 통

肚子 명 배
dùzi / 두즈

不舒服 형 불편하다
bù shūfu / 부 슈푸

靠近 형동 가까이 가다
kàojìn / 카오진

승무원 죄송하지만 신생님, 탑승권 좀 보여주시겠습니까?

승객 좌석번호대로면 제 자리는 객실 중앙이에요. 그런데 아침에 일어나보니 머리가 아프고 뱃속도 불편해서 화장실 근처에 앉고 싶어요. 여기 앉아도 되나요?

워 리지에 닌.　　단 웨이르 츄에바오 페이지 치페이 슈 더 페이 자이 핑헝 닌 잉가이

我理解您。但为了确保飞机起飞时的配载平衡您应该

wǒ lǐjiě nín. dàn wèile quèbǎo fēijī qǐfēi shí de pèi zài pínghéng nín yīnggāi

주오자이 즈딩 더 웨이즈 샹.　　칭 닌 잔슈 후이다오 즈딩 더 웨이즈 샹하오 마?

坐在指定的位置上。请您暂时回到指定的位置上好吗？

zuòzài zhǐdìng de wèizhi shàng. qǐng nín zànshí huídào zhǐdìng de wèizhi shànghǎo ma?

덩 치페이 호우 닌 커이 후이다오 즈거 주오웨이 샹.

等起飞后您可以回到这个座位上。

děng qǐfēi hòu nín kěyǐ huídào zhège zuòwèi shàng.

하오, 워 밍바이르.

好，我明白了。

hǎo, wǒ míngbáile.

핵심 어휘

卫生间 명 화장실
wèishēngjiān / 웨이셩지엔

理解 명 이해, 동 이해하다
lǐjiě / 리지에

确保 동 확실히 보장하다
quèbǎo / 츄에바오

飞机 명 비행기
fēijī / 페이지

配载 동 적재되다
pèi zài / 페이 자이

平衡 형 평형하다, 동 균형잡히다
pínghéng / 핑헝

指定的位置 명 지정된 좌석
zhǐdìng de wèizhi / 즈딩 더 웨이즈

暂时 명 잠시, 잠깐
zànshí / 잔슈

等 동 ~까지 기다리다
děng / 덩

起飞后 이륙한 후
qǐfēi hòu / 치페이 호우

回到 동 되돌아가다
huídào / 후이다오

승무원　이해합니다. 하지만 이륙시에는 비행기의 균형을 위해 정해진 좌석에 앉아주셔야 합니다. 잠시 좌석으로 돌아가 주실 수 있나요? 이륙한 후에 다시 여기 와서 앉으세요.

승객　네, 알겠습니다.

탑승권 속 중국어 살펴보기

중국 비행기를 타면 탑승권에 중국어로 표기된 부분을 볼 수 있다. 단어를 하나하나 살펴보자.

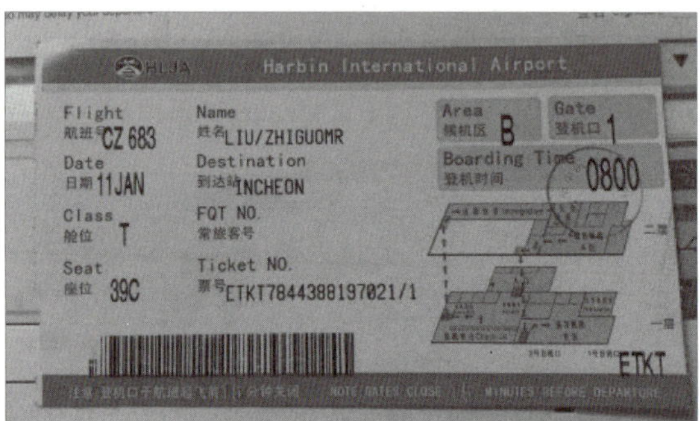

탑승권에 있는 단어 총정리

机票	jīpiào / 지피아오	비행기표
日期	rìqī / 르치	날짜
航班号	hángbānhào / 항반하오	항공편
舱位	cāngwèi / 창웨이	객실
座位	zuòwèi / 주오웨이	좌석
姓名	xìngmíng / 싱밍	성명
到达站	dàodá zhàn / 다오다잔	목적지
候机室	hòujīshì / 호우지슈	대합실
登机口	dēngjīkǒu / 덩지코우	탑승구
登机时间	dēngjìshíjiān / 덩지슈지엔	탑승시간
票号	piàohào / 피아오하오	표 번호

실례지만 좌석을 바꿔주실 수 있으신가요?

칭 닌 게이 환거 주오웨이, 하오마?

두이부치, 시아오지에. 워 원 거 원티 씽 마?

对不起，小姐。我问个问题行吗？

duìbùqǐ, xiǎojiě. wǒ wèn gè wèntí xíng ma?

원 바.

问吧。

wèn bā.

나비엔 더 나웨이 시엔셩 슈 워 더 이거 펑요,

那边的那位先生是我的一个朋友，

nàbiān de nàwèi xiānsheng shì wǒ de yígè péngyou.

워 시앙 즈다오 워 넝 부 넝 주오 자이 타 비엔 샹.

我想知道我能不能坐在他边上。

wǒ xiǎng zhīdào wǒ néng bù néng zuò zài tā biān shàng.

핵 심 어 휘

问 ㊍ 묻다
wèn / 원

个 ㊐ 개, 사람
gè / 거

问题 ㊔ 문제
wèntí / 원티

朋友 ㊔ 친구
péngyou / 펑요

知道 ㊍ 알다, 이해하다
zhīdào / 즈다오

个는 양을 나타내는 양사다. 양사에 대한 내용은 238쪽을 참고하자.

승객1 죄송합니다, 아가씨. 뭐 좀 물어봐도 될까요?

승무원 네, 물어보세요.

승객1 저쪽에 저 사람이 제 친구인데, 제가 친구 옆자리로 옮길 수 있을까요?

은, 랑 워 취 통주오 자이 타 비엔 샹 더 뉘슈 샹리앙 이시아,
嗯，让我去同坐在他边上的女士商量一下，
ēn, ràng wǒ qù tóngzuò zài tā biān shàng de nǚshì shāngliàng yíxià,

흐 닌 후안 거 주오웨이. 칭 수이워라이.
和您换个座位。请随我来。
hé nín huàn gè zuòwèi. qǐng suíwǒlái.

시아오지에, 마퐌 닌 이시아 하오마?
小姐，麻烦您一下好吗？
xiǎojiě, máfan nín yíxià hǎoma?

나웨이 난슈 시앙 흐 즈웨이 청커 주오 자이이콰.
那位男士想和这位乘客坐在一块。
nàwèi nánshì xiǎng hé zhèwèi chéngkè zuò zàiyíkuài.

칭 닌 게이 환 거 주오웨이, 하오마?
请您给换个座位，好吗？
qǐng nín gěi huàn gè zuòwèi, hǎoma?

싱, 메이 원티.
行，没问题。
xíng, méi wèntí.

핵심어휘

让 ⓢ 권하다, 시키다
ràng / 랑

同坐 ⓜ 옆자리, 짝꿍
tóngzuò / 통주오

商量 ⓢ 상의하다
shāngliang / 샹리앙

一下 ⓢ 시험삼아 해보다
yíxià / 이시아

换 ⓢ 교환하다, 바꾸다
huàn / 후안

麻烦 ⓢ 귀찮게 하다, ⓗ 귀찮다 ⓜ 골칫거리
máfan / 마퐌

男士 ⓜ 남자 분
nánshì / 난슈

行 ⓢ 좋다, 해도 된다
xíng / 싱

승무원 네, 제가 옆자리에 계신 여성 분께 여쭤봐드릴게요. 절 따라오세요.

승무원 아가씨, 실례지만 저기 남성 분께서 이쪽 승객 분과 함께 앉길 원하시는데, 좌석을 바꿔주실 수 있으신가요?

승객2 네, 괜찮아요.

씨에씨에,　　　시아오지에.

谢谢您，小姐。

xièxienín, xiǎojiě.

두오시에 닌 르.

多谢您了。

duōxiè nín le.

부커치.

不客气。

bú kèqì.

핵 심 어 휘

多谢 ⓢ 대단히 감사하다
duōxiè / 두오시에

不客气 천만에요
búkèqi / 부커치

승무원　감사합니다. 아가씨.

승객1　정말 고맙습니다.

승무원　천만에요.

통로에다 짐을 두는 건 허락되지 않습니다

부원쉬 바 싱리 퐝자이 즈리

즈 슈 쉐이 더 바오?

这是谁的包?

zhè shì shuí de bāo?

슈 워 더. 워 부즈다오 가이 퐝자이 날.

是我的。我不知道该放在哪儿。

shì wǒ de. wǒ bùzhīdào gāi fàngzài nǎer.

싱리지아 이 만, 워 슈즈어 퐝자이 주오웨이 시아미엔,

行李架已满，我试着放在座位下面，

xínglǐjià yǐ mǎn, wǒ shìzhe fàngzài zuòwèi xiàmiàn,

단 퐝부시아. 닌 넝 방 워 이시아 마?

但放不下。您能帮我一下吗?

dàn fàngbúxià. nín néng bāng wǒ yíxià ma?

핵심어휘

谁 ㊀ 누구
shuí / 쉐이

行李 ㊔ 짐
xíngli / 싱리

满 ㊍ 가득차다
mǎn / 만

试着 ㊍ 한번 시도해보다
shìzhe / 슈즈어

下面 ㊔ 아랫부분
xiàmiàn / 시아미엔

但 ㉑ 그러나
dàn / 단

帮 ㊍ 돕다
bāng / 방

승무원 이 가방은 어느 분 거죠?

승객 제 건데요, 어디다 놔야 할지 모르겠어요.
선반은 이미 꽉 찼고, 좌석 밑에도 시도해봤는데 안 들어가네요.
저 좀 도와줄 수 있나요?

닌 슈 즈다오 더,　　　부윈쉬 바 싱리 팡자이 즈리,
您是知道的，不允许把行李放在这里，
nín shì zhīdào de, bùyǔnxǔ bǎ xíngli fàngzài zhèli,

구오다오 부넝 두서.　　　단 비에 자오지.
过道不能堵塞。但别着急。
guòdào bùnéng dǔsè. dàn bié zháojí.

닌 티즈 싱리 수이 워라이,　　　치엔창 예쉬 요 디팡 팡.
您提着行李随我来，前舱也许有地方放。
nín tízhe xíngli suí wǒlái. qiáncāng yěxǔ yǒu dìfang fàng.

핵심어휘

不允许 ㉿ 허락되지 않다
bùyǔnxǔ / 부윈쉬

过道 ㉺ 복도, 통로
guòdào / 구오다오

堵塞 ㉿ 가로막다
dǔsè / 두서

着急 ㉿ 조급해하다
zháojí / 자오지

提着 ㉿ 든 채로 있다
tízhe / 티즈

随 ㉿ 따르다
suí / 수이

也许 ㉾ 아마도, 어쩌면
yěxǔ / 예쉬

地方 ㉺ 자리, 장소
dìfang / 디팡

승무원　아시다시피, 통로는 비워둬야 되기 때문에 이곳에다 짐을 두는 건 허락되지 않습니다.
하지만 조급해하지 마시고, 짐을 들고 절 따라오세요.
앞쪽에 짐을 보관할 공간이 있을 거예요.

이 유모차는 어느 분 거죠?

즈 슈 쉐이 더 잉얼 투이츠어?

칭원, 즈 슈 쉐이 더 잉얼투이츠어?

请问，这是谁的婴儿推车？

qǐngwèn, zhè shì shuí de yīng'értuīchē?

점머 르? 슈 워 더. 요 션머 슈?

怎么啦？是我的。有什么事？

zěnme la? shì wǒ de. yǒu shénme shì?

칭 부야오 지앙 잉얼투이츠어 퐝자이 싱리지아 샹.

请不要将婴儿推车放在行李架上。

qǐng búyào jiāng yīng'értuīchē fàngzài xínglǐjià shàng.

완이 위다오 디엔보 커넝, 후이 디아오 시아라이 펑샹 런 더.

万一遇到颠簸，可能会掉下来碰上人的。

wànyī yùdào diānbǒ kěnéng, huì diào xiàlái pèngshàng rén de.

닌 커이 바 타 퐝자이 주오웨이 시아미엔 마?

您可以把它放在座位下面吗？

nín kěyǐ bǎ tā fàngzài zuòwèi xiàmiàn ma?

핵심어휘

谁 ㊐ 누구
shuí / 쉐이

婴儿推车 ㊔ 유모차
yīng'értuīchē / 잉얼투이츠어

将 ㊕ ~일 것이다
jiāng / 지앙

万一 ㊕ 만약, ㊔ 만약의 일
wànyī / 완이

遇到 ㊖ 만나다
yùdào / 위다오

颠簸 ㊖ 흔들리다
diānbǒ / 디엔보

掉 ㊖ 떨어지다
diào / 디아오

碰上 ㊖ 부딪치다
pèngshàng / 펑샹

승무원　실례합니다. 이 유모차는 어느 분 거죠?

승객　왜 그러죠? 제 건데요. 무슨 일 있나요?

승무원　네. 유모차는 선반 위에 놓아서는 안됩니다. 흔들려서 사람한테 떨어질 수 있기 때문입니다. 좌석 밑에나 둬도 될까요?

당란 커이.

当然可以。

dāngrán kěyǐ.

핵심어휘

当然 ㊕ 당연히, ㊖ 당연하다
dāngrán / 당란

시에시에.

谢谢。

xièxie.

승객 네, 당연히 되죠.

승무원 감사합니다.

중국어는 존칭어가 따로 없다?

중국어는 존칭어가 따로 있지 않다. 중국 드라마나 영화에서도 아이와 어른이 친구처럼 대화하는 모습을 흔히 볼 수 있다. 그래서 가끔 중국 친구들은 한국인들이 왜 1살 차이 혹은 몇 달 차이만 나도 그렇게 서로 존대하면서 대화를 하느냐고 물어보곤 한다.

하지만 중국에도 상대방을 존중해서 부르는 말이 있다. 바로 您[nín]이다. 정중하고 공손하게 표현하고자 할 때 사용한다. 문어체에서는 간혹 您们[nínmen]이라고 쓰기도 하지만 구어체에서는 통용되지 않는다. 복수의 경우 일반적으로 다음과 같은 수량사(238쪽 설명 참고)를 써서 표시한다.

您两位 [nín liǎng wèi] 두 분

짐배정

017 이거 선생님 가방입니까?

칭원 즈 슈 닌 더 바오 마?

MP3 CH1 017

닌하오, 시엔셩, 칭원 즈 슈 닌 더 바오 마?
您好，先生，请问这是您的包吗？
nínhǎo, xiānsheng, qǐngwèn zhè shì nín de bāo ma?

슈더, 요 슈 마?
是的，有事吗？
shì de, yǒushì ma?

슈 즈양, 즈 웨이 시아오지에 더 바오 팡 부 진 싱리지아 네이,
是这样，这位小姐的包放不进行李架内，
shì zhèyàng, zhè wèi xiǎojiě de bāo fàng bú jìn xínglǐjià nèi,

인웨이 시엔자이 메이요 주고우 더 콩지엔.
因为现在没有足够的空间。
yīnwèi xiànzài méiyǒu zúgòu de kōngjiān.

수오이 워 시앙, 닌 넝포우 바 닌 더 바오 샤오웨이 칭시에 이 디엔,
所以我想，您能否把您的包稍微倾斜一点，
suǒyǐ wǒ xiǎng, nín néngfǒu bǎ nín de bāo shāowēi qīngxié yìdiǎn,

핵심어휘

请问 말씀 좀 여쭙겠습니다
qǐngwèn / 칭원

这样 ㉮ 이래서
zhèyàng / 즈양

因为 ㉨ 왜냐하면
yīnwèi / 인웨이

现在 ㊔ 지금
xiànzài / 시엔자이

没有 ㉯ 없다
méiyǒu / 메이요

足够 ㉱ 충분하다
zúgòu / 주고우

空间 ㊔ 공간
kōngjiān / 콩지엔

所以 ㉨ 그러니
suǒyǐ / 수오이

能否 ㉯ ~인지 아닌지
néngfǒu / 넝포우

稍微 ㊊ 조금, 약간
shāowēi / 샤오웨이

승무원 안녕하세요, 선생님. 이거 선생님 가방입니까?

승객 네. 무슨 일이죠?

승무원 네, 공간이 충분하지 않아서, 이 아가씨 가방이 선반에 들어가지가 않네요. 가능하다면 선생님 가방을 약간 기울여서 넣어도 될까요? 그렇게 하면 아가씨 가방도 들어갈 수 있습니다.

즈양 워 지우 커이 바 타 더 바오 팡 진라이 르.

这样我就可以把她的包放进来了。

zhèyàng wǒ jiù kěyǐ bǎ tā de bāo fàng jìnlái le.

당란, 메이 원티.

当然，没问题。

dāngrán, méi wèntí.

페이창 간시에.

非常感谢。

fēicháng gǎnxiè.

핵심어휘

倾斜 ⓗ 기울다, 경사지다
qīngxié / 칭시에

就 ⓑ 곧
jiù / 지우

进来 ⓓ 들어오다
jìnlái / 진라이

没 ⓓ 없다
méi / 메이

问题 ⓜ 문제
wèntí / 원티

非常感谢 매우 감사합니다
fēicháng gǎnxiè / 페이창 간시에

승객 당연히, 괜찮습니다.

승무원 정말 감사합니다.

한걸음더

중국어 인칭대명사 총정리

사람을 가리키는 인칭대명사로 흔히 1인칭의 我, 2인칭의 你, 3인칭의 他가 있다. 그 밖에 무생물이나 동물을 가리키는 它가 있다. 또한 이들의 인칭대명사 뒤에 복수접미사们[men]를 붙이면 복수형이 된다.

인칭대명사 총정리

	단수	복수
1인칭	我 [wǒ] 워	我们 [wǒmen]
2인칭	你 [nǐ] 니	你们 [nǐmen]
3인칭	他(她, 它) [tā] 타	他(她们, 它们) [tāmen]

안전을 위해서 안전벨트를 착용해주세요

웨이르 닌더 안취엔, 닌 비쉬 치 진 안취엔 다이

시엔셩, 웨이르 안츄엔 치지엔,

先生，为了安全起见，

xiānsheng, wèile ānquán qǐjiàn,

자이 페이지 치파이 후오 지앙루오 슈,

在飞机起飞或降落时，

zài fēiji qǐfēi huò jiàngluò shí,

닌 잉가이 주오자이 주오웨이 샹 지 하오 안츄엔다이.

您应该坐在座位上系好安全带。

nín yīnggāi zuòzài zuòwèi shàng jì hǎo ānquándài.

단슈 닌 예 칸다오르, 워 흔 팡.

但是你也看到了，我很胖。

dànshì nǐ yě kàndàole, wǒ hěn pàng.

지하오 안츄엔다이 슈자이 부 슈푸.

系好安全带实在不舒服。

jìhǎo ānquándài shízai bù shūfu.

핵심어휘

为了 접 ~을 위해서
wèile / 웨이르

起见 조 ~를 위해
qǐjiàn / 치지엔

起飞 동 이륙하다
qǐfēi / 치파이

或 접 그렇지 않으면
huò / 후오

降落 동 착륙하다
jiàngluò / 지앙루오

应该 동 반드시 ~해야 한다
yīnggāi / 잉가이

系 동 매다, 묶다
jì / 지

安全带 명 안전벨트
ānquándài / 안츄엔다이

胖 형 뚱뚱하다
pàng / 팡

舒服 형 편안하다
shūfu / 슈푸

승무원 선생님, 안전을 위해서 이륙과 착륙시에는 반드시 좌석에 앉아서 안전벨트를 착용해주셔야 합니다.

승객 보시다시피 제가 좀 뚱뚱해서, 안전벨트를 하면 너무 불편해요.

워 리지에 닌 더 난츄. 단 웨이 르 닌더 안츄엔,
我理解您的难处。但为了您的安全,
wǒ lǐjiě nín de nánchù. dàn wèi le nín de ānquán,

자이 페이지 치페이 흐 지앙 루오 더 슈호우, 닌 비쉬 지진 안츄엔다이.
在飞机起飞和降落的时候, 您必须系紧安全带。
zài fēijī qǐfēi hé jiàngluò de shíhou, nín bìxū jìjǐn ānquándài.

하오, 워 밍바이르.
好, 我明白了。
hǎo, wǒ míngbáile.

핵심어휘

难处 ⓢ 함께하기 어렵다
nánchǔ / 난츄

为 ~를 위해
wèi / 웨이

时候 ⓜ 때, 시간, 동안
shíhou / 슈호우

必须 ⓑ 반드시
bìxū / 비쉬

明白 ⓢ 알다 이해하다
míngbai / 밍바이

승무원 네, 어려운 점은 이해하지만, 선생님의 안전을 위해서 이륙과 착륙시 반드시 착용해주셔야 합니다.

승객 네, 알겠습니다.

창문의 셔터를 열고, 테이블을 접어주세요

칭닌 다카이 즈구앙반, 쇼우 치 시아오 주오반

시엔셩, 워먼 더 풰이지 시엔자이 준베이 치페이.
先生，我们的飞机现在准备起飞。
xiānsheng, wǒmen de fēijī xiànzài zhǔnbèi qǐfēi.

칭닌 다카이 즈구앙반, 쇼우치 시아오주오반.
请您打开遮光板，收起小桌板。
qǐng nín dǎkāi zhēguāngbǎn, shōuqǐ xiǎozhuōbǎn.

와이미엔 더 양구앙 랑 워 옌징 쇼우부리아오.
外面的阳光让我眼睛受不了。
wàimiàn de yángguāng ràng wǒ yǎnjing shòubùliǎo.

웨이션머 야오 즈양?
为什么要这样?
wèishénme yào zhèyàng?

인웨이 풰이지 치지앙 더 슈호우, 슈 정거 풰이싱 중 주이 롱이 슈슈 더 슈호우,
因为飞机起降的时候，是整个飞行中最容易失事的时候，
yīnwèi fēijī qǐjiàng de shíhou, shì zhěnggè fēixíng zhōng zuì róngyì shīshì de shíhou,

소이 도우슈 웨이르 잉지 타오셩 용더. 치풰이 흐 시아지앙 슈 도우 야오 다카이
所以都是为了应急逃生用的。起飞和下降时都要打开
suǒyǐ dōushì wèile yìngjí táoshēng yòng de. qǐfēi hé xiàjiàng shí dōu yào dǎkāi

핵심어휘

- 打开 ⓓ 열다 — dǎkāi / 다카이
- 遮光板 ⓜ 차광판 — zhēguāngbǎn / 즈구앙반
- 收起 ⓓ 접다 — shōuqǐ / 쇼우치
- 小桌板 ⓜ 테이블 — xiǎozhuōbǎn / 시아오주오반
- 阳光 ⓜ 햇빛 — yángguāng / 양구앙
- 眼睛 ⓜ 눈 — yǎnjing / 옌징
- 受不了 ⓓ 참을 수 없다 — shòubuliǎo / 쇼우부리아오

승무원　선생님, 저희 비행기가 곧 이륙합니다. 창문의 셔터를 열고, 테이블을 접어주세요.

승객　햇빛이 너무 강해서 참을 수 없는데, 왜 그래야 하죠?

즈구앙반, 즈 이디엔 슈 웨이르 넝 랑 닌 구안차 추앙와이 요 셤머 이창,
遮光板，这一点是为了能让您观察窗外有什么异常，
zhēguāngbǎn, zhè yìdiǎn shì wèile néng ràng nín guānchá chuāngwài yǒu shénme yìcháng,

커 지슈 통즈 워먼 청우유엔, 디얼 디엔 슈 퐈셩 진지 포지앙 호우 루구오
可及时通知我们乘务员，第二点是发生紧急迫降后如果
kě jíshí tōngzhī wǒmen chéngwùyuán, dì'èr diǎn shì fāshēng jǐnjí pòjiàng hòu rúguǒ

메이 넝 지슈 리 지, 닌 예 커이 더다오 지우유엔런유엔 더 지슈 지우주,
没能及时离机，您也可以得到救援人员的及时救助，
méi néng jíshí lí jī, nín yě kěyǐ dédào jiùyuánrényuán de jíshí jiùzhù,

타먼 지앙 통구오 즈거 츄앙코우 칸다오 닌.
他们将通过这个窗口看到您。
tāmen jiāng tōngguò zhège chuāngkǒu kàndào nín.

오, 시에시에 니 시앙시 더 슈오 밍, 워 팅 밍바이르,
噢，谢谢你详细的说明，我听明白了，
ō, xièxie nǐ xiángxì de shuōmíng, wǒ tīng míngbai le,

안 니 슈오 더 반 바.
按你说的办吧。
àn nǐ shuō de bàn bā.

승무원

시에시에 닌더 흐주오.
谢谢您的合作。
xièxie nín de hézuò.

핵심어휘

失事 ㊍ 사고가 발생하다
shīshì / 슈슈

所以 ㊌ 그래서, ~로 인해
suǒyǐ / 수오이

应急逃生 긴급상황에서 목숨을 건지다
yìngjí táoshēng / 잉지 타오셩

观察 ㊍ 관찰하다
guānchá / 구안차

异常 ㊎ 정상이 아니다
yìcháng / 이창

迫降 ㊍ 강제착륙하다
pòjiàng / 포지앙

救援人员 ㊔ 구조대원
jiùyuán rényuán / 지우유엔런유엔

승무원 비행 중에서 이착류시 가장 쉽게 사고가 일어납니다. 그래서 긴급상황을 막기 위함입니다. 셔터를 여는 것은, 그렇게 해서 손님이 창밖에 혹시 이상상황이 발생하면 승무원들에게 즉시 통지해주실 수 있기 때문입니다. 또 하나는 기계 이상이 있을 시, 밖에서 구조원들이 비행기 안의 상황을 창을 통해 볼 수 있도록 하기 위함입니다.

승객 아, 자세한 설명 감사합니다. 이제 이해가 갑니다. 말씀대로 하겠습니다.

승무원 협조해주셔서 감사합니다.

곧 이륙하니 핸드폰을 꺼주십시오

워먼더 풰이지 마샹 지우야오 치풰이르, 칭 닌 구안비 쇼우지

두이부치, 시엔셩, 워먼더 풰이지 마샹 지우야오 치풰이르,
对不起，先生，我们的飞机马上就要起飞了，
duìbùqǐ, xiānsheng, wǒmen de fēijī mǎshàng jiùyào qǐfēile,

칭 닌 구안비 쇼우지, 시에시에.
请您关闭手机，谢谢。
qǐng nín guānbì shǒujī, xièxie.

하오더, 워 퐈 완 즈티아오 신시, 지우 관 쇼우지.
好的，我发完这条信息，就关手机。
hǎo de, wǒ fā wán zhè tiáo xìnxī, jiù guān shǒujī.

부하오이스, 웨이르 페이지더 안츄엔,
不好意思，为了飞机的安全，
bùhǎoyìsī, wèile fēijī de ānquán,

칭닌 주아진 슈지엔, 관비쇼우지, 시에시에!
请您抓紧时间，关闭手机，谢谢!
qǐng nín zhuājǐn shíjiān, guānbì shǒujī, xièxie!

승무원 죄송하지만 선생님, 비행기가 곧 이륙하니, 핸드폰을 꺼주시면 감사하겠습니다.
승객 네, 이 메시지만 보내고 바로 끌게요.
승무원 죄송합니다만, 항공기의 안전을 위해서 서둘러주시면 감사하겠습니다!

핵심어휘

马上 ㉮곧
mǎshàng / 마샹

就要 ㉮머지않아
jiùyào / 지우야오

关闭 ㉯닫다
guānbì / 구안비

手机 ㉰핸드폰
shǒujī / 쇼우지

发 ㉯전송하다
fā / 퐈

完 ㉯마치다, 완성하다
wán / 완

条 ㉱문자 세는 단위
tiáo / 티아오

关 ㉯닫다, 끄다
guān / 관

信息 ㉰소식, 정보
xìnxī / 신시

为了 ㉲~하기 위해
wèile / 웨이르

抓紧 ㉯서둘러 급하게 하다
zhuājǐn / 주아진

时间 ㉰시간
shíjiān / 슈지엔

이륙준비

021

MP3 CH1 021

곧 이륙하니 자리에 앉아주십시오

페이지 흔콰이 지우야오 치페이르, 칭 닌 자이 주오 웨이 샹 주오 하오

뉘슈, 닌요 션머 숼? 페이지 흔콰이 지우야오 치페이르,

女士，您有什么事儿？飞机很快就要起飞了，

nǚshì, nín yǒu shénme shìer? fēijī hěnkuài jiùyào qǐfēile,

칭 닌 자이 주오 웨이 샹 주오 하오, 지하오 안츄엔다이.

请您在座位上坐好，系好安全带。

qǐng nín zài zuòwèi shàng zuò hǎo, jìhǎo ānquándài.

커 워 투란 시앙 취 웨이셩지엔 점머 반?

可我突然想去卫生间怎么办？

kě wǒ tūrán xiǎng qù wèishēngjiān zěnme bàn?

승무원

칭 닌 샤오 덩 지펀중, 페이지 치페이 지에슈 호우, 닌 지우 커이 취르.

请您稍等几分钟，飞机起飞结束后，您就可以去了。

qǐng nín shāo děng jǐfēnzhōng, fēijī qǐfēi jiéshù hòu, nín jiù kěyǐ qùle.

하오더, 워 즈다오르.

好的，我知道了。

hǎo de, wǒ zhīdàole.

승무원 여사님, 무슨 일이시죠? 비행기가 곧 이륙하니, 자리에 앉으셔서 안전벨트를 착용해주세요.

승객 그런데 갑자기 화장실에 가고 싶은데, 어떡하죠?

승무원 잠시만 기다렸다가, 이륙이 끝난 후에 가실 수 있습니다.

승객 네, 알겠습니다.

핵심어휘

突然 (부) 갑자기
tūrán / 투란

想去 (동) 가고 싶다
xiǎng qù / 시앙 취

稍等 (동) 잠깐 기다리다
shāo děng / 샤오 덩

几分钟 (명) 몇 분
jǐfēnzhōng / 지펀중

结束 (동) 끝나다
jiéshù / 지에슈

可以 (동) 가능하다
kěyǐ / 커이

이륙 후 아기바구니를 가져다드릴게요

페이지 치페이호우 워 후이 송라이 잉얼란

푸런, 닌더 뉘얼 즌 피아오리앙 아.
夫人，您的女儿真漂亮啊。
fūrén, nín de nǚer zhēn piàoliang a.

페이지 치페이 호우 워 후이 송라이 잉얼란.
飞机起飞后我会送来婴儿篮。
fēijī qǐfēi hòu wǒ huì sònglái yīng'érlán.

루고우 요 부 팡비엔 더, 칭 지아오 워.
如果有不方便的，请叫我。
rúguǒ yǒu bù fāngbiàn de, qǐng jiào wǒ.

하오더, 시에시에.
好的，谢谢。
hǎo de, xièxie.

핵심어휘

女儿 명 딸
nǚer / 뉘얼

真 부 확실히, 진짜
zhēn / 즌

漂亮 형 예쁘다, 아름답다
piàoliang / 피아오리앙

啊 조 문장 끝 긍정, 감탄
a / 아

起飞 동 이륙하다
qǐfēi / 치페이

会 동 ~할 것이다
huì / 후이

婴儿篮 명 아기바구니
yīng'érlán / 잉얼란

如果 접 만약, 만일
rúguǒ / 로고우

方便 형 편리하다, 명 편의
fāngbiàn / 팡비엔

승무원 여사님, 따님이 정말 예뻐요. 항공기가 이륙한 후에 아기바구니를 가져다드릴게요. 불편한 점 있으시면 저를 불러주세요.

승객 알겠습니다, 감사합니다.

닌 커이 지앙 닌 더 하이즈 바오 자이 안츄엔다이 더 와이미엔 마?

您可以将您的孩子抱在安全带的外面吗？

nín kěyǐ jiāng nín de háizi bào zài ānquándài de wàimiàn ma?

나양 닌 하이즈 후이 슈푸 시에.

那样您孩子会舒服些。

nàyàng nín háizi huì shūfu xiē.

즈슈거 하오주이. 페이창 간시에 닌 더 빵주.

这是个好主意。非常感谢您的帮助。

zhè shì gè hǎozhǔyi. fēicháng gǎnxiè nín de bāngzhù.

핵심어휘

孩子 명 아이
háizi / 하이즈

抱 동 안다, 둘러싸다
bào / 바오

外面 명 바깥
wàimiàn / 와이미엔

那样 대 그렇게
nàyàng / 나양

舒服 형 편안하다
shūfu / 슈푸

些 양 얼마간, 조금
xiē / 시에

好主意 명 좋은 생각
hǎozhǔyi / 하오주이

非常 부 매우
fēicháng / 페이창

感谢 동 감사하다
gǎnxiè / 간시에

帮助 명 동 감사하다
bāngzhù / 빵주

승무원 아기를 안전벨트 밖으로 안을 수 있으신가요? 그럼 아기가 편해질 거예요.

승객 좋은 생각이네요. 도와주셔서 감사합니다.

날짜와 요일, 시간 표현을 한 번에!

중국어에서 연年[nián], 월月[yuè], 일日[rì]의 표현 방법을 알아보자.

연도를 표현하려면?

연도를 읽을 때는 숫자를 하나하나 읽는다. 월과 일을 말할 때는 한국과 같이 숫자와 월月[yuè], 일日[rì]을 함께 읽어주면 된다. 참고로 日[rì]는 문어체에 쓰이며, 구어체에서는 号[hào]를 쓴다는 점을 기억하자.

2014年 8月 27日 二零一四年八月二十七日(号) [èrlíngyīsìnián bāyuè èrshíqīrì(hào)]
1978年 3月 5日 一九七八年三月五日(号) [yījiǔqībānián sānyuè wǔrì(hào)]
1958年 10月 28日 一九五八年 十月 二十八日(号) [yījiǔwǔbānián shíyuè èrshíbārì (hào)]

요일을 표현하려면?

요일은 다음과 같이 3가지 방식으로 표현할 수 있다.

월요일	星期一 [xīngqīyī]	周一 [zhōuyī]	礼拜一 [lǐbàiyī]
화요일	星期二 [xīngqī'èr]	周二 [zhōu'èr]	礼拜二 [lǐbàièr]
수요일	星期三 [xīngqīsān]	周三 [zhōusān]	礼拜三 [lǐbàisān]
목요일	星期四 [xīngqīsì]	周四 [zhōusì]	礼拜四 [lǐbàisì]
금요일	星期五 [xīngqīwǔ]	周五 [zhōuwǔ]	礼拜五 [lǐbàiwǔ]
토요일	星期六 [xīngqīliù]	周六 [zhōuliù]	礼拜六 [lǐbàiliù]
일요일	星期天(日) [xīngqītiān] [rì]	周日 [zhōurì]	礼拜天(日) [lǐbàièrtiān][rì]

시간을 표현하려면?

아침, 저녁, 오전, 정오, 오후 등 시간 구분은 다음과 같다. 여기에 시각을 함께 표현해주면 좋을 것이다.

아침	저녁	오전	정오	오후
早上 [zǎoshang] 지오상	晚上 [wǎnshang] 안샹	上午 [shàngwǔ] 샹우	中午 [zhōngwǔ] 중우	下午 [xiàwǔ] 시아우

시	30분	15분	분	초
点 [diǎn] 디엔	半 [bàn] 반	刻 [kè] 커	分 [fēn] 펀	秒 [miǎo] 미아오

예

오전 8시 10분 上午八点十分

오후 5시 15분 下午五点十五分 / 下午五点一刻

저녁 9시 40분 晚上九点四十分

023 〈서류작성〉 입국신고서를 작성해주세요

024 〈서류작성〉 세관신고서를 작성해주세요

025 〈서류작성〉 서식 1장만 더 줄 수 있나요?

026 〈서류작성〉 펜 좀 빌릴 수 있을까요?

027 〈기내환경〉 에어컨을 좀 조절할 수 있을까요?

028 〈기내환경〉 너무 더운데, 에어컨 온도를 더 낮출 수 없나요?

029 〈기내환경〉 이것이 좌석 조절 버튼입니다

030 〈기내환경〉 기내에서는 흡연이 허락되지 않습니다

031 〈기내환경〉 이어폰 한쪽이 소리가 안 나요

032 〈기내환경〉 저희 항공은 손님을 위해서 5편의 영화를 준비했습니다

033 〈기내환경〉 좌석을 원위치로 해주실 수 있나요?

034 〈기내환경〉 화장실이 어디인가요?

035 〈기내환경〉 화장실 문이 잠겼나 봐요

036 〈기내환경〉 제가 공기청향제를 가져오겠습니다

037 〈기내환경〉 옆으로 비켜서주실 수 있으신가요?

038 〈기내환경〉 안전벨트를 잘 매주시면 위험한 일은 없을 것입니다

039 〈요구응대〉 담요 좀 주시겠어요?

040 〈요구응대〉 담요를 갖다드리겠습니다

041 〈요구응대〉 신문이나 잡지를 보시겠습니까?

042 〈요구응대〉 독서등이 필요하면 위에 있는 버튼을 누르세요

043 〈요구응대〉 저희는 농구, 축구 잡지가 있습니다

044 〈요구응대〉 꼬마 친구, 혼자 비행기 탄 거 안 무서워요?

045 〈요구응대〉 저희가 도와서 찾아보겠습니다

046 〈요구응대〉 확실히 기내에서 분실하신 게 맞습니까?

047 〈요구응대〉 제가 소화제를 갖다드리겠습니다

048 〈요구응대〉 안색이 안 좋아 보이십니다

049 〈요구응대〉 귀가 너무 아파서 못 참겠어요

050 〈요구응대〉 여기 물과 약입니다

051 〈요구응대〉 저희 항공기에 해열제가 있습니다

052 〈요구응대〉 승객 분들께 서비스하는 것이 저희의 의무입니다

053 〈요구응대〉 이것은 세탁 쿠폰입니다

054 〈요구응대〉 여기 일회용 면도기입니다

055 〈요구응대〉 따뜻한 차 1잔 주세요

056 〈요구응대〉 스테이크가 덜 익어서 못 먹겠어요

057 〈요구응대〉 장난감을 가져올 테니, 아이에게 한번 줘보세요

058 〈시차〉 도착하는 시간과, 시차가 얼마나 되나요?

059 〈시차〉 한국까지 얼마나 걸리나요?

060 〈시차〉 항공기는 정시에 목적지에 도착할 것입니다

061 〈연착〉 날씨가 호전된 후에 이륙을 하겠습니다

062 〈연착〉 활주로에 눈이 2인치 쌓여서, 항공기 착륙이 불가능합니다

063 〈연착〉 기계 결함으로 연착이 되고 있습니다

064 〈기내식〉 만약 다시 필요하시면 저희를 불러주세요

065 〈기내식〉 면과 밥 중에 어떤 걸 드시겠습니까?

066 〈기내식〉 채식을 예약하신 것 맞죠?

067 〈기내식〉 밥 1인분 더 주실 수 있나요?

068 〈기내식〉 테이블을 펴주세요, 식사가 왔습니다

069 〈기내식〉 오늘 식사는 만족스러우셨나요, 선생님?

070 〈기내식〉 음료는 무엇으로 하시겠습니까?

071 〈기내식〉 와인, 위스키, 브랜디, 칵테일이 있습니다

072 〈기내식〉 저희는 승객 분들께 맞춘 특별기내식을 제공합니다

073 〈기내식〉 비빔밥은 한국의 전통음식입니다

074 〈기내식〉 막걸리는 쌀로 만든 한국의 전통주입니다

075 〈기내식〉 기내에서는 기압의 차이로 쉽게 취하니, 천천히 드십시오

076 〈기내식〉 금방 주문하신 음식을 갖다드리겠습니다

077 〈기내식〉 손님, 생일 케이크 주문하셨죠?

078 〈기내식〉 저희는 단거리 노선이어서 간식만 제공됩니다

079 〈기내식〉 저희 부주의로 손님의 점심을 빠뜨렸습니다, 양해해주십시오

080 〈기내식〉 저희 항공편은 무료로 음식을 제공하지 않습니다

081 〈면세품〉 상품구입서를 작성해주세요

082 〈면세품〉 이 책 안에 저희 ○○항공 면세품이 있습니다

083 〈면세품〉 당신의 카드가 은련카드입니까?

084 〈면세품〉 귀국할 때 가져갈 기념품 좀 추천해주세요

085 〈면세품〉 200달러 이상 구매시 10% 할인이 됩니다

086 〈면세품〉 저희는 이미 인민폐 결제제도를 실행하고 있습니다

087 〈면세품〉 원하시는 물건이 오늘은 다 팔렸습니다

088 〈면세품〉 맞는지 안 맞는지 확인해주시겠습니까?

089 〈면세품〉 그럼 환불처리 해드리겠습니다

090 〈면세품〉 기내면세품은 모두 정찰제 판매가 되고 있습니다

둘째 마당

비행 중 꼭 알아야 할 중국어 회화

서류작성

기내환경

요구응대

시차

연착

기내식

면세품

이 책은 일부 내용(〈준비마당〉, 〈첫째마당〉, 〈부록(기내방송문 + 어휘집)〉)을 MP3, 동영상 파일로 만들었습니다. 학습에 활용하시기 바랍니다.

오디오 파일이 있는 곳

진서원 홈페이지(www.jinswon.co.kr 자료실, '승무원 중국어' 검색)

저자 블로그(blog.naver.com/yuting827, '승무원 중국어' 검색)

동영상 파일이 있는 곳 YouTube

유튜브('승무원 중국어 100 진서원' 검색)

서류작성

023 입국신고서를 작성해주세요

칭 티엔시에 루징덩지카

칭원,　　닌 슈 중구어 후자오 하이슈 한구어 후자오?

请问，您是中国护照还是韩国护照?

qǐngwèn, nín shì zhōngguó hùzhào háishì Hánguó hùzhào?

슈 중구어 후자오.

是中国护照。

shì zhōngguó hùzhào.

하오,　즈다오 르,　　칭 티엔시에 루징덩지카.

好，知道了，请填写入境登记卡。

hǎo, zhīdào le, qǐng tiánxiě rùjìngdēngjìkǎ.

칭 지아오 워 점머 티엔시에.

请教我怎么填写。

qǐng jiào wǒ zěnme tiánxiě.

핵심어휘

是 ⓓ 옳다, 긍정하다
shì / 시

中国 ⓜ 중국
zhōngguó / 중구어

护照 ⓜ 여권
hùzhào / 후자오

还是 ⓙ 아니면, 또는
háishì / 하이슈

韩国 ⓜ 한국
Hánguó / 한구어

知道 ⓓ 알다
zhīdào / 즈다오

填写 ⓓ 써넣다
tiánxiě / 티엔시에

入境登记卡 ⓜ 입국신고서
rùjìngdēngjìkǎ / 루징덩지카

教 ⓓ 가르치다
jiào / 지아오

승무원　실례합니다. 중국 여권입니까, 한국 여권입니까?

승객　중국 여권입니다.

승무원　네, 알겠습니다. 여기, 입국신고서를 작성해주세요.

승객　어떻게 쓰는지 알려주세요.

칭 자이 즈얼 티엔시에 밍즈, 후자오 하오마 흐 치엔즈엉 하오마.

请在这儿填写名字，护照号码和签证号码。

qǐng zài zhèr tiánxiě míngzi, hùzhào hàomǎ hé qiānzhèng hàomǎ.

즈양즈 시에 커이마?

这样子写可以吗？

zhèyàngzi xiě kěyǐ ma?

커이, 메이원티. 칭 자이 주이호우 치엔밍.

可以，没问题。请在最后签名。

kěyǐ, méiwèntí. qǐng zài zuìhòu qiānmíng.

핵심어휘

在这儿 여기에 있다
zài zhèr / 자이 즈얼

名字 ㉮ 이름
míngzi / 밍즈

护照号码 ㉮ 여권 번호
hùzhào hàomǎ / 후자오 하오마

签证号码 ㉮ 비자 번호
qiānzhènghàomǎ / 치엔즈엉 하오마

这样 ㉺ 이처럼, 이렇게
zhèyàng / 즈양즈

写 ㉯ 쓰다
xiě / 시에

可以 ㉯ 할 수 있다
kěyǐ / 커이

没问题 ㉱ 문제없다
méiwèntí / 메이원티

最后 ㉮㉱ 최후, 마지막의
zuìhòu / 주이호우

签名 ㉯ 사인하다
qiānmíng / 치엔밍

승무원 여기에 이름, 여권 번호, 그리고 비자 번호를 써주세요.

승객 이렇게 쓰면 되나요?

승무원 네, 됐습니다. 마지막에 사인해주세요.

입국신고서를 보면 중국어가 보인다!

중국에 입국하면 입국신고서를 작성해야 한다. 한자만 있다고 당황하지 말고 차근차근 하나씩 살펴보자. 입국신고서의 단어는 이 책에서 제공하고 있는 오디오 파일(입국신고서.mp3)*을 들으며 참고하기 바란다.

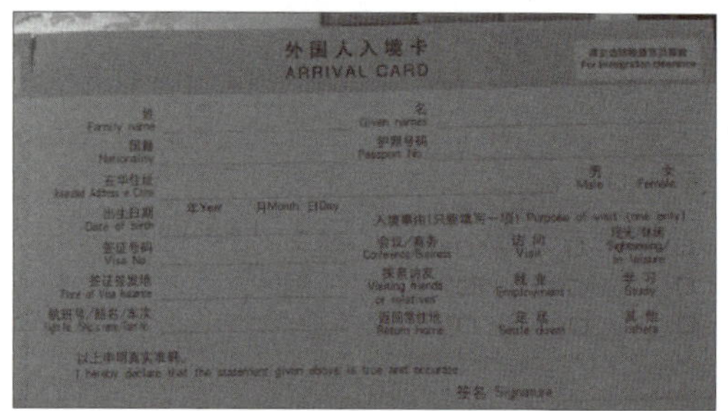

MP3 파일 있는 곳

- 진서원 홈페이지(www.jinswon.co.kr) 자료실 '승무원 중국어'검색
- 저자 블로그(blog.naver.com/yuting827) '승무원 중국어' 검색)

'한걸음더' 압축파일을 풀면 해당 파일을 찾을 수 있다.

입국신고서에 있는 단어 총정리

姓	xìng / 씽	성
名	míng / 밍	이름
国籍	guójí / 구어지	국적
护照号码	hùzhàohàomǎ / 후자오하오마	여권 번호
在华住址	zàihuázhùzhǐ / 자이후아주즈	중국 내 주소
出生日期	chūshēng rìqī / 추셩르치	생년월일
签证号码	qiānzhènghàomǎ / 치엔정하오마	비자 번호
签证签发地	qiānzhèngqiānfādì / 치엔정치엔파디	비자 발급지
航班	hángbān / 항반	항공편
入境事由	rùjìngshìyóu / 루징슈요	입국 사유

서류작성

024 세관신고서를 작성해주세요

칭 티엔 시에 바오구안 슈

칭 티엔시에 바오구안슈.

请填写报关书。

qǐng tiánxiě bàoguānshū.

즈얼 쉬야오 시에 션머?

这儿需要写什么?

zhèr xūyào xiě shénme?

칭 자이 즈얼 시에 닌더 디즈 흐 즈예.

请在这儿写您的地址和职业。

qǐng zài zhèr xiě nínde dìzhǐ hé zhíyè.

시아오지에,

小姐,

xiǎojiě,

웨이션머 워먼 야오 자이 페이지샹 티엔 하오 즈 시에 비아오거?

为什么我们要在飞机上填好这些表格?

wèishénme wǒmen yào zài fēijīshàng tián hǎo zhè xiē biǎogé?

핵심어휘

- **填写** 동 써넣다 tiánxiě / 티엔시에
- **报关书** 명 세관신고서 bàoguānshū / 바오구안슈
- **需要** 동 필요하다 xūyào / 쉬야오
- **地址** 명 주소 dìzhǐ / 디즈
- **职业** 명 직업 zhíyè / 즈예
- **表格** 명 표 biǎogé / 비아오거
- **如果** 접 만일 rúguǒ / 루구오
- **缩短** 동 단축하다 suōduǎn / 수오두안

승무원 세관신고서를 작성해주세요.

승객 여기다 무엇을 써야 하나요?

승무원 주소와 직업을 써주시면 됩니다.

승객 아가씨, 왜 우리가 기내에서 이 표를 작성해야 하죠?

루구오 닌시앙 수오두안 반리 하이구안 흐 지엔이 덩 쇼우쉬 더 슈지엔,

如果您想缩短办理海关和检疫等手续的时间,

rúguǒ nínxiǎng suōduǎn bànlǐ Hǎiguān hé jiǎnyì děng shǒuxù de shíjiān,

주이하오 시엔자이 지우 티엔시에 즈시에 비아오거.

最好现在就填写这些表格。

zuìhǎoxiànzài jiù tiánxiě zhè xiē biǎogé.

승객

하오, 워 밍바이르. 두이르, 워 다이르 지콰이 비아오,

好,我明白了,对了,我带了几块表,

hǎo, wǒmíngbáile. duìle, wǒ dàile jǐkuài biǎo,

흔피엔이 더, 용라이 송 펑요 더, 야오 샹슈에이 마?

很便宜的,用来送朋友的,要上税吗?

hěn piányi de, yòng lái sòng péngyou de, yào shàngshuì ma?

워시앙, 하이관유엔 부후이 야오 닌 샹슈에이 더.

我想,海关人员不会要您上税的。

wǒ xiǎng, hǎiguānrényuán búhuì yào nín shàngshuì de.

핵심어휘

- **办理** ⓢ 처리하다, 해결하다 — bànlǐ / 반리
- **海关** ⓜ 세관 — Hǎiguān / 하이구안
- **检疫** ⓢ 검역하다 — jiǎnyì / 지엔이
- **等** ⓙ 등, 따위 — děng / 덩
- **手续** ⓜ 수속 — shǒuxù / 쇼우쉬
- **时间** ⓜ 시간 — shíjiān / 슈지엔
- **最好** ⓗ 가장 좋다 — zuìhǎo / 주이하오
- **明白** ⓗ 이해하다 — míngbai / 밍바이
- **块** ⓨ 덩어리 혹은 시계를 세는 단위 — kuài / 콰이
- **表** ⓜ 시계 — biǎo / 비아오
- **朋友** ⓜ 친구 — péngyou / 펑요
- **上税** ⓢ 세금 내다 — shàngshuì / 샹슈에이

승무원 만약 세관과 검역 시간을 줄이고 싶으시면, 지금 써두시는 게 가장 좋은 방법이에요.

승객 아, 이해했어요. 맞다, 제가 시계를 몇 개 가져왔는데, 아주 싼 거예요. 친구 주려고요. 세금 내야 하나요?

승무원 제가 생각할 때는 세금을 내지 않으실 것 같습니다.

서류작성

025 서식 1장만 더 줄 수 있나요?

넝 자이 게이 워 이장 비아오거 마?

칭 티엔시에 즈 시에 비아오거, 루 요 런흐 원티 후오 쿤난,

请填写这些表格，如有任何问题或困难，

qǐng tiánxiě zhèxiē biǎogé, rú yǒu rènhé wèntí huò kùnnan,

칭 수이 슈 지아오 워먼, 워먼 후이 빵주 닌 지에쥬에 더.

请随时叫我们，我们会帮助您解决的。

qǐng suíshí jiào wǒmen, wǒmen huì bāngzhù nín jiějué de.

두이부.치. 워 바 중원밍 흐 잉원 밍 티엔퐌 르,

对不起，我把中文名和英文名填反了，

duìbùqǐ, wǒ bǎ zhōngwénmíng hé yīngwén míng tiánfǎn le,

넝 자이 게이 워 이장 비아오거 마?

能再给我一张表格吗？

néng zài gěi wǒ yìzhāng biǎogé ma?

칭샤오 덩, 워 자이 게이 닌 이장.

请稍等，我再给您一张。

qǐng shāo děng, wǒ zài gěi nín yìzhāng.

핵심어휘

表格 명 서식, 표
biǎogé / 비아오거

任何 대 어떤, 무슨
rènhé / 런흐

困难 명 곤란, 형 곤란하다
kùnnan / 쿤난

帮助 동 돕다
bāngzhù / 빵주

解决 동 해결하다
jiějué / 지에쥬에

中文名 명 중문 이름
zhōngwén míng / 중원 밍

英文名 명 영문 이름
yīngwén míng / 잉원 밍

填反 동 반대로 쓰다
tiánfǎn / 티엔퐌

승무원 이 표를 작성해주세요. 만약 문제가 있으면 언제든 저희를 불러주세요. 도와드리겠습니다.

승객 죄송한데, 중문 이름과 영문 이름을 바꿔 썼어요. 서식 1장만 더 줄 수 있나요?

승무원 잠깐만 기다리세요. 1장 더 드릴게요.

하오더,　시에시에.
好的，谢谢。
hǎo de, xièxie.

시엔셩,　칭쇼우이시아 즈 장 비아오거.　하이 쉬야오 션머 마?
先生，请收一下这张表格。还需要什么吗？
xiānsheng, qǐng shōu yíxià zhè zhāng biǎogé. hái xūyào shénme ma?

메이요,　지우 즈거 지우 싱르.　시에시에 닌르.
没有，就这个就行了。谢谢您了。
méiyǒu, jiù zhège jiù xíngle. xièxie nín le.

핵심어휘

收 (동) 수용하다, 받다
shōu / 쇼우

一下 (부) 갑자기
(동) 시험삼아 해보다
yíxià / 이시아

这 (대) 이것
zhè / 즈

张 (양) 장
zhāng / 장

还 (부) 또, 더
hái / 하이

就 (부) 곧
jiù / 지우

这个 (대) 이것
zhège / 즈거

行 (형) 좋다
xíng / 싱

승객　네, 고맙습니다.
승무원　선생님, 여기 서식입니다. 더 필요한 것 있으신가요?
승객　없어요, 이거면 됩니다. 고맙습니다.

서류작성

026 펜 좀 빌릴 수 있을까요?

넝 부넝 바 치엔비 지에 워 용 이시아?

넝 부넝 바 치엔비 지에 워 용 이시아?
能不能把铅笔借我用一下?
néng bù néng bǎ qiānbǐ jiè wǒ yòng yíxià?

게이 닌.
给您。
gěi nín.

시에시에, 용 완 마샹 후안 게이 니.
谢谢, 用完马上还给你。
xièxie, yòng wán mǎshàng huán gěi nǐ.

메이슈얼, 칭 닌 만만 용바.
没事儿, 请您慢慢用吧。
méishìer, qǐng nín mànmàn yòng bā.

타이 씨에씨에 니르.
太谢谢你了。
tài xièxie nǐ le.

핵심어휘

铅笔 명 연필
qiānbǐ / 치엔비

借 동 빌리다
jiè / 지에

用 동 사용하다
yòng / 용

给 동 ~에게 주다
gěi / 게이

完 형 끝나다
wán / 완

马上 부 금방, 곧
mǎshàng / 마샹

还 동 돌려주다
huán / 후안

慢慢 부 천천히
mànmàn / 만만

승객 펜 좀 빌릴 수 있을까요?
승무원 여기 있습니다.
승객 감사합니다. 쓰고 바로 돌려드릴게요.
승무원 괜찮습니다. 천천히 쓰세요.
승객 감사합니다.

기내환경

027 에어컨을 좀 조절할 수 있을까요?

닌 넝 빵 워 티아오 이시아 콩티아오 마?

부하오이스, 시엔셩. 워 넝 웨이 닌 주오디엔셤머 마?
不好意思，先生。我能为您做点什么吗？
bùhǎoyìsī, xiānsheng. wǒ néng wèi nín zuòdiǎnshénme ma?

워 칸지엔 닌 더 후지아오니우 리앙 르.
我看见您的呼叫钮亮了。
wǒ kànjiàn nín de hūjiào niǔ liàng le.

닌 넝 빵 워 티아오 이시아 콩티아오 마?
您能帮我调一下空调吗？
nín néng bāng wǒ tiáo yíxià kōngtiáo ma?

리앙펑 즈엉 하오 츄이 자이 워 토우샹, 워 간다오 요디얼 렁.
凉风正好吹在我头上，我感到有点儿冷。
liángfēng zhèng hǎo chuī zài wǒ Tóushàng, wǒ gǎndào yǒudiǎner lěng.

하오, 닌 커이 시앙 런흐 팡시앙 주안동 닌 샹팡 더 슈엔니우,
好，您可以向任何方向转动您上方的旋钮，
hǎo, nín kěyǐ xiàng rènhé fāngxiàng zhuàndòng nín Shàngfāng de xuánniǔ,

핵심어휘

- **看见** ㊍ 보다 — kànjiàn / 칸지엔
- **呼叫钮** ㊔ 호출기 — hūjiàoniǔ / 후지아오니우
- **亮** ㊉ 빛나다, 밝다 — liàng / 리앙
- **帮** ㊍ 돕다 — bāng / 빵
- **空调** ㊔ 에어컨 — kōngtiáo / 콩티아오
- **凉风** ㊔ 찬바람 — liángfēng / 리앙펑
- **吹** ㊍ 불다 — chuī / 츄이
- **感到** ㊍ 느끼다 — gǎndào / 간다오
- **转动** ㊍ 돌다 — zhuàndòng / 주안동
- **旋钮** ㊔ 스위치 — xuánniǔ / 슈엔니우

승무원 실례합니다, 선생님. 제가 무엇을 도와드릴까요? 호출기에 불이 들어온 것을 보았습니다.

승객 에어컨을 좀 조절할 수 있을까요? 찬바람이 머리로 불어서 약간 춥네요.

승무원 네, 옮기고 싶은 방향으로 위쪽 손잡이를 돌리시면 됩니다. 끄고 싶으시면 오른쪽으로 꽉 조여주세요.

루 시앙 구안샹, 즈쉬 시앙 요 닝진.
如想关上，只需向右拧紧。
rú xiǎng guān shàng, zhǐxū xiàng yòu nǐngjǐn.

워 밍빠이르. 랑 워 슈 슈. 시엔자이 씽르.
我明白了。让我试试。现在行了。
wǒ míngbáile. ràng wǒ shì shì. xiànzài xíngle.

핵심어휘

拧紧 ⓓ 바싹 조이다
nǐngjǐn / 닝진

试 ⓓ 시도하다
shì / 슈

승객 알겠습니다, 해볼게요. 이제 된 것 같네요.

중국 표준어는 북경어를 의미

중국은 한족을 비롯해 55개의 소수민족으로 구성된 다민족국가이기 때문에 '중국어'라고 하면 '중국인이 사용하는 언어'라는 의미로 수많은 소수민족의 언어도 포함하는 것이 된다. 그래서 이러한 혼동을 피하기 위해 전체 인구의 90%가 넘는 한족의 언어를 '한어'라고 불러서 소수민족의 언어와 구별한다.

중국은 땅이 넓어 지역마다 다양한 방언이 있을 뿐만 아니라 서로 간의 의사소통에 많은 어려움이 있다. 광동어 같은 방언은 표준어와 많이 달라 중국어를 할 수 있는 사람도 전혀 알아듣지 못한다.

광동어는 태국어와 발음이 비슷하다. 예전에 태국인 룸메이트가 태국인들과 중국 거리를 돌아다니면 늘 광동 사람이냐는 오해를 샀다고 한다. 그만큼 중국인들 사이에서도 '저게 광동어구나' 정도만 알지 전혀 의사소통은 되지 않는다.

중국어를 가리키는 명칭에는 국가 개념으로서의 중국어, 민족 개념으로서의 한어와 지리적인 개념으로 쓰이는 북경어 등이 있다. 현재 중국에서 사용하고 있는 공용어는 표준어라는 뜻으로 보통화라고 한다.

지금의 중국어는 북경어를 바탕으로 두고 있으며, 1955년 제1차 전국문자개혁회의에서 말소리는 현대 북경어 발음을 표준으로 해두었다.

기내환경

028 너무 더운데, 에어컨 온도를 더 낮출 수 없나요?

타이 러 르, 워 즌 쇼우부리아오. 닌 넝 바 콩티아오치 더 원두 티아오디 디엔 마?

타이 러 르, 워 즌 쇼우부리아오. 닌 넝 바 콩티아오치 더 원두 티아오디 디엔 마?

太热了，我真受不了。您能把空调器的温度调低点吗？

tài rè le, wǒ zhēn shòubùliǎo. nín néng bǎ kōngtiáoqì de wēndù tiáodī diǎn ma?

두이부치, 워먼 부넝 티아오지에 콩티아오치.

对不起，我们不能调节空调器。

duìbùqǐ, wǒmen bùnéng tiáojié kōngtiáoqì.

즈야오 페이지 이치페이,

只要飞机一起飞，

zhǐyào fēijī yì qǐfēi,

워먼 지우 후이 더다오 비지아오 리앙하오 더 통펑,

我们就会得到比较良好的通风，

wǒmen jiù huì dédào bǐjiào liánghǎo de tōngfēng,

원두 후이 지앙 시아라이 더.

温度会降下来的。

wēndù huì jiàng xiàlái de.

시엔자이 랑 워 게이 닌 나 콰이 슈마오진 라이.

现在让我给您拿块湿毛巾来。

xiànzài ràng wǒ gěi nín ná kuài shīmáojīn lái.

핵심어휘

受不了 ⓢ 못 참다
shòubuliǎo / 쇼우부리아오

空调器 ⓜ 에어컨
kōngtiáoqì / 콩티아오치

温度 ⓜ 온도
wēndù / 원두

调低 ⓢ 조절해 낮추다
tiáodī / 티아오디

只要 ⓙ ~하기만 하면
zhǐyào / 즈야오

比较 ⓑ 비교적
bǐjiào / 비지아오

通风 ⓗ 공기가 통하다 ⓢ 통풍시키다
tōngfēng / 통펑

湿毛巾 ⓜ 물수건
shīmáojīn / 슈마오진

승객 너무 더운데, 에어컨 온도를 더 낮출 수 없나요?

승무원 죄송합니다, 저희가 에어컨 온도를 조절할 수는 없어요. 비행기가 이륙하면 비교적 통풍이 잘되니까 온도가 내려 갈 거예요. 지금은 제가 물수건을 좀 갖다드려도 될까요?

나 슈 거 하오 쥬이.
那是个好主意。
nà shì gè hǎo zhǔyi.

시엔셩, 닌 더 슈마오진.
先生，您的湿毛巾。
xiānsheng, nín de shīmáojīn.

씨에씨에, 넝 게이 워 디엔 렁인 마?
谢谢，能给我点冷饮吗？
xièxie, néng gěi wǒ diǎn lěngyǐn ma?

씽, 워먼 요 쿠앙츄엔슈에이, 청즈, 커코우커르, 슈에비, 닌 야오 셤머?
行。我们有矿泉水，橙汁，可口可乐，雪碧，您要什么？
xíng. wǒmen yǒu kuàngquánshuǐ, chéngzhī, kěkǒukělè, xuěbì, nín yào shénme?

워 야오 커코우커르.
我要可口可乐。
wǒ yào kěkǒukělè.

칭 샤오 덩.
请稍等。
qǐng shāo děng.

핵심어휘

冷饮 ㊔ 차가운 음료
lěngyǐn / 렁인

矿泉水 ㊔ 물
kuàngquánshuǐ / 쿠앙츄엔슈에이

橙汁 ㊔ 오렌지주스
chéngzhī / 청즈

可口可乐 ㊔ 콜라
kěkǒukělè / 커코우커르

雪碧 ㊔ 사이다
xuěbì / 슈에비

승객 좋은 생각이네요.
승무원 선생님, 여기 물수건입니다.
승객 감사합니다. 시원한 음료 좀 갖다주실 수 있나요?
승무원 네. 물, 오렌지주스, 콜라, 사이다가 있습니다. 어떤 걸 원하십니까?
승객 콜라 주세요.
승무원 잠시만 기다리세요.

기내환경

029 이것이 좌석 조절 버튼입니다

쯔 슈 주오웨이 칭시에 안니우

니 넝 빵 워 티아오 이시아 주오이 마?

你能帮我调一下座椅吗?

nǐ néng bāng wǒ tiáo yíxià zuòyǐ ma?

당란 커이, 쯔 슈 주오웨이 칭시에 안니우.

当然可以，这是座位倾斜按钮。

dāngrán kěyǐ, zhè shì zuòwèi qīngxié ànniǔ. nín àn yíxià,

닌 안 이시아, 주오웨이 지우 후이 왕 와이이,

您按一下，座位就会往外移，

zuòwèi jiù huì wǎng wài yí,

통슈 주오웨이 더 카오베이 시앙 호우 칭시에,

同时座位的靠背向后倾斜，

tóngshí zuòwèi de kàobèi xiàng hòu qīngxié,

즈양 닌 지우 커이 퐝송 얼 요 슈슈 더 시우시르.

这样您就可以放松而又舒适的休息了。

zhèyàng nín jiù kěyǐ fàngsōng éryòu shūshì de xiūxīle.

핵심어휘

- **调** 동 조절하다 — tiáo / 티아오
- **座椅** 명 좌석 — zuòyǐ / 주오이
- **按钮** 명 스위치, 버튼 — ànniǔ / 안니우
- **按** 동 누르다 — àn / 안
- **就会** 동 곧 가능하다 — jiù huì / 지우 후이
- **靠背** 명 의자 등받이 — kàobèi / 카오베이
- **倾斜** 동 기울다 — qīngxié / 칭시에
- **这样** 접 이러면 — zhèyàng / 즈양
- **舒适** 형 편안하다 — shūshì / 슈슈

승객 좌석 조절 좀 도와주시겠어요?

승무원 당연히 되죠. 이것이 좌석 조절 버튼입니다. 누르면 이동이 가능하고, 동시에 앞뒤로 조절도 가능해요. 이렇게 하면 더 편하실 거예요.

단슈 자이 페이지 치페이 흐 지앙루오 치지엔,
但是在飞机起飞和降落期间,
dànshì zài fēijī qǐfēi hé jiàngluò qījiān,

주오웨이 비쉬 추자이 츄에이즈 더 웨이즈.
座位必须处在垂直的位置。
zuòwèi bìxū chǔzài chuízhí de wèizhi.

시엔자이 닌 커이 슈슈.
现在您可以试试。
xiànzài nín kěyǐ shìshì.

핵심어휘

必须 ⓢ반드시 ~해야 한다
bìxū / 비쉬

处在 ⓢ놓이다
chǔzài / 추자이

垂直 ⓗ수직의
chuízhí / 추에이즈

位置 ⓜ위치
wèizhi / 웨이즈

舒服 ⓗ편안하다
shūfu / 슈푸

하오더. 오! 슈 슈푸 두오르. 페이창 간씨에 니.
好的。噢! 是舒服多了。非常感谢你。
hǎo de. ō! shì shūfu duō le. fēicháng gǎnxiè nǐ.

부용 커치.
不用客气。
búyòngkèqì.

하지만 이륙과 착륙시에는 반드시 원래의 자리로 해주셔야 돼요. 지금 한번 해보세요.

승객 알겠습니다. 오! 편해졌어요. 정말 고맙습니다.

승무원 천만에요.

기내환경

030 기내에서는 흡연이 허락되지 않습니다

자이페이지샹슈 부윈쉬 시옌더

칭원이시아, 즈얼 요메요 시옌 취?
请问一下，这儿有没有吸烟区？
qǐngwènyíxià, zhèr yǒuméiyǒu xīyān qū?

시엔셩, 부하오이스, 자이페이지샹슈 부윈쉬 시옌더.
先生，不好意思，在飞机上是不允许吸烟的。
xiānsheng, bùhǎoyìsī, zài fēijīshàng shì bùyǔnxǔ xīyānde.

슈마? 커슈 워 요디엔 런부주 르.
是吗？可是我有点忍不住了。
shìma? kěshì wǒ yǒudiǎn rěnbúzhù le.

나 워 게이 닌 나 라이 코우시앙탕 흐 디엔신 바, 젼머양?
那我给您拿来口香糖和点心吧，怎么样？
nà wǒ gěi nín ná lái kǒuxiāngtáng hé diǎnxin bā, zěnmeyàng?

핵심어휘

这儿 ㊂ 여기
zhèr / 즈얼

吸烟 ㊐ 담배 피다
xīyān / 시옌

区 ㊔ 구역
qū / 취

不允许 ㊐ 허락되지 않다
bùyǔnxǔ / 부윈쉬

忍不住 ㊒ 참지 못하다
rěnbúzhù / 런부주

口香糖 ㊔ 껌
kǒuxiāngtáng / 코우시앙탕

点心 ㊔ 간식
diǎnxin / 디엔신

승객 저기요, 여기 흡연실 있나요?

승무원 선생님, 죄송합니다. 기내에서는 흡연이 허락되지 않습니다.

승객 그래요? 그런데 제가 못 참겠는데요.

승무원 그럼 제가 껌과 간식을 갖다드리면 어떨까요?

씽,　　하이요 두오 창 슈지엔 커이 다오다 무디디 너?

行，还有多长时间可以到达目的地呢?

xíng, háiyǒu duō cháng shíjiān kěyǐ dàodá mùdìdì ne?

하이요 리앙거 시아오슈.

还有两个小时。

háiyǒu liǎng gè xiǎoshí.

오,　　나 자이 게이 워 이베이 차 바.

噢，那再给我一杯茶吧。

ō, nà zài gěi wǒ yì bēi chá bā.

하오더,　　칭 닌 샤오덩 이시아.

好的，请您稍等一下。

hǎode, qǐng nín shāo děng yíxià.

핵심어휘

多长 ㉥ 얼마나
duōcháng / 두오창

到达 ㉰ 도착하다
dàodá / 다오다

目的地 ㉢ 목적지
mùdìdì / 무디디

还有 ㉴ 또한, 그리고
háiyǒu / 하이요

小时 ㉢ 시간(단위)
xiǎoshí / 시아오슈

给 ㉰ 주다
gěi / 게이

稍等 ㉰ 잠깐 기다리다
shāoděng / 샤오덩

승객　네, 좋아요. 얼마나 더 있어야 목적지에 도착하나요?

승무원　2시간 남았습니다.

승객　그럼 차도 1잔 갖다주세요.

승무원　네, 알겠습니다. 잠시만 기다려주세요.

기내환경

031 이어폰 한쪽이 소리가 안 나요

즈 푸 얼지 요 이비엔 메이요 셩인

닌하오, 뉘슈, 워 칸 닌 언르 치우주황덩, 쉬야오 션머 방주?
您好，女士，我看您摁了求助黄灯，需要什么帮助？
nínhǎo, nǚshì, wǒ kàn nín ènle qiúzhù huáng dēng, xūyào shénme bāngzhù?

즈 푸 얼지 요 이비엔 메이요 셩인. 칭 디아오 후안 이푸.
这副耳机有一边没有声音。请调换一副。
zhè fù ěrjī yǒu yìbiān méiyǒu shēngyīn. qǐng diàohuàn yífù.

하오 더, 칭 샤오 덩. 게이 닌. 시엔자이 즈 푸 전양너?
好的，请稍等。给您。现在这副怎样呢？
hǎo de, qǐng shāo děng. gěi nín. xiànzài zhè fù zěnyàngne?

워 팅 더 부슈 흔 칭추.
我听得不是很清楚。
wǒ tīng de búshì hěn qīngchu.

콩파 셩인 요디얼 시아오.
恐怕声音有点儿小。
kǒngpà shēngyīn yǒudiǎner xiǎo.

핵심어휘

求助黄灯 명 긴급 빨간 등
qiúzhù huáng dēng / 치우주황덩

副 양 벌, 쪽
fù / 푸

耳机 명 이어폰
ěrjī / 얼지

声音 명 소리
shēngyīn / 셩인

得 보 아주
de / 더

清楚 형 분명하다, 동 이해하다
qīngchu / 칭추

恐怕 부 아마 ~일 것이다
kǒngpà / 콩파

有点儿 동 조금 있다
yǒudiǎnr / 요디얼

승무원 안녕하세요, 여사님. 호출기에 불이 들어왔는데, 무엇을 도와드릴까요?
승객 이어폰 한쪽이 소리가 안 나요. 바꿔주세요.
승무원 네, 잠시만요. 여기 있습니다. 이건 어떠세요?
승객 잘 안 들리네요. 소리가 약간 작아요.

오, 슈엔즈 안니우 자이 닌 푸쇼우 샹 팡. 루구오 닌 시앙 티아오 다셩 디엔,
哦，选择按钮在您扶手上方。如果您想调大声点，
ò, xuǎnzé ànniǔ zài nín fúshǒu shàng fāng. rúguǒ nín xiǎng tiáo dàshēng diǎn,

커이 안 나거 다이 시앙샹 지엔토우 더 안니우.
可以按那个带向上箭头的按钮。
kěyǐ àn nàgè dài xiàngshàng jiàntóu de ànniǔ.

즈거 마? 팅 관용더. 시엔자이 하오두오르.
这个吗？挺管用的。现在好多了，
zhège ma? tǐng guǎnyòng de. xiànzài hǎoduō le,

시에시에 니!
谢谢你！
xièxie nǐ!

부커치, 자이 츠츠 항반 샹 워먼 티콩 두오중 슈엔즈,
不客气，在此次航班上我们提供多种选择，
bú kèqi, zài cǐcì hángbān shàng wǒmen tígòng duōzhǒng xuǎnzé,

총 리우싱 인유에 다오 시쥐.
从流行音乐到戏剧。
cóng liúxíng yīnyuè dào xìjù.

닌 커이 안 나거 안니우 라이 슈엔즈 즈지 중이더 지에무.
您可以按那个按钮来选择自己中意的节目。
nín kěyǐ àn nàgè ànniǔ lái xuǎnzé zìjǐ zhòngyì de jiémù.

핵심어휘

选择 ⓢ 선택하다
xuǎnzé / 슈엔즈

按钮 ⓜ 버튼
ànniǔ / 안니우

扶手 ⓜ 손잡이
fúshou / 푸쇼우

如果 ⓙ 만약
rúguǒ / 루구오

向上 ⓢ 위로 향하다
xiàngshàng / 시앙샹

箭头 ⓜ 화살표
jiàntóu / 지엔토우

提供 ⓢ 제공하다
tígòng / 티콩

音乐 ⓜ 음악
yīnyuè / 인유에

戏剧 ⓜ 희극, 연극, 가극
xìjù / 시쥐

节目 ⓜ 프로그램
jiémù / 지에무

승무원 아, 위에 있는 버튼으로 선택하시면 돼요. 만약 소리를 크게 하고 싶으면 위쪽으로 되어 있는 화살표 버튼을 눌러 주세요.

승객 이거예요? 아주 효과적이네요. 많이 좋아졌어요, 감사합니다!

승무원 천만에요. 저희 항공편은 유행가요에서부터 희극까지 다양한 프로그램을 제공합니다. 그 버튼을 눌러서 좋아하는 프로그램을 선택하시면 돼요.

동작과 상태를 나타내는 정도보어 得(de)

정도보어는 동작이나 상태가 어느 정도인지를 표시하며, 동사나 형용사 술어에 모두 사용될 수 있다. 즉 동사나 형용사가 나타내는 상태, 동작, 행위에 대해 보다 구체적인 보충 정보를 뒤에서 보태주는 성분을 말한다. 구조조사 得 뒤에는 주로 형용사가 많이 쓰이지만, 동사구나 주술구(주어 + 술어)가 오기도 한다.

听(得)不是很清楚。

대화 내용에서 바로 이 문장이 정도보어의 사용 예다. 들은 정보가 분명하지 않다는, 들리는 정도에 대해서 보충설명해주고 있는 것이다.

그 밖에 예문을 살펴보자.

정도보어	예시	해설
동사 + 得 정도부사 + 형용사	睡得很好。	아주 잘 잤다.
	吃得很好。	매우 잘 먹었다.
	飞得很快。	매우 빨리 난다.
형용사 + 得 동사	高兴得笑了。	기뻐서 웃었다.
	害怕得哭起来了。	무서워서 울었다.
동사/형용사 + 得 + 주술구	忙得没时间吃饭。	밥 먹을 시간도 없이 바쁘다.

이처럼 동사와 형용사 뒤에 '得'을 붙여 항시적, 습관적으로 하는 것이나 이미 일어나 완료된 것이나, 완료할 것에 대해서 어떤지를 묘사한다.

기내환경

032 저희 항공은 손님을 위해서 5편의 영화를 준비했습니다

즈츠 항반 웨이 닌 준베이르 우 부 잉피엔

워 시앙 칸 디엔잉, 도우 요 섬머 잉피엔?
我想看电影，都有什么影片？
wǒ xiǎng kàn diànyǐng, dōu yǒu shénme yǐngpiàn?

즈츠 항반 웨이 닌 준베이 르 우 부 잉피엔,
这次航班为您准备了5部影片，
zhècì hángbān wèi nín zhǔnbèi le 5 bù yǐngpiàn,

자이 주오웨이 더 팡비엔 요 번슈,
在座位的旁边有本书，
zài zuòwèi de pángbiān yǒu běnshū,

리미엔 요 시앙시 더 슈오밍.
里面有详细的说明。
lǐmiàn yǒu xiángxì de shuōmíng.

슈 나 번 슈마?
是那本书吗？
shì nà běnshū ma?

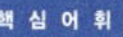

电影 명 영화
diànyǐng / 디엔잉

都 부 전부
dōu / 도우

影片 명 영화, 필름
yǐngpiàn / 잉피엔

准备 동 준비하다
zhǔnbèi / 준베이

旁边 명 옆, 근처
pángbiān / 팡비엔

里面 명 안쪽
lǐmiàn / 리미엔

详细 형 상세하다
xiángxì / 시앙시

说明 동 설명하다, 명 설명
shuōmíng / 슈오밍

승객 영화를 보고 싶은데, 어떤 영화가 있나요?

승무원 저희 항공은 손님을 위해서 5편의 영화를 준비했습니다. 좌석 옆 쪽에 책이 1권 있는데, 그 안에 자세한 설명이 있습니다.

승객 저 책인가요?

승무원

지우슈 즈번슈, 디엔잉 신시 자이 주이 호우미엔.

就是这本书，电影信息在最后面。

jiùshì zhèběnshū, diànyǐng xìnxī zài zuì hòumiàn.

핵심어휘

后面 ㊊ 뒤쪽

hòumiàn / 호우미엔

승객

하오 더, 시에시에, 워 시엔 칸 이시아.

好的，谢谢，我先看一下。

hǎo de, xièxie, wǒ xiān kàn yíxià.

승무원 바로 이 책입니다. 영화에 대한 정보는 맨 뒤에 있습니다.

승객 네, 감사합니다. 일단 한번 볼게요.

한걸음더

〈황제의 딸〉 드라마로 시작된 중국어 공부

초등학교 때 TV를 보는데 마침 〈황제의 딸〉이라는 중국 드라마가 방영되고 있었다. 조금 보고 나니 오! 너무 재미있었다. 정규방송이 아니어서 그런지 이 방송을 모르는 친구들이 많았다. 그래서 친구들에게 줄거리를 얘기해주고 그 드라마를 목이 빠지게 기다리곤 했다.

그 이후 자연스럽게 이연걸, 성룡 시리즈를 거쳐 〈판관 포청천〉까지 분야를 넓혔다. 자막과 더빙이 없었지만 스토리를 이해하는 데는 큰 어려움이 없었다. 오히려 외계어 같은 중국어 발음이 재미있었다.

고등학생이 되자, 일본어와 중국어 중 제2외국어를 선택하는 갈림길에서 당연히 중국어를 선택했다. 당시 중국으로 유학을 가는 애들도 종종 있었다. 나는 비록 유학까지 가진 못했지만, 제2외국어로 중국어를 배우는 것에 만족했다.

중국어 합창대회에도 나가는 등 중국어 수업시간이 늘 기다려졌다. 하지만 중국어를 전공으로 선택하진 않았다. 당시 공무원인 아버지와 법학과인 오빠의 영향으로 법학과에 가서 공무원이 되어야겠다고 생각했기 때문이다. 법학을 전공했지만 마음은 중국어에 가 있었고, 결국 교환학생으로 중국에 가서 공부를 시작했으며 대학원 과정까지 마치게 되었다.

학생들을 만나면 하는 얘기가 있다. "하고 싶으면 해야 한다"는 것이다. 천천히 가도 차근차근 목표를 향해 걸어가자고. 10년이 지난 지금 나는 중국어를 공부한 나의 선택에 후회가 없다. 한번 시작하면 손을 놓지 못하는 중독성이 강한 중국어! 이제는 나만의 경쟁력이 되었다.

물론 흥미가 아닌 목표를 위해서 중국어를 시작하는 사람도 많이 있다. 동기는 다르지만 외국어를 정복했다는 것은 또 하나의 경쟁력이다. 승무원이란 직종에서도 마찬가지일 것이다.

기내환경

033 좌석을 원위치로 해주실 수 있나요?

칭 지앙 닌 더 이베이 팡 즈 하오 마?

두이부치, 뉘슈, 칭 지앙 닌 더 이베이 팡 즈 하오 마?
对不起，女士。请将您的椅背放直好吗？
duìbùqǐ, nǚshì. qǐng jiāng nín de yǐbèi fàng zhí hǎo ma?

오, 두이부치, 워 젼머 바 이베이 팡 후이취 너?
哦，对不起，我怎么把椅背放回去呢？
ò, duìbùqǐ, wǒ zěnme bǎyǐbèi fàng huíqù ne?

즈 쉬안 이시아 닌 푸쇼우 샹 더 안 니우.
只需按一下您扶手上的按钮。
zhǐ xūàn yíxià nín fúshǒu shàng de ànniǔ.

슈 즈양 마?
是这样吗？
shì zhèyàng ma?

씽르, 씨에씨에닌르.
行了，谢谢您了。
xíng le. xièxie nínle

핵심어휘

将 ㊕ ~하게 될 것이다, ~일 것이다
jiāng / 지앙

椅背 ㊔ 의자 등받이
yǐbèi / 이베이

直 ㊖ 곧다
zhí / 즈

回去 ㊗ 되돌아가다
huíqù / 후이취

只 ㊕ 단지
zhǐ / 즈

扶手 ㊔ 손잡이
fúshǒu / 푸쇼우

这样 ㊘ 이와 같이
zhèyàng / 즈양

승무원 죄송합니다, 여사님. 좌석을 원위치로 해주실 수 있나요?
승객 아, 죄송합니다. 어떻게 하는 거죠?
승무원 옆에 있는 버튼을 눌러주시면 돼요.
승객 이렇게 하면 되나요?
승무원 네, 감사합니다.

기내환경

034 화장실이 어디인가요?

시쇼우지엔 자이 날?

시아오지에, 시쇼우지엔 자이 날?

小姐，洗手间在哪儿？

xiǎojiě, xǐshǒujiān zài nǎer?

칭왕호우 조우, 자이 지창 호우미엔,

请往后走，在机舱后面，

qǐng wǎnghòu zǒu, zài jīcāng hòumiàn,

커슈 시엔자이 예쉬 요런, 깡 진취 르 이거 런,

可是现在也许有人，刚进去了一个人，

kěshì xiànzài yěxǔ yǒu rén, gāng jìnqù le yígè rén,

닌 덩 이후얼 취 칸칸 바.

您等一会儿去看看吧。

nín děng yíhuìer qù kànkàn bā.

하오더, 시에시에 니 티싱 워.

好的，谢谢你提醒我。

hǎo de, xièxie nǐ tíxǐng wǒ.

핵심어휘

- 洗手间 ⓜ 화장실 — Xǐshǒujiān / 시쇼우지엔
- 哪儿 ⓓ 어디 — nǎer / 날
- 走 ⓓ 걸어가다 — zǒu / 조우
- 后面 ⓜ 뒤편 — hòumiàn / 호우미엔
- 进去 ⓓ 들어가다 — jìnqù / 진취
- 一个人 ⓜ 한 사람 — yígè rén / 이거 런
- 等 ⓓ 기다리다 — děng / 덩
- 一会儿 ⓜ 짧은 시간 — yíhuìr / 이후얼
- 提醒 ⓓ 일깨우다 — tíxǐng / 티싱

승객 아가씨, 화장실이 어디인가요?

승무원 뒤쪽으로 쭉 가세요. 기내 뒤편에 있습니다. 그런데 지금 사람이 있을 거예요. 방금 한 분이 들어가셨어요. 잠시 기다렸다가 가보세요.

승객 네, 알려주셔서 고맙습니다.

기내환경

035 화장실 문이 잠겼나 봐요

웨이셩지엔더 먼 수오 즈 르

시아오지에, 넝 빵 워 칸 이시아 웨이셩지엔 마?

小姐，能帮我看一下卫生间吗？

xiǎojiě, néng bāng wǒ kàn yíxià wèishēngjiān ma?

요셤머 슈 마?

有什么事吗？

yǒu shénmeshì ma?

웨이셩지엔더 먼 수오 즈 르,

卫生间的门锁着了，

wèishēngjiān de mén suǒ zhe le,

커 워 덩 르 반티엔 예 메이 런 츄라이.

可我等了半天也没人出来。

kě wǒ děng le bàntiān yě méi rénchūlái.

핵심어휘

卫生间 명 화장실
wèishēngjiān / 웨이셩지엔

门 명 문
mén / 먼

锁 명 자물쇠, 동 잠기다
suǒ / 수오

半天 명 한나절, 한참
bàntiān / 반티엔

没 동 없다
méi / 메이

승객 아가씨, 화장실 좀 봐주실 수 있나요?

승무원 무슨 일이신가요?

승객 화장실 문이 잠겼나 봐요. 한참을 기다려도 아무도 안 나오네요.

시엔셩, 루구오 닌 야오슈 자오지, 칭 왕치엔조우,
先生，如果您要是着急，请往前走，
xiānsheng, rúguǒ nín yàoshì zháojí, qǐng wǎngqián zǒu,

지창 치엔미엔 하이 요 이거 웨이셩지엔.
机舱前面还有一个卫生间。
jīcāng qiánmiàn hái yǒu yígè wèishēngjiān.

하오더, 나 워 취 치엔미엔 칸칸, 시에시에.
好的，那我去前面看看，谢谢。
hǎo de, nà wǒ qù qiánmiàn kànkàn, xièxie.

핵심어휘

要是 ㉥ 만약
yàoshi / 야오슈

着急 ⓢ 조급해하다
zháojí / 자오지

还 ⓑ 더, 또
hái / 하이

前面 ⓜ 앞쪽
qiánmiàn / 치엔미엔

승무원 선생님, 만약 급하시면, 앞으로 쭉 가면 기내 앞쪽에 화장실이 하나 더 있습니다.

승객 알겠습니다, 앞으로 가볼게요. 감사합니다.

중국인이 가장 싫어하는 숫자는 4

중국인들이 싫어하는 숫자는 무엇일까? 그건 바로 숫자 4(四 si 4성)다.
중국은 핸드폰을 개통할 때 돈을 주면 원하는 번호를 살 수 있는데, 휴대폰 번호에 4자가 들어간 것은 값도 싸고 요금 또한 기준값보다 무척 싸다.
중국인들이 숫자 4를 싫어하는 이유는 우리나라 사람들이 숫자 4를 기피하는 이유와 일맥상통하는데, 死(si 3성)와 발음이 비슷하기 때문이다.
필자가 공부한 하얼빈사범대학의 기숙사도 4로 끝나는 방은 없었다. 내 방이 103호, 그리고 바로 다음이 105호로 갑자기 건너뛰었다. 물론 204호, 304호 역시 없다. 학교의 기숙사뿐만 아니라 노래방, 호텔마다 흔히 볼 수 있는 현상이다.

기내환경

036 제가 공기청향제를 가져오겠습니다

워 나라이 쿵치 칭신지

승무원

시아오지에, 닌 요 셤머 쉬야오 마?

小姐，您有什么需要吗？

xiǎojiě, nín yǒu shénme xūyào ma?

승객

부쉬야오 셤머, 즈슈 콩치 중 요 이웨이,

不需要什么，只是空气中有异味，

bùxūyào shénme, zhǐshì kōngqì zhōng yǒu yìwèi,

점머 후이 슈?

怎么回事？

zěnme huí shì?

승무원

페이지 샹 더 청커 비지아오 두오, 예쉬 콩치 우주오,

飞机上的乘客比较多，也许空气污浊，

fēijī shàng de chéngkè bǐjiào duō, yěxǔ kōngqì wūzhuó,

닌 더 샹팡 요 파이펑코우, 커이 다카이.

您的上方有排风口，可以打开。

nín de Shàngfāng yǒu páifēngkǒu, kěyǐ dǎkāi.

핵심어휘

需要 명 요구, 동 요구하다
xūyào / 쉬야오

只是 접 그런데
zhǐshì / 즈슈

异味 명 독특한 냄새, 특이한 냄새
yìwèi / 이웨이

比较 부 비교적, 동 비교하다
bǐjiào / 비지아오

多 형 많다
duō / 두오

也许 접 아마도
yěxǔ / 예쉬

空气 명 공기
kōngqì / 콩치

污浊 형 공기 등이 혼탁하다, 더럽다
wūzhuó / 우주오

排风口 명 통풍구
páifēngkǒu / 파이펑코우

승무원 아가씨, 뭐 필요한 것 있으십니까?

승객 별건 아니고요. 이상한 냄새가 나는 것 같은데, 왜 그렇죠?

승무원 기내에 승객 분들이 많으셔서 아마도 공기가 탁해진 것 같습니다. 손님 위에 통풍기가 있습니다. 그걸 여실 수 있어요.

다카이 르.
打开了。
dǎkāi le.

루구오 닌 하이슈 쥬에더 요 이웨이, 워 나라이 콩치 칭신지.
如果您还是觉得有异味，我拿来空气清新剂。
rúguǒ nín háishì juéde yǒu yìwèi, wǒ nálái kōngqì qīngxīnjì.

부용르, 시에시에!
不用了，谢谢!
búyòng le, xièxie!

핵심어휘

打开 동 열다
dǎkāi / 다카이

还是 부 여전히
háishi / 하이슈

觉得 동 ~이라고 여기다
juéde / 쥬에더

拿来 동 가져오다
nálái / 나라이

空气清新剂 명 공기청향제
kōngqì qīngxīnjì / 콩치 칭신지

승객 열었습니다.

승무원 만약 계속해서 이상한 냄새가 나면, 제가 공기청향제를 가져오겠습니다.

승객 괜찮습니다, 감사합니다.

기내환경

037 옆으로 비켜서주실 수 있으신가요?

칭 닌 츠션 잔즈 하오 마?

시엔셩, 칭 닌 츠션 잔 즈 하오 마?

先生，请您侧身站着好吗？

xiānsheng, qǐng nín cèshēn zhàn zhe hǎo ma?

워 자이 정리 뤼싱시앙 리 더 동시.

我在整理旅行箱里的东西。

wǒ zài zhěnglǐ lǚxíngxiāng lǐ de dōngxi.

시엔자이 지샹 청커 비지아오 두오,

现在机上乘客比较多，

xiànzài jī shàng chéngkè bǐjiào duō,

페이지 더 구오다오 요디엔 시아자이, 잉시앙 통싱.

飞机的过道有点狭窄，影响通行。

fēijī de guòdào yǒudiǎn xiázhǎi, yǐngxiǎng tōngxíng.

오, 나 워 츠션 잔즈 바!

噢，那我侧身站着吧！

ō, nà wǒ cèshēn zhànzhe bā!

핵심어휘

侧身 ㉧ 몸을 옆으로 비키다
cèshēn / 츠션

站 ㉧ 서 있다, ㉢ 역
zhàn / 잔

整理 ㉧ 정리하다
zhěnglǐ / 정리

旅行箱 ㉢ 여행가방
lǚxíngxiāng / 뤼싱시앙

东西 ㉢ 물건
dōngxi / 동시

过道 ㉢ 복도, 통로
guòdào / 구오다오

狭窄 ㉨ 비좁다, 좁다
xiázhǎi / 시아자이

影响 ㉧ 영향을 주다, ㉢ 영향
yǐngxiǎng / 잉시앙

通行 ㉧ 통행하다, 다니다
tōngxíng / 통싱

승무원 선생님, 옆으로 비켜서주실 수 있으신가요?

승객 저 지금 여행가방 정리 중인데요.

승무원 지금 기내에 승객 분들이 많습니다. 통로가 좀 좁아서, 통행에 영향을 주고 있습니다.

승객 아, 그럼 제가 옆으로 서 있겠습니다!

승무원

시에시에 닌 더 흐주오, 주 닌 뤼투 위콰이!

谢谢您的合作，祝您旅途愉快!

xièxie nín de hézuò, zhù nín lǚtú yúkuài!

승무원 협조해주셔서 고맙습니다. 즐거운 여행 되십시오.

핵심어휘

合作 동 협력하다
hézuò / 흐주오

旅途 명 여정, 여행길
lǚtú / 뤼투

愉快 형 즐겁다, 유쾌하다
yúkuài / 위콰이

한걸음더

세상에서 가장 발음하기 어려운 언어는 중국어?

중국어 발음, 처음만 잘 잡아두면 나중에 쉽다

중국어는 우리나라 사람들에겐 익숙하지 않은 혀의 근육을 쓰기 때문에 다소 어렵다고 느낄 수 있다. 몇 가지 조언을 하자면, 중국어 발음은 일단 처음에 잘 잡아야 한다는 것이다. 그래야 나중에 중국어 고수가 되었을 때 헤매지 않고 정확한 발음을 구사할 수 있다. 초보자들은 단어의 발음을 암기할 때 성모와 운모, 발음기호 등을 이용해서 외울 것이다. 하지만 하나하나 머리로 암기하면 절대로 중국어가 늘지 않는다. 많이 듣고 말하고 따라해야 비로소 발음이 입에 붙을 것이다. 필자가 중국어 초보자에게 해주고 싶은 얘기는 다음과 같다.

"무조건 입에서 내뱉어라."

오랜 시간 중국어를 배운 친구들과 중국인 친구를 같이 만난 적이 있다. 그런데 그들은 한마디도 하지 못했다. "그냥 아무 말이나 뱉어봐"라고 말했지만, 막상 중국인 앞이어서 그런지 머릿속이 백지장이 된 듯했다. 언어는 틀려봐야 실력이 는다. 안 틀리고 처음부터 잘한다면 그건 언어의 천재일 것이다.
내가 중국에 처음 갔을 때 하도 엉터리로 발음을 해서 택시기사 아저씨들이 도대체 어디를 가는 거냐고 두세 번 물었다. 물론 내 손엔 쪽지가 들려 있었기 때문에 그 쪽지를 보여주면 문제 해결이었지만, 난 오기가 생겼다. 정확한 발음을 낼 때까지 택시를 멈춰 세우고 계속 얘기했다. 이렇게도 해보고 저렇게도 해보자 결국은 아저씨가 알아들었으며, 때로는 나의 발음을 고쳐서 지도해주시기도 했다. 말은 해봐야 틀린 부분을 알 수 있다. 중국어 선생님은 나와 가장 친한 친구가 될 수도 있고, 택시기사 아저씨와 상점 사장님이 될 수도 있다. 모르면 배우는 것이다. 그러니 무조건 입을 열어라. 처음에는 입을 여는 습관을 키우는 것이 가장 중요하다.

기내환경

038 안전벨트를 잘 매주시면 위험한 일은 없을 것입니다

칭 닌 지하오 안츄엔다이, 부후이 요 웨이시엔 더

니하오, 워 시앙 즈다오 페이지 시엔자이 웨이셤머 디엔보 더 즈머 리하이,

你好，我想知道飞机现在为什么颠簸的这么厉害，

nǐhǎo, wǒ xiǎng zhīdào fēijī xiànzài wèishénme diānbǒ de zhème lìhai,

요디엔 하이파!

有点害怕!

yǒudiǎn hàipà!

시아오지에, 칭닌 퐝신, 페이지 시엔자이 흔 안츄엔,

小姐，请您放心，飞机现在很安全，

xiǎojiě, qǐng nín fàngxīn, fēijī xiànzài hěn ānquán,

워 취 쉰원 이시아 지장, 칭 샤오덩.

我去询问一下机长，请稍等。

wǒ qù xúnwèn yíxià jīzhǎng, qǐng shāoděng.

하오더, 마퐌니르.

好的，麻烦你了。

hǎo de, máfan nǐ le.

핵심어휘

知道 ㊐ 알다
zhīdào / 즈다오

现在 ㊔ 지금
xiànzài / 시엔자이

颠簸 ㊐ 흔들리다, 요동하다
diānbǒ / 디엔보

厉害 ㊒ 심각하다, 대단하다
lìhai / 리하이

有点 ㊊ 약간
yǒudiǎn / 요디엔

害怕 ㊐ 겁내다, 두려워하다
hàipà / 하이파

放心 ㊐ 마음을 놓다, 안심하다
fàngxīn / 퐝신

安全 ㊒ 안전하다
ānquán / 안츄엔

询问 ㊐ 알아보다, 물어보다
xúnwèn / 쉰원

승객　안녕하세요, 항공기가 왜 이렇게 심하게 흔들리죠? 약간 무섭네요!

승무원　아가씨, 안심하세요. 항공기는 지금 안전합니다. 제가 기장님께 가서 여쭤보고 오겠습니다, 잠시만 기다리세요.

승객　네, 번거롭게 해드려서 죄송합니다.

시아오지에, 인웨이 페이지 정자이 징구오 이피엔 레이위취, 수오이 후이 요 이시에 디엔보,
小姐，因为飞机正在经过一片雷雨区，所以会有一些颠簸，
xiǎojiě, yīnwèi fēijī zhèngzài jīngguò yípiàn Léiyǔqū, suǒyǐ huì yǒu yìxiē diānbǒ,

칭 닌 지하오 안츄엔다이, 부후이 요 웨이시엔 더.
请您系好安全带，不会有危险的。
qǐng nín jìhǎo ānquándài, búhuì yǒu wēixiǎn de.

나 워 지우 팡신르!
那我就放心了！
nà wǒ jiù fàngxīnle!

핵심어휘

机长 명 기장
jīzhǎng / 지장

稍等 동 잠깐 기다리다
shāoděng / 샤오덩

因为 접 ~때문에
yīnwèi / 인웨이

正在 부 한창 ~중이다
zhèngzài / 정자이

经过 동 경유하다, 통과하다
jīngguò / 징구오

雷雨区 명 뇌우지역
Léiyǔqū / 레이위취

所以 접 그래서
suǒyǐ / 수오이

会 동 할 것이다
huì / 후이

一些 양 얼마간
yìxiē / 이시에

颠簸 동 흔들리다
diānbǒ / 디엔보

危险 형 위험하다
wēixiǎn / 웨이시엔

就 부 곧
jiù / 지우

放心 동 안심하다
fàngxīn / 팡신

승무원 아가씨, 지금 항공기가 뇌우지역을 지나고 있어서 약간 흔들립니다. 안전벨트를 잘 매주시면, 위험한 일은 발생하지 않을 것입니다.

승객 그럼 안심이네요.

요구응대

039 담요 좀 주시겠어요?

넝 바 마오탄 게이 워마?

칭원, 닌 흐 디얼 션머 너?

请问，您喝点儿什么呢？

qǐngwèn, nín hē diǎner shénme ne?

부용 르, 넝 바 마오탄 게이 워마? 워 요디얼 렁 아.

不用了，能把毛毯给我吗？我有点儿冷啊。

búyòng le, néng bǎ máotǎn gěi wǒ ma? wǒ yǒudiǎner lěng a.

즈다오 르, 칭샤오덩.

知道了，请稍等。

zhīdào le, qǐng shāo děng.

핵심어휘

喝 동 마시다
hē / 흐

不用 부 필요 없다
동 사용하지 않다
búyòng / 부용

把 전 ~을, ~으로
bǎ / 바

毛毯 명 담요
máotǎn / 마오탄

给 동 주다
gěi / 게이

冷 형 춥다
lěng / 렁

知道 동 알다, 이해하다
zhīdào / 즈다오

승무원 실례합니다, 마실 건 무엇으로 드릴까요?

승객 괜찮아요. 담요 좀 주시겠어요? 약간 춥네요.

승무원 알겠습니다, 잠시만 기다리세요.

요구응대

040 담요를 갖다드리겠습니다

워 넝 게이 닌 이티아오 마오탄

닌 시앙 주오션머, 시아오지에?
您想做什么，小姐?
nín xiǎng zuòshénme, xiǎojiě?

워 간쥬에 요디얼 렁,
我感觉有点儿冷，
wǒ gǎnjué yǒudiǎner lěng,

수오이 워 시앙 자이 바오 리 자오 지엔 마오이 츄안.
所以我想在包里找件毛衣穿。
suǒyǐ wǒ xiǎng zài bāo lǐ zhǎo jiàn máoyī chuān.

워 즈다오르,
我知道，
wǒ zhīdào,

단슈 시엔자이 페이지 하이 츄자이 치페이 샹셩 더 지에두안,
但是现在飞机还处在起飞上升的阶段。
dànshì xiànzài fēijī hái chǔzài qǐfēi shàngshēng de jiēduàn.

핵심어휘

想 동 생각하다, 바라다
xiǎng / 시앙

做 동 하다
zuò / 주오

感觉 동 느끼다
gǎnjué / 간쥬에

所以 접 그래서
suǒyǐ / 수오이

找 동 찾다
zhǎo / 자오

毛衣 명 스웨터
máoyī / 마오이

穿 동 입다
chuān / 츄안

阶段 명 단계
jiēduàn / 지에두안

승무원 무엇을 원하세요, 아가씨?

승객 약간 추워서요. 가방 안에 있는 스웨터를 찾아서 입고 싶어요.

승무원 알겠습니다. 그런데 비행기가 아직 이륙 중입니다.

바오츠 지창네이 더 핑헝 흔 중야오,
保持机舱内的平衡很重要。
bǎochí jīcāngnèi de pínghéng hěn zhòngyào.

수오이 닌 넝부넝 시엔 주오시아라이,
所以您能不能先坐下来,
suǒyǐ nín néngbùnéng xiān zuòxiàlái,

구어후이 자이 나 이푸,　　하오마?
过会再拿衣服, 好吗?
guò huì zài ná yīfu, hǎo ma?

승객

응,　하오바.　워이후얼 자이 취 이푸.
嗯, 好吧。我一会儿再取衣服。
ēn, hǎo bā. wǒ yíhuìer zà qǔ yīfu.

승무원

시에시에 닌더 흐주오!　　예쉬 워 넝 게이 닌 이티아오 마오탄.
谢谢您的合作! 也许我能给您一条毛毯。
xièxie nín de hézuò! yěxǔ wǒ néng gěi nín yìtiáo máotǎn.

시에시에.
谢谢。
xièxie.

핵심어휘

保持 동 유지하다
bǎochí / 바오츠

平衡 형 균형이 맞다
동 균형 있게 하다
pínghéng / 핑헝

衣服 명 옷
yīfu / 이푸

合作 동 협력하다
hézuò / 흐주오

기내의 균형이 무척 중요하니까 일단 자리에 앉아주시고, 잠시 후에 옷을 꺼내셔도 괜찮겠습니까?

승객　네, 알겠습니다. 이따가 옷을 꺼낼게요.

승무원　협조해주셔서 감사합니다. 아니면 제가 담요를 갖다드리겠습니다.

승객　고맙습니다.

요구응대

041 신문이나 잡지를 보시겠습니까?

닌 시앙 칸 바오즈 후오 자즈 마?

닌 시앙 칸 바오즈 후오 자즈 마?
您想看报纸或杂志吗?
nín xiǎng kàn bàozhǐ huò zázhì ma?

루구오 요더 화, 칭라이 이펀 중구어 바오즈.
如果有的话，请来一份中国报纸。
rúguǒ yǒude huà, qǐng lái yífèn Zhōngguó bàozhǐ.

요더, 게이닌. 하이 쉬야오 디엔 셤머?
有的，给您。还需要点什么?
yǒude, gěi nín. hái xūyào diǎn shénme?

핵심어휘

报纸 명 신문
bàozhǐ / 바오즈

杂志 명 잡지
zázhì / 자즈

话 명 말, 이야기
huà / 화

份 양 신문 세는 단위
fèn / 펀

中国 명 중국
Zhōngguó / 중구어

승무원 신문이나 잡지를 보시겠습니까?
승객 있으면 중국 신문 1부 주세요.
승무원 있습니다. 여기요. 다른 거 또 뭐 필요하신 것 있으신가요?

요구응대

042 독서등이 필요하면 위에 있는 등 버튼을 누르세요

루구어 닌 야오 두슈 덩, 지우 상미엔 더 덩 안니우 안 이시아

청우유엔, 워 야오 칸 바오즈, 요메이요 슈다이조우칸 후오 한바오 중원?

乘务员，我要看报纸，有没有时代周刊或韩报中文？

chéngwùyuán, wǒ yào kàn bàozhǐ, yǒuméiyǒu shídàizhōukān huò hánbào zhōngwén?

워먼 요 슈다주오칸 흐 니우유에 슈바오.

我们有时代周刊和纽约时报。

wǒmen yǒu shídàizhōukān hé Niǔyuē shíbào.

하오더, 게이 워 이펀 슈다주오칸.

好的，给我一份时代周刊。

hǎo de, gěi wǒ yífèn shídàizhōukān.

게이 닌, 루구어 닌 야오 두슈덩, 지우 안 이시아 상미엔 더 덩 안니우.

给您，如果您要读书灯，就按一下上面的灯按钮。

gěi nín, rúguǒ nín yào dúshūdēng, jiù àn yíxià shàngmiàn de dēng ànniǔ.

시에시에 니.

谢谢你。

xièxie nǐ.

핵심어휘

韩报中文 명 중문 한국 신문
hánbào zhōngwén / 한바오 중원

时代周刊 명 타임즈
shídàizhōukān / 슈다주오칸

纽约时报 명 뉴욕타임즈
Niǔyuē shíbào / 니우유에 슈바오

读书灯 명 독서등
dúshūdēng / 두슈덩

승객 승무원, 신문을 보고 싶은데, 타임즈나 중문으로 된 한국 신문 있나요?

승무원 타임즈와 뉴욕타임즈가 있습니다.

승객 알겠습니다, 타임즈 1부 주세요.

승무원 여기 있습니다. 독서등이 필요하면 위에 있는 등 버튼을 누르세요.

승객 감사합니다.

요구응대

043 저희는 농구, 축구 잡지가 있습니다

워먼 요 란치우, 주치우 자즈

시엔셩, 요 셤머 쉬야오 마?

先生，有什么需要吗？

xiānsheng, yǒu shénme xūyào ma?

워 시앙 칸 구안위 티위 퐝미엔 더 자즈.

我想看关于体育方面的杂志。

wǒ xiǎng kàn guānyú tǐyù fāngmiàn de zázhì.

워먼 요 란치우, 주치우 자즈, 닌 시앙 칸 나번?

我们有篮球，足球杂志，您想看哪本？

wǒmen yǒu lánqiú, zúqiú zázhì, nín xiǎng kàn nǎ běn?

워 시후안 란치우 자즈.

我喜欢篮球杂志。

wǒ xǐhuan lánqiú zázhì.

핵심어휘

需要 ⓓ 필요하다, ⓜ 요구
xūyào / 쉬야오

想看 ⓓ 보고 싶다
xiǎng kàn / 시앙 칸

关于 ⓙ ~에 관해서
guānyú / 구안위

体育方面 ⓜ 스포츠 관련
tǐyù fāngmiàn / 티위 퐝미엔

杂志 ⓜ 잡지
zázhì / 자즈

篮球 ⓜ 농구
lánqiú / 란치우

足球 ⓜ 축구
zúqiú / 주치우

喜欢 ⓓ 좋아하다, ⓗ 즐거워하다
xǐhuan / 시후안

승무원 선생님, 무엇이 필요하십니까?
승객 스포츠 관련 잡지를 보고 싶습니다.
승무원 저희는 농구, 축구 잡지가 있습니다. 어떤 걸 보시겠습니까?
승객 농구 잡지가 좋을 것 같네요.

하오더,　샤오호우 게이 닌 송 구오라이!

好的，稍后给您送过来!

hǎo de, shāohòu gěi nín sòng guòlái!

핵심어휘

送 동 전송하다, 주다

sòng / 송

시에시에!

谢谢!

xièxie!

승무원　네, 금방 갖다드리겠습니다.

승객　고맙습니다!

요구응대

044 꼬마 친구, 혼자 비행기 탄 거 안 무서워요?

시아오 펑요, 니 즈지 주오 페이지 부 하이파 마?

시아오펑요, 니 즈지 주오 페이지 부 하이파 마?
小朋友，你自己坐飞机不害怕吗？
xiǎopéngyǒu, nǐ zìjǐ zuò fēijī bú hàipà ma?

부 하이파, 이치엔 예 주오 구오 이츠.
不害怕，以前也座过一次。
bú hàipà, yǐqián yě zuò guò yícì.

하오 구아이 더 하이즈, 니 요 션머 쉬야오 마?
好乖的孩子，你有什么需要吗？
hǎo guāi de háizi, nǐ yǒu shénme xūyào ma?

워 요디얼 으, 마마 게이 워 더 동시 이징 츠완 르.
我有点儿饿，妈妈给我的东西已经吃完了。
wǒ yǒudiǎner è, māma gěi wǒ de dōngxi yǐjīng chīwán le

핵심어휘

小朋友 명 어린이, 꼬마
xiǎopéngyǒu / 시아오펑요

自己 대 스스로, 자기
zìjǐ / 즈지

害怕 동 겁내다, 두렵다
hàipà / 하이파

乖 형 얌전하다, 착하다
guāi / 구아이

孩子 명 아이, 아동
háizi / 하이즈

饿 형 배고프다
è / 으

给 동 주다
gěi / 게이

东西 명 물건, 물품
dōngxi / 동시

已经 부 벌써, 이미
yǐjing / 이징

吃完 동 먹었다
chīwán / 츠완

승무원 꼬마 친구, 혼자 비행기 탄 거 안 무서워요?
승객 안 무서워요. 예전에도 1번 타봤어요.
승무원 착한 꼬마 친구네요. 뭐 필요한 거 있어요?
승객 조금 배고파요. 엄마가 준 음식 다 먹었어요.

하오더, 부용 단신, 지에지에 게이 니 준베이르 이시에 디엔신, 창 창 바.
好的，不用担心，姐姐给你准备了一些点心，尝尝吧。
hǎo de, búyòng dānxīn, jiějie gěi nǐ zhǔnbèile yìxiē diǎnxin, cháng cháng bā.

시에시에 지에지에!
谢谢姐姐!
xièxie jiějie!

페이지 루오디 이호우 요런 지에 니 마?
飞机落地以后有人接你吗?
fēijī luòdì yǐhòu yǒu rén jiē nǐ ma?

요, 마마 슈어, 이 추 추코우 지우 넝 칸다오 워 더 아이.
有，妈妈说，一出出口就能看到我的阿姨。
yǒu, māma shuō, yì chū chūkǒu jiù néng kàndào wǒ de āyí.

나 워 지우 팡신 르, 하이요 션머 슈 지우 지아오 지에지에 바!
那我就放心了，还有什么事就叫姐姐吧!
nà wǒ jiù fàngxīn le, háiyǒu shénmeshì jiù jiào jiějie bā!

핵심 어휘

担心 ⓢ걱정하다
dānxīn / 단신

姐姐 ⓜ누나, 언니
jiějie / 지에지에

准备 ⓢ준비하다
zhǔnbèi / 준베이르

一些 ⓨ조금
yìxiē / 이시에

点心 ⓜ간식
diǎnxin / 디엔신

尝 ⓢ맛보다
cháng / 창

落地 ⓢ착지하다
luòdì / 루오디

以后 ⓜ이후
yǐhòu /이호우

接 ⓢ마중하다
jiē / 지에

说 ⓢ말하다
shuō / 슈어

阿姨 ⓜ이모
āyí / 아이

放心 ⓢ안심하다, ⓗ안심되다
fàngxīn / 팡신

승무원 그래, 걱정 마요. 누나가 간식 준비해줄 테니까 맛봐봐.

승객 고맙습니다, 누나!

승무원 비행기에서 내리면 누가 마중 오나요?

승객 네, 엄마가 그랬어요. 출구로 나가자마자 이모가 있을 거래요.

승무원 그럼 안심해도 되겠네요. 그리고 더 필요한 거 있음 누나 불러요!

요구응대

045 저희가 도와서 찾아보겠습니다

워먼 빵닌 자오우자오우 칸

청우유웬, 워더 지에즈 디아오 르, 젼머 자오 도우 메이요.

乘务员，我的戒指掉了，怎么找都没有。

chéngwùyuán, wǒ de jièzhi diàole, zěnme zhǎo dōu méiyǒu.

오, 슈마? 자이 나리 디아오더?

哦，是吗？在哪里掉的？

ò, shì ma? zài Nǎlǐ diào de?

하오시앙 루오 자이 시쇼지엔르, 호우라이 자오구어예 메이요.

好像落在洗手间了，后来去找过也没有。

hǎoxiàng luòzài Xǐshǒujiān le, hòulái qù zhǎo guò yě méiyǒu.

아, 쯔다오르, 워먼 빵닌 자오자오 칸, 닌 더 조우웨이하오 슈 두오샤오?

啊，知道了，我们帮您找找看，您的座位号是多少？

a, zhīdàole, wǒmen bāng nín zhǎozhǎo kàn, nín de zuòwèihào shì duōshǎo?

핵심어휘

戒指 명 반지
jièzhi / 지에즈

掉 동 떨어뜨리다, 유실하다
diào / 디아오

找 동 찾다
zhǎo / 자오

好像 부 아마도
hǎoxiàng / 하오시앙

落 동 떨어지다, 내려가다
luò / 루오

洗手间 명 화장실
xǐshǒujiān / 시쇼지엔

승객 승무원, 제가 반지를 잃어버렸는데, 아무리 찾아도 없어요.

승무원 아, 그러세요? 어디서 떨어뜨리셨나요?

승객 아마도 화장실에서 떨어진 것 같아요. 다시 가서 찾아봐도 없네요.

승무원 네, 알겠습니다. 저희가 도와서 찾아보겠습니다. 좌석번호가 어떻게 되시죠?

얼 슈 빠 비.
28B。
èrshíbā b.

칭 닌 샤오덩. 워후이 용 구앙보 원 이시아, 하오마?
请您稍等。我会用广播问一下，好吗？
qǐng nín shāoděng. wǒ huì yòng guǎngbō wèn yíxià, hǎo ma?

아, 하오더, 시에시에.
啊，好的，谢谢。
a, hǎo de, xièxie.

핵심어휘

稍等 동 기다리다
shāoděng / 샤오덩

会 동 할 것이다, 할 수 있다
huì / 후이

广播 명 방송
guǎngbō / 구앙보

问 동 물어보다
wèn / 원

一下 동 좀 ~해보다
yíxià / 이시아

승객 28B예요.
승무원 잠시만 기다리세요. 제가 방송을 해도 되겠죠?
승객 네, 그러세요. 고맙습니다.

요구응대

046 확실히 기내에서 분실하신 게 맞습니까?

닌 컨딩 자이 커창 네이 디우슈 더?

두이부치, 시아오지에, 워 위 상마퐌르, 워 바 쇼우티바오 게이 디우슈 르.

对不起，小姐，我遇上麻烦了，我把手提包给丢失了。

duìbùqǐ xiǎojiě wǒ yù shàngmáfanle, wǒ bǎ shǒutíbāo gěi diūshī le.

즌슈 부싱, 닌 컨딩 슈 자이 커창 네이 디우슈 더?

真是不幸，您肯定是在客舱内丢失的？

zhēnshì búxìng, nín kěndìng shì zài kècāng nèi diūshī de?

슈더, 워 다오츄 자오르, 단 자오부다오.

是的，我到处找了，但找不到。

shì de, wǒ dàochù zhǎole, dàn zhǎobúdào.

후이부후이 자이 주오웨이 시아미엔 후어즈 싱리지아 리미엔?

会不会在座位下面或者行李架里面？

huìbúhuì zài zuòwèi xiàmiàn huòzhě xínglǐjià lǐmiàn?

핵심어휘

遇 동 만나다
yù / 위

麻烦 형 귀찮다, 번거롭다
동 귀찮게 하다
máfan / 마퐌

手提包 명 손가방
shǒutíbāo / 쇼우티바오

丢失 동 분실하다
diūshī / 디우슈

肯定 부 확실히
kěndìng / 컨딩

승객 죄송한데 아가씨, 큰일났어요. 제 손가방을 잃어버렸어요.

승무원 안타깝네요. 확실히 기내에서 분실하신 게 맞습니까?

승객 네. 다 찾아봤는데, 못 찾았어요.

승무원 좌석 밑이나 선반 안쪽에 있는 거 아닐까요?

메이요, 부 자이 나리.

没有，不在那里。

méiyǒu, bú zài Nàlǐ.

칭 비에 자오지. 닌 시상시앙칸, 흐슈흐디 디우슈 더?

请别着急。您想想看，何时何地丢失的？

qǐng bié zháojí. nín xiǎngxiǎng kàn, héshíhédì diūshī de?

워 커이 컨딩 자이 호우지슈 슈 워 하이 나즈어 타.

我可以肯定在候机室时我还拿着它。

wǒ kěyǐ kěndìng zài hòujīshì shí wǒ hái názhe tā.

단 진루 커창 슈 지우 부지엔르.

但进入客舱时就不见了。

dàn jìnrù kècāng shí jiù bújiànle.

워 부넝 컨딩 자이 나리 디우슈더.

我不能肯定在那里丢失的。

wǒ bùnéng kěndìng zài nàli diūshī de.

예쉬 워 디우자이 호우지슈르?

也许我丢在候机室了？

yěxǔ wǒ diūzài hòujīshì le?

핵심어휘

别 ㊕~하지 마라
bié / 비에

着急 ㊍조급해하다
zháojí / 자오지

候机室 ㊎공항 대합실
hòujīshì / 호우지슈

还 ㊕여전히
hái / 하이

拿着 ㊍들다
názhe / 나즈어

它 ㊐그것, 저것
tā / 타

丢失 ㊍분실하다
diūshī / 디우슈

进入 ㊍들어가다
jìnrù / 진루

승객 아뇨, 거기 없어요.

승무원 침착하세요. 잘 생각해보세요, 언제 어디서 잃어버리셨는지?

승객 제가 공항 대합실에서는 들고 있었어요. 그런데 기내에 들어오고 나서 안 보여요. 제가 확실히 거기서 잃어버린 건지 모르겠는데, 혹시 대합실에서 잃어버렸을까요?

하오르, 칭 리우 시아 닌 더 싱밍. 디즈,
好了，请留下您的姓名，地址，
hǎo le, qǐng liúxià nín de xìngmíng, dìzhǐ,

디엔화하오마 흐 요구안 닌 쇼우티바오 더 시지에.
电话号码和有关您手提包的细节。
diànhuàhàomǎ hé yǒuguān nín shǒutíbāo de xìjié.

루구어 요 시아오시. 후이 리지 위 닌 취 더 리엔시 더.
如果有消息，会立即与您取得联系的。
rúguǒ yǒu xiāoxi, huì lìjí yǔ nín qǔdé liánxì de.

워 페이창 간시에 닌 더 방주.
我非常感谢您的帮助。
wǒ fēicháng gǎnxiè nín de bāngzhù.

핵심어휘

留 ⑤ 보관하다, 남기다
liú / 리우

细节 ⑱ 세부사항
xìjié / 시지에

联系 ⑤ 연락하다
liánxì / 리엔시

帮助 ⑱ 도움, ⑤ 돕다
bāngzhù / 방주

승무원 네, 알겠습니다. 성함, 주소, 전화번호, 그리고 핸드백의 세부사항을 적어주세요. 만약 소식이 있으면 저희가 바로 가져가시도록 연락을 드릴게요.

승객 도와주셔서 정말 고맙습니다.

요구응대

047 제가 소화제를 갖다드리겠습니다

워 게이닌 나 시아오화야오

청우유엔, 넝 게이 워 라이 이디엔 요주위 시아오화 더 야오 마?

乘务员，能给我来一点有助于消化的药吗？

chéngwùyuán, néng gěi wǒ lái yìdiǎn yǒuzhùyú xiāohuà de yào ma?

깡 츠완 퐌 지우 나오두즈, 즈호 지우 난쇼우.

刚吃完饭就闹肚子，之后就难受。

gāng chī wán fàn jiù nàodùzī, zhīhòu jiù nánshòu.

아이야, 점머반, 즈다오르, 워 게이닌 나 시아오화야오.

哎呀，怎么办，知道了，我给您拿消化药。

āiyā,zěnmebàn, zhīdàole, wǒ gěi nín ná xiāohuà yào.

칭 샤오덩 이시아.

请稍等一下。

qǐng shāo děng yíxià.

하오더.

好的。

hǎode.

핵심어휘

给 ㊐주다
gěi / 게이

有助于 ㊐~에 도움이 되다
yǒuzhùyú / 요주위

消化 ㊐소화되다
xiāohuà / 시아오화

药 ㊔약
yào / 야오

刚 ㊕방금, 막
gāng / 깡

吃 ㊐먹다
chī / 츠

就 ㊕곧, 하자마자
jiù / 지우

闹肚子 ㊔설사, 배탈
nàodùzi / 나오두즈

之后 ㊔그 후
zhīhòu / 즈호

难受 ㊖불편하다
nánshòu / 난쇼우

승객 승무원, 소화제 좀 갖다주실 수 있나요? 밥 먹고 나서 배 속이 너무 불편하네요.

승무원 저런, 어떡하죠. 알겠습니다, 제가 소화제 갖다드릴게요. 잠시만 기다리세요.

승객 알겠습니다.

랑닌 지우덩르, 야오자이 즈리, 하이요 슈에이.

让您久等了，药在这里。还有水。

ràng nín jiǔ děng le, yào zài zhèli. háiyǒu shuǐ.

칭닌 주이 션티.

请您注意身体。(10분 후)

qǐng nín zhùyi shēntǐ,

시엔자이 하오디엔르마?

现在好点了吗？

xiànzài hǎo diǎn le ma?

하오디엔 르. 시에시에 닌더 구안신.

好点了。谢谢您的关心。

hǎodiǎn le. xièxie nín de guānxīn.

부커치, 쉬 야오 빵망 자이 지아오 워.

不客气，需要帮忙再叫我。

bú kèqi, xū yào bāngmáng zài jiào wǒ.

핵심어휘

还有 ㉾ 그리고
háiyǒu / 하이요

注意 ㉹ 주의, ㉻ 주의하다
zhùyì / 주이

身体 ㉹ 신체, 건강
shēntǐ / 션티

好 ㉿ 좋다
hǎo / 하오

关心 ㉻ 관심을 갖다
guānxīn / 구안신

需 ㉻ 필요하다
xū / 쉬

帮忙 ㉻ 도와주다
bāngmáng / 빵망

叫 ㉻ 부르다
jiào / 지아오

승무원 오래 기다리셨죠. 약 여기 있습니다. 그리고 물입니다. 몸조심하세요. (10분 후) 지금은 좋아지셨나요?

승객 좋아졌어요. 관심 가져줘서 고맙습니다.

승무원 천만에요. 도움이 필요하시면 다시 불러주세요.

요구응대

048 안색이 안 좋아 보이십니다

칸치라이 리엔서 창바이

닌 쥬에더 점머 양, 닌 칸치라이 리엔서 창바이.

您觉得怎么样？您看起来脸色苍白。

nín juéde zěnmē yàng? kànqǐlái liǎnsè cāngbái.

워 쥬에더 부슈푸.

我觉得不舒服。

wǒ juéde bù shūfu.

점머르?

怎么了？

zěnme le?

지티엔 치엔 워 간마오 르. 시엔자이 워 이즌즌 더 커소우,

几天前我感冒了。现在我一阵阵的咳嗽，

jǐtiān qián wǒ gǎnmào le. xiànzài wǒ yízhènzhèn de késou,

난이 콩즈. 상즈 텅통 얼치에 비즈 부통.

难以控制。嗓子疼痛而且鼻子不通。

nányǐ kòngzhì. sǎngzi téngtòng érqiě bízi bùtōng.

핵심어휘

- 觉得 ⓢ ~라고 여기다 juéde / 쥬에더
- 样 ⓜ 모양, 모습 yàng / 양
- 脸色 ⓜ 안색 liǎnsè / 리엔서
- 苍白 ⓗ 창백하다 cāngbái / 창바이
- 感冒 ⓜ 감기, ⓢ 감기에 걸리다 gǎnmào / 간마오
- 咳嗽 ⓜ 기침, ⓢ 기침하다 késòu / 커소우
- 控制 ⓢ 통제하다 kòngzhì / 콩즈
- 嗓子 ⓜ 목 sǎngzi / 상즈
- 疼痛 ⓗ 아프다 téngtòng / 텅통
- 鼻子 ⓜ 코 bízi / 비즈

승무원 어떠세요? 안색이 안 좋아 보이시는데요.

승객 네, 좀 불편해요.

승무원 왜 그러시죠?

승객 며칠 전부터 감기였어요. 지금 기침이 좀 나는 걸 참기가 어렵네요. 목이 아프고 코가 답답해요.

요슈 투란지엔 타이 양 슈에 츠통.
有时突然间太阳穴刺痛。
yǒushí tūránjiān tàiyángxué cìtòng.

닌 이딩 삥더 흔옌중. 수이션 다이 야오르 마?
您一定病得很严重。随身带药了吗?
nín yídìng bìngde hěn yánzhòng. suíshēn dài yàole ma?

다이르, 칭 게이 워 이베이 러슈에이.
带了, 请给我一杯热水。
dàile, qǐng gěi wǒ yìbēi rèshuǐ.

하오더, 샤오 덩. 게이 닌 러슈에이, 하이요 마오탄.
好的, 稍等。给您热水, 还有毛毯。
hǎo de, shāo děng. gěi nín rèshuǐ, háiyǒu máotǎn.

링와이, 토우덩창 하이요 지거 콩 주오웨이,
另外, 头等舱还有几个空座位,
lìngwài, tóuděngcāng háiyǒu jǐgè kōng zuòwèi,

닌 커이 다오 나 비엔 취, 하오하오 시우시 이시아.
您可以到那边去, 好好休息一下。
nín kěyǐ dào nàbiānqù, hǎohao xiūxī yíxià.

핵심어휘

突然间 ㊄갑자기
tūránjiān / 투란지엔

刺痛 ㊔자극, ㊖마음 아파하다
cìtòng / 츠통

严重 ㊖위급하다
yánzhòng / 예중

随身 ㊍몸에 지니다, 휴대하다
suíshēn / 수이션

带 ㊍휴대하다
dài / 다이

热水 ㊔따뜻한 물
rèshuǐ / 러슈에이

另外 ㊘이 외에
lìngwài / 링와이

头等舱 ㊔일등석
tóuděngcāng / 토우덩창

还有 ㊘그리고
háiyǒu / 하이요

好好 ㊄푹, 충분히, ㊖좋다
hǎohao / 하오하오

休息 ㊍휴식을 취하다
xiūxi / 시우시

가끔 혈관에 자극이 오고요.
승무원 심각하신 것 같아요. 약을 가지고 오셨나요?
승객 가져왔어요. 따뜻한 물 좀 주세요.
승무원 네, 기다리세요. 여기, 물이랑 담요입니다. 그리고 일등석에 좌석이 몇 개 있는데, 그쪽으로 옮겨서 푹 쉬도록 하세요.

요구응대

049 귀가 너무 아파서 못 참겠어요

워 얼두오 흔 텅, 워 쇼우부리아오르

워 얼두오 흔 텅, 워 쇼우부리아오 르.

我耳朵很疼，我受不了了。

wǒ ěrduo hěn téng, wǒ shòubùliǎo le.

닌 얼두오 텅슈 인웨이 치야 비엔후아,

您耳朵疼是因为气压变化，

nín ěrduo téng shì yīnwèi qìyā biànhuà,

즈 자이 항콩 페이싱 중 슈 흔 푸비엔 더.

这在航空飞行是中很普遍的。

zhè zài hángkōng fēixíng zhōng shì hěn pǔbiàn de.

닌 커이 지아오 코우시앙탕 후오즈 옌코우슈에이 라이 후안지에.

您可以嚼口香糖或者是咽口水来缓解。

nín kěyǐ jiáo kǒuxiāngtáng huòzhě shì yànkǒushuǐ lái huǎnjiě.

워 슈구어르, 단 부치주오용.

我试过了，但不起作用。

wǒ shì guò le, dàn bùqǐ zuòyòng.

핵심어휘

耳朵 명 귀
ěrduo / 얼두오

疼 형 아프다
téng / 텅

受不了 동 참을 수 없다
shòubùliǎo / 쇼우부리아오

气压 명 대기압
qìyā / 치야

变化 명 변화, 동 변화하다
biànhuà / 비엔후아

普遍 형 보편적이다
pǔbiàn / 푸비엔

口香糖 명 껌
kǒuxiāngtáng / 코우시앙탕

咽口水 동 침을 삼키다
yànkǒushuǐ / 옌코우슈에이

승객 귀가 너무 아파요. 못 참겠어요.

승무원 기압 변화 때문이에요. 비행 중에 흔히 발생합니다. 껌을 씹거나 물을 삼키면 도움이 되실 거예요.

승객 해봤는데, 효과가 없었어요.

나 워먼 슈슈 비에더 반퐈 바. 션 후시, 니에주 비즈,
那我们试试别的办法吧。深呼吸，捏住鼻子，
nà wǒmen shìshì biéde bànfǎ bā. shēn hūxī, niēzhù bízi,

슈진 츄치. 시엔자이 하오디얼 르 마?
使劲出气。现在好点儿了吗？
shǐjìn chūqì. xiànzài hǎo diǎner le ma?

하오디엔르, 팅 션치야.
好点了，挺神奇呀。
hǎo diǎn le. tǐng shénqí yā

시엔 자이 커이 후이다오 주오웨이 르바?
现在您可以回到座位了吧？
xiànzài nín kěyǐ huídào zuòwèi le bā?

워먼 지우 콰이 지앙루오르.
我们就快降落了。
wǒmen jiù kuài jiàngluòle.

핵심어휘

呼吸 ⓢ 호흡하다
ⓜ 1번의 호흡
hūxī / 후시

捏住 ⓢ 꽉 잡다
niēzhù / 니에주

使劲 ⓢ 힘을 쓰다
shǐjìn / 슈진

出气 ⓢ 공기를 배출하다
chūqì / 츄치

승무원 그럼 다른 방법을 시도해볼게요. 심호흡을 하신 다음 코를 막고 크게 호흡을 해보세요. 좋아지셨나요?

승객 네, 좋아졌어요. 신기하네요.

승무원 이제 좌석으로 돌아가실 수 있으시겠죠? 곧 착륙할 겁니다.

요구응대

050 여기 물과 약입니다

게이 닌 카이슈에이 흐 야오

시엔셩 슈 닌 안 더 후지아오니우? 젼머라?

先生是您按的呼叫钮？怎么啦？

xiānsheng shì nín àn de hūjiào niǔ? zěnme la?

워 토우 텅 더 리하이,

我头疼得厉害，

wǒ tóu téng de lìhai,

쇼우지아오 파 리앙, 콩파 더르 중간마오.

手脚发凉，恐怕得了重感冒。

shǒujiǎo fā liáng, kǒngpà déle zhònggǎnmào.

니 메이슈 바? 워 넝 방 닌 션머 망마?

您没事吧？我能帮您什么忙吗？

nín méishì bā? wǒ néng bāng nín shénme máng ma?

핵심어휘

按 ⓓ 손으로 누르다
àn / 안

呼叫钮 ⓜ 호출기
hūjiàoniǔ / 후지아오니우

头 ⓜ 머리
tóu / 토우

疼 ⓗ 아프다
téng / 텅

厉害 ⓗ 대단하다, 심각하다
lìhai / 리하이

手脚 ⓜ 손과 발
shǒujiǎo / 쇼우지아오

凉 ⓗ 차갑다, 서늘하다
liáng / 리앙

恐怕 ⓑ 아마 ~일 것이다
kǒngpà / 콩파

重感冒 ⓜ 악성감기
zhònggǎnmào / 중간마오

승무원　선생님, 호출기 누르셨죠? 무슨 일이시죠?

승객　저 머리가 너무 아파요. 손과 발이 찬 게, 아마 악성감기인 것 같아요.

승무원　괜찮으신가요? 제가 어떻게 도와드려야 하죠?

넝 게이워 이디엔 러 인리아오 마?

能给我一点热饮料吗?

néng gěi wǒ yìdiǎn rè yǐnliào ma?

워 칸 닌 잉가이 츠 디엔 야오,

我看您应该吃点药,

wǒ kàn nín yīnggāi chīdiǎnyào,

워먼 요시에 즈 간마오더 야오.

我们有些治感冒的药。

wǒmen yǒuxiē zhì gǎnmào de yào.

워 게이 닌 나 시에라이. (우펀중호우)

我给您拿些来。(5分钟后)

wǒ gěi nín ná xiē lái. 5 fēnzhōng

게이 닌 카이슈에이 흐 야오, 시엔 푸 샹 리앙 리 야오.

给您开水和药, 先服上两粒药。

gěi nín kāishuǐ hé yào, xiān fú shàng liǎng lì yào.

핵심어휘

热饮料 ㊔ 따뜻한 음료
rè yǐnliào / 러 인리아오

应该 ㊖ ~해야 한다
yīnggāi / 잉가이

吃 ㊖ 먹다, 마시다
chī / 츠

点 ㊕ 조금
diǎn / 디엔

有些 ㊓ 조금, 약간
yǒuxiē / 요시에

治 ㊖ 치료하다, 관리하다
zhì / 즈

药 ㊔ 약
yào / 야오

开水 ㊔ 끓인 물
kāishuǐ / 카이슈에이

服 ㊖ 복용하다
fú / 푸

粒 ㊕ 알, 톨, 입자, ㊔ 알갱이
lì / 리

승객　따뜻한 음료 좀 주실 수 있으신가요?

승무원　제가 볼 때 약을 드셔야 될 것 같습니다. 저희한테 감기약이 있습니다. 제가 갖다드리겠습니다. (5분 후) 여기 물과 약입니다. 2알을 드시면 됩니다.

요구응대

051 저희 항공기에 해열제가 있습니다

워먼 항반 샹 요 투이샤오 야오

뉘슈, 닌 요 션머 슈얼 마?
女士，您有什么事儿吗？
nǚshì, nín yǒu shénme shìer ma?

시아오지에, 워 더 얼즈 투란 퐈샤오 르.
小姐，我的儿子突然发烧了。
xiǎojiě, wǒ de érzi tūrán fāshāo le.

자오샹 원두 시아라이르, 커 시엔자이 요 가오르 점머반?
早上温度下来了，可现在又高了怎么办？
zǎoshang wēndù xiàláile, kě xiànzài yòu gāole zěnmebàn?

뉘슈, 닌 비에 단신, 워먼 항반 샹 요 투이샤오 야오.
女士，您别担心，我们航班上有退烧药。
nǚshì, nín bié dānxīn, wǒmen hángbān shàng yǒu tuìshāo yào.

타 하이 부다오 산 수이, 넝 츠 마?
他还不到3岁，能吃吗？
tā hái búdào 3 suì, néng chīmā?

핵심어휘

- 儿子 명 아들 — érzi / 얼즈
- 突然 부 갑자기 — tūrán / 투란
- 发烧 동 열이 나다 — fāshāo / 퐈샤오
- 温度 명 온도 — wēndù / 원두
- 退烧药 명 해열제 — tuìshāo yào / 투이샤오 야오
- 3岁 명 3살 — sān suì / 산 수이

승무원 여사님, 무슨 일 있으십니까?
승객 아가씨, 제 아들이 갑자기 열이 나기 시작했어요. 아침에 온도가 내려갔는데, 지금 또 높아졌네요. 어떡하죠?
승무원 여사님, 걱정하지 마세요. 저희 항공기에 해열제가 있습니다.
승객 아직 3살이 안됐는데, 먹어도 되나요?

워먼 요 주안먼 더 얼통 야오.

我们有专门的儿童药。

wǒmen yǒu zhuānmén de értóng yào.

핵심어휘

专门 ⓗ 전문적이다 ⓑ 전문적으로
zhuānmén / 주안먼

儿童 ⓜ 아동
értóng / 얼통

승무원 아동 전용 약이 있습니다.

아프다는 표현과 신체 부위

기내는 지상과 달리 기압이 달라 평소 없던 증세가 나타나 몸이 불편한 경우가 종종 있다. 아프다는 표현은 신체 여러 부위와 연결되어 사용할 수 있다. 책에서는 배, 귀, 머리 관련 예문을 실었지만, 다양하게 표현을 응용해서 활용해보자. 아래 단어는 이 책에서 제공하고 있는 오디오 파일(신체부위.mp3)*을 들으며 참고하기 바란다.

MP3 파일 있는 곳

- 진서원 홈페이지(www.jinswon.co.kr) 자료실 '승무원 중국어'검색
- 저자 블로그(blog.naver.com/yuting827) '승무원 중국어' 검색)

'한걸음더' 압축파일을 풀면 해당 파일을 찾을 수 있다.

얼굴	脸	liǎn [리엔]
머리	头	tóu [토우]
눈	眼睛	yǎnjing [옌징]
코	鼻子	bízi [비즈]
입	嘴	zuǐ [주이]
귀	耳朵	ěrduo [얼두오]
치아	牙齿	yáchǐ [야츠]
목	脖子	bózi [보즈]
어깨	肩膀	jiānbǎng [지엔방]
가슴	胸脯	xiōngpú [시옹푸]
옆구리	肋部	lèibù [레이부]

등	背	bèi [뻬이]
배	肚子	dùzi [두즈]
허리	腰	yāo [야오]
엉덩이	屁股	pìgu [피구]
팔	手臂	shǒubì [쇼우비]
손	手	shǒu [쇼우]
다리	腿	tuǐ [투이]
무릎	膝盖	xīgài [시가이]
발	脚	jiǎo [지아오]
발가락	脚指	jiǎozhǐ [지아오즈]

요구응대

052 승객 분들께 서비스하는 것이 저희의 의무입니다

웨 청커 푸우 슈 워먼 더 이우

시아오지에, 즌슈 타이 마퐌 닌 르.

小姐，真是太麻烦您了。

xiǎojiě, zhēnshì tài máfan nín le.

부 마퐌, 넝 웨이 닌 푸우 워 흔 가오싱.

不麻烦，能为您服务我很高兴。

bù máfan, néng wèi nín fúwù wǒ hěn gāoxìng.

칭 쇼우 시아 즈 시아오페이.

请收下这小费。

qǐng shōu xià zhè xiǎofèi.

부, 부, 워먼 부 지에쇼우 시아오페이더,

不…… 不…… 我们不接受小费的，

bù bù wǒmen bù jiēshòu xiǎofèi de,

웨이 청커 푸우 슈 워먼 더 이우. 시에시에 닌르.

为乘客服务是我们的义务。谢谢您了。

wèi chéngkè fúwù shì wǒmen de yìwù. xièxie nín le.

핵심어휘

小姐 명 아가씨
xiǎojiě / 시아오지에

太 부 매우
tài / 타이

麻烦 형 귀찮다, 번거롭다, 동 귀찮게 하다
máfan / 마퐌

为 전 ~을 위해서, ~에게
wèi / 웨이

服务 동 서비스하다
fúwù / 푸우

高兴 형 기쁘다 동 ~하기를 좋아하다
gāoxìng / 가오싱

收 동 받아들이다
shōu / 쇼우

小费 명 팁
xiǎofèi / 시아오페이

接受 동 받아들이다, 접수하다
jiēshòu / 지에쇼우

义务 명 의무, 책임
yìwù / 이우

승객 아가씨, 정말 번거롭게 했네요.

승무원 번거롭지 않습니다. 손님께 서비스를 할 수 있어서 정말 기쁩니다.

승객 여기 팁 받으세요.

승무원 아니에요, 아니에요, 저희는 팁은 받지 않습니다. 승객 분들께 서비스하는 것이 저희의 의무입니다. 감사합니다.

워 페이창 가오싱 더 칸다오 자이 한구어 푸우 유에라이유에 하오.

我非常高兴地看到在韩国服务越来越好。

wǒ fēicháng gāoxìng de kàndào zài Hánguó fúwù yuèláiyuè hǎo.

팅다오 즈시에 즌 랑 런 가오싱.

听到这些真让人高兴。

tīngdào zhèxiē zhēn ràng rén gāoxìng.

단슈 워먼더 푸우 하이요 쉬두오 디팡 쉬야오 가이진.

但是我们的服务还有许多地方需要改进。

dànshì wǒmen de fúwù háiyǒu xǔduōdìfāng xūyào gǎijìn.

닌 타이 치엔쉬르.

您太谦虚了。

nín tài qiānxūle.

핵심어휘

非常 ㊙ 대단히, 매우
fēicháng / 페이창

高兴 ㉻ 기쁘다
gāoxìng / 가오싱

越来越 ㊙ 점점 더, 갈수록
yuèláiyuè / 유에라이유에

听到 ㉧ 듣다
tīngdào / 팅다오

这些 ㉹ 이런 것들
zhèxiē / 즈시에

让 ㉧ ~에게 ~하도록 시키다
ràng / 랑

许多 ㉻ 매우 많다
xǔduō / 쉬두어

改进 ㉧ 개선하다
gǎijìn / 가이진

谦虚 ㉻ 겸손하다, 겸허하다
qiānxū / 치엔쉬

승객 한국의 서비스가 갈수록 좋아지고 있는 걸 보니 무척 기쁩니다.

승무원 그런 말을 들으니 정말 기쁘네요. 하지만 저희 서비스는 아직 많은 부분이 개선되어야 합니다.

승객 굉장히 겸손하시네요.

요구응대

053 이것은 세탁 쿠폰입니다

즈 슈 간시 더 정츄엔

아이요, 슈자이 두이부치, 워 타이 추신르!

哎呦，实在对不起，我太粗心了！

āi yōu, shízai duìbùqǐ, wǒ tài cūxīnle!

워 취 나 마오진 라이 게이 닌 차 간징.

我去拿毛巾来给您擦干净。

wǒ qù ná máojīn lái gěi nín cā gānjìng.

부야오 진.

不要紧。

bú yào jǐn.

워 두이 츠 션간 바오치엔.

我对此深感抱歉。

wǒ duì cǐ shēngǎn bàoqiàn.

핵심어휘

实在 ㉮ 정말
shízai / 슈자이

对不起 ㉯ 미안합니다
duìbùqǐ / 두이부치

粗心 ㉰ 세심하지 못하다
cūxīn / 추신

毛巾 ㉱ 수건, 타월
máojīn / 마오진

擦 ㉯ 닦다, 문지르다
cā / 차

干净 ㉰ 깨끗하다, 청결하다
gānjìng / 간징

紧 ㉰ 바쁘다, 급박하다, 긴장해 있다
jǐn / 진

深感 ㉯ 깊이 느끼다
shēngǎn / 션간

抱歉 ㉯ 미안해하다
bàoqiàn / 바오치엔

승무원 어머나, 정말 죄송합니다. 제가 조심하지 못했습니다. 수건을 가져와서 깨끗이 닦아드리겠습니다.

승객 급하게 하지 마세요.

승무원 이 일에 대해서 정말 죄송합니다.

즈 슈 간시 더 정취엔.
这是干洗的赠券。
zhè shì gānxǐ de zèngquàn.

부관 취 나거 펀디엔 후오슈 지창 더 구이타이 도우 커이 용.
不管去哪个分店或是机场的柜台都可以用。
bùguǎn qù nǎgè Fēndiàn huòshì jīchǎng de guìtái dōu kěyǐ yòng.

하오더, 워 즈다오르.
好的，我知道了。
hǎo de, wǒ zhīdàole.

핵심 어휘

干洗 ㉿ 세탁하다, 드라이하다
gānxǐ / 간시

赠券 ㉾ 쿠폰, 선물권
zèngquàn / 정취엔

不管 ㉽ ~를 막론하고, 상관없이
bùguǎn / 부관

分店 ㉾ 분점, 지점
Fēndiàn / 펀디엔

柜台 ㉾ 창구, 카운터
guìtái / 구이타이

都 ㉼ 모두
dōu / 도우

知道 ㉿ 알다
zhīdào / 즈다오

이것은 세탁 쿠폰입니다. 어느 분점을 가시든, 공항 카운터에서든 전부 사용 가능합니다.

승객 네, 알겠습니다.

요구응대

054 여기 일회용 면도기입니다

게이 닌 이츠싱 티쉬다오

페이지 리 요 야슈아 마? 게이 워 야슈아 하오 마?

飞机里有牙刷吗？给我牙刷好吗？

fēijī lǐ yǒu yáshuā ma? gěi wǒ yáshuā hǎo ma?

야슈아 자이 시쇼우지엔 리, 칭 닌 취 시쇼우지엔 칸 칸.

牙刷在洗手间里，请您去洗手间看看。

yáshuā zài Xǐshǒujiān lǐ, qǐng nín qù Xǐshǒujiān kàn kàn.

요 디엔동 티쉬다오 마?

有电动剃须刀吗？

yǒu diàndòng tìxūdāo ma?

두이부치, 페이지샹 메이요 디엔동 티쉬다오. 이츠싱 티쉬다오 싱마?

对不起，飞机上没有电动剃须刀。一次性剃须刀行吗？

duìbùqǐ, fēijī shàng méiyǒu diàndòng tìxūdāo. yícìxìng tìxūdāo xíng ma?

핵심어휘

牙刷 명 칫솔
yáshuā / 야슈아

洗手间 명 화장실
Xǐshǒujiān / 시쇼우지엔

看 동 보다
kàn / 칸

电动剃须刀 명 전기면도기
diàndòng tìxudāo / 디엔동 티쉬다오

没有 동 없다
méiyǒu / 메이요

승객 기내에 칫솔이 있나요? 칫솔 하나만 주실 수 있나요?

승무원 칫솔은 화장실에 있습니다. 화장실에 가서 한번 보십시오.

승객 전기면도기 있나요?

승무원 죄송하지만 기내에 전기면도기는 없습니다. 일회용 면도기도 괜찮으십니까?

나예싱,　　　　게이워바!

那也行，给我吧!

nà yě xíng, gěi wǒ bā!

게이 닌 이츠싱 티쉬다오,

给您一次性剃须刀，

gěi nín yícìxìng tìxūdāo,

메이요 닌 야오더 우핀 흔 바오치엔.

没有您要的物品很抱歉。

méiyǒu nín yào de wùpǐn hěn bàoqiàn.

핵심어휘

一次性 ⓗ 일회용인
yícìxìng / 이츠싱

物品 ⓜ 물품
wùpǐn / 우핀

抱歉 ⓓ 미안해하다
bàoqiàn / 바오치엔

승객　그것도 괜찮아요, 주세요!

승무원　여기 일회용 면도기입니다. 찾으신 물건이 없어서 죄송합니다.

따뜻한 차 1잔 주세요

칭 라이 베이 러차 바

시아오지에, 니먼 셤머슈호우 공잉 인리아오, 워 요디엔 커르.
小姐，你们什么时候供应饮料，我有点渴了。
xiǎojiě, nǐmen shénmeshíhòu gōngyìng yǐnliào, wǒ yǒudiǎn kěle.

워먼 정자이 준베이, 칭 샤오호우. 닌 야오 셤머, 시엔셩?
我们正在准备，请稍候。(10分钟后) 您要什么，先生？
wǒmen zhèngzài zhǔnbèi, qǐng shāohòu. nín yào shénme, xiānsheng?

카페이, 차 하이슈 구어즈.
咖啡，茶还是果汁。
kāfēi, chá háishì guǒzhī.

칭 라이 베이 러차 바.
请来杯热茶吧。
qǐng lái bēi rèchá bā.

닌 야오 뤼차 하이슈 홍차?
您要绿茶还是红茶？
nín yào lǜchá háishì hóngchá?

핵심어휘

什么时候 ㊀ ㊁ 언제
shénmeshíhòu / 셤머슈호우

供应 ㊂ 제공하다
gōngyìng / 공잉

饮料 ㊃ 음료
yǐnliào / 인리아오

渴 ㊄ 목마르다, 갈증나다
kě / 커

正在 ㊅ 지금 ~하고 있다
zhèngzài / 정자이

准备 ㊂ 준비하다, ㊃ 준비
zhǔnbèi / 준베이

승객 아가씨, 언제 음료를 제공해주나요? 약간 목이 말라서요.
승무원 지금 준비하고 있습니다, 잠시만 기다리세요. (10분 후) 어떤 걸 원하십니까, 선생님? 커피, 차 주스가 있습니다.
승객 따뜻한 차 1잔 주세요.
승무원 녹차와 홍차 중 어떤 걸 원하세요?

워 시앙 야오 푸얼차.
我想要普洱茶。
wǒ xiǎng yào pǔ'ěrchá.

페이창 바오치엔, 워먼 페이지 샹 메이요. 야오디엔 비에더 마?
非常抱歉，我们飞机上没有。要点别的吗？
fēicháng bàoqiàn, wǒmen fēijī shàng méiyǒu. yàodiǎn biéde ma?

닌 라이 디엔 모리후아차 바.
您来点茉莉花茶吧。
nín lái diǎn mòlìhuāchá bā.

싱, 라이 이 베이 바.
行，来一杯吧。
xíng, lái yí bēi bā.

게이 닌, 시엔셩. 닌 런웨이 즈 차 젼머양?
给您，先生。您认为这茶怎么样？
gěi nín, xiānsheng. nín rènwéi zhè chá zěnmeyàng?

은 …… 흔하오. 시에시에.
嗯…… 很好。谢谢。
ēn hěnhǎo. xièxie.

핵심어휘

热茶 명 따뜻한 차
rèchá / 러차

还是 접 또는
háishi / 하이슈

普洱茶 명 보이차
pǔ'ěrchá / 푸얼차

抱歉 동 미안해하다, 죄송하다
bàoqiàn / 바오치엔

要 동 요구하다
yāo / 야오

点 동 주문하다
diǎn / 디엔

别的 대 다른 것
biéde / 비에더

茉莉花茶 명 자스민차
mòlìhuāchá / 모리후아차

杯 양 잔, 컵
bēi / 베이

승객 저는 보이차를 원해요.
승무원 정말 죄송합니다, 저희 항공기에 준비되지 않았습니다. 다른 걸 주문하시겠습니까? 자스민차는 어떻습니까?
승객 좋아요. 1잔 주세요.
승무원 여기 있습니다, 선생님. 이 차가 어떠십니까?
승객 음…… 매우 좋네요. 감사합니다.

기내 음료 서비스에서 꼭 알아야 할 '차'

기내 음료 서비스에서 중국 손님이라면 차는 빠져서는 안되는 하나의 전통식품이다. 물론 지금은 커피를 마시는 중국인들이 늘어나서, 갈수록 커피숍을 창업하는 사람들이 늘어나고 있고, 실제 필자가 있던 곳의 스타벅스는 한국보다 2배 정도 비싼 가격이었지만 중국인들이 줄을 서서 먹을 정도로 커피 사랑이 불고 있다.

하지만 그래도 중국 하면 역시 떨어질 수 없는 차! 그 역시 종류가 어마어마하다. 여기서는 가장 기본적인 것만 몇 가지 중국어로 익혀두도록 하자. 아래 단어는 이 책에서 제공하고 있는 오디오 파일(차.mp3)*을 들으며 참고하기 바란다.

MP3 파일 있는 곳

- 진서원 홈페이지(www.jinswon.co.kr) 자료실 '승무원 중국어' 검색
- 저자 블로그(blog.naver.com/yuting827) '승무원 중국어' 검색)

'한걸음더' 압축파일을 풀면 해당 파일을 찾을 수 있다.

绿茶	lǜchá / 뤼차	녹차
红茶	hóngchá / 홍차	홍차
乌龙茶	wūlóngchá / 우롱차	우롱차
普洱茶	pǔ'ěrchá / 푸얼차	보이차
花茶	huāchá / 화차	화차
玫瑰花茶	méiguīhuā chá / 메이구이화차	장미차
茉莉花茶	mòlìhuāchá / 모리화차	자스민차
砖茶	zhuānchá / 주안차	전차(벽돌차. 차를 틀에 박아 벽돌 모양으로 건조한 것)
碧螺春	bìluóchūn / 비루춘	벽돌차(녹차의 일종)
君山银针	Jūnshān yínzhēn / 쥔샨인즌	후난성의 대표적인 차
白茶	báichá / 바이차	백차(발효하지도 비비지도 않은 차)

요구응대

056 스테이크가 덜 익어서 못 먹겠어요

즈 니우파이 부타이 슈, 워 부넝 츠

시아오지에, 즈 니우파이 부타이 슈, 워 부넝 츠.
小姐，这牛排不太熟，我不能吃。
xiǎojiě, zhè niúpái bú tài shú, wǒ bùnéng chī.

오, 두이부치, 시엔셩.
哦，对不起，先生。
ò, duìbùqǐ, xiānsheng.

워 게이 닌 나후이 추팡 추옹신 지아공 이시아 하오마?
我给您拿回厨房重新加工一下好吗？
wǒ gěi nín náhuí chúfáng chóngxīn jiāgōng yíxià hǎo ma?

시에시에, 칭 자이 두오 카오 지펀중.
谢谢，请再多烤几分钟。
xièxie, qǐng zài duō kǎo jǐfēnzhōng.

핵심어휘

牛排 명 스테이크
niúpái / 니우파이

熟 형 익다
shú / 슈

不能 동 ~할 수가 없다
bùnéng / 부넝

拿回 동 가져오다
náhuí / 나후이

重新 부 다시
chóngxīn / 추옹신

加工 동 가공하다
jiāgōng / 지아공

烤 동 굽다
kǎo / 카오

几分钟 명 몇 분
jǐfēnzhōng / 지펀중

승객 아가씨, 스테이크가 덜 익어서 못 먹겠어요.
승무원 아, 죄송합니다, 선생님. 제가 주방으로 가져가서 다시 해다 드려도 될까요?
승객 고맙습니다. 몇 분 정도만 더 익혀주세요.

시엔성, 시엔자이 점머양? 하오디얼르 마?

先生，现在怎么样？好点儿了吗？

xiānsheng, xiànzài zěnmeyàng? hǎo diǎner le ma?

잉 더 도우 야오 부동.

硬得都咬不动。

yìng de dōu yǎo bú dòng.

즌 두이부치, 워 마샹 게이 닌 후안 이펀.

真对不起，我马上给您换一份。

zhēn duìbùqǐ, wǒ mǎshàng gěi nín huàn yífèn.

워 슈 이밍 신쇼우,

我是一名新手，

wǒ shì yìmíng xīnshǒu,

진티엔 슈 워 디이티엔 웨이 청커 푸우, 칭 두오 유엔리앙.

今天是我第一天为乘客服务，请多原谅。

jīntiān shì wǒ dìyītiān wèi chéngkèfúwù, qǐng duō yuánliàng.

오, 워 밍바이르, 메이관시.

噢，我明白了，没关系。

ō, wǒ míngbáile, méiguānxì.

핵심어휘

硬 형 단단하다, 딱딱하다
yìng / 잉

咬 동 물다, 깨물다
yǎo / 야오

马上 부 금방, 곧
mǎshàng / 마샹

换 동 교환하다, 바꾸다
huàn / 후안

新手 명 초보자
xīnshǒu / 신쇼우

第一天 명 첫날
dìyītiān / 디이티엔

原谅 동 양해하다, 용서하다
yuánliàng / 유엔리앙

승무원 선생님, 지금은 어떠세요? 괜찮아졌나요?

승객 딱딱해서 깨물 수가 없어요.

승무원 정말 죄송합니다. 제가 금방 다시 바꿔드릴게요. 제가 초보라서, 오늘이 제가 처음으로 승객 분들께 서비스하는 날입니다. 양해해주시길 바랍니다.

승객 아, 이해합니다. 괜찮아요.

요구응대

057 장난감을 가져올 테니, 아이에게 한번 줘보세요

워 취 나 라이 이시에 완쥐 게이 타 슈슈바

뉘슈, 하이즈 메이슈얼 마? 점머 이즈 쿠 즈 너?
女士，孩子没事儿吗？怎么一直哭着呢？
nǚshì, háizi méishìer ma? zěnme yìzhí kū zhe ne?

슈부슈 날 부 슈푸?
是不是哪儿不舒服？
shìbúshì nǎer bù shūfu?

워 예 부즈다오, 예쉬 슈 디이츠 주오 페이지,
我也不知道，也许是第一次坐飞机，
wǒ yě bùzhīdào, yěxǔ shì dìyīcì zuò fēijī,

하이즈 요디얼 부 슈잉 바,
孩子有点儿不适应吧，
háizi yǒudiǎner bú shìyìng bā,

총라이 메이요 즈머 창 슈지엔 쿠 구어. 부하오이스!
从来没有这么长时间哭过。不好意思！
cónglái méiyǒu zhème cháng shíjiān kū guò. bùhǎoyìsī!

핵심어휘

孩子 명 어린이
háizi / 하이즈

没事儿 동 괜찮다
méishìer /메이슈얼

一直 부 계속, 줄곧
yìzhí / 이즈

也许 부 아마도, 어쩌면
yěxǔ / 예쉬

第一次 명 맨 처음
dìyīcì / 디이츠

适应 동 적응하다
shìyìng / 슈잉

从来 부 지금까지
cónglái / 총라이

长 형 길다
cháng / 창

时间 명 시간
shíjiān / 슈지엔

승무원 여사님, 아이가 괜찮나요? 왜 계속 울죠? 어디 불편한 거 아닐까요?

승객 저도 잘 모르겠어요. 아마 처음으로 비행기를 타서 아이가 적응을 아직 못한 것 같아요. 한 번도 이렇게 긴 시간 동안 운 적이 없거든요. 죄송합니다.

닌 비에자오지,　　치타 청커 예 후이 리지에 더,

您别着急，其他乘客也会理解的，

nín bié zháojí, qítā chéngkè yě huì lǐjiě de,

워 취 나 라이 이시에 완쥐 게이 타 슈슈바.

我去拿来一些玩具给他试试吧。

wǒ qù nálái yìxiē wánjù gěi tā shìshì bā.

하오더,　　시에시에!

好的，谢谢!

hǎo de, xièxie!

핵심어휘

哭 ⓓ 소리내어 울다
kū / 쿠

过 ⓙ ~적이 있다
guo / 구어

理解 ⓓ 이해하다
lǐjiě / 리지에

玩具 ⓜ 완구, 장난감
wánjù / 완쥐

他 ⓓ 그, 그 사람
tā / 타

승무원　조급해하지 마세요, 다른 승객 분들도 이해해주실 거예요. 제가 장난감을 가져올 테니, 아이에게 한번 줘보세요.

승객　　네, 감사합니다!

도착하는 시간과, 시차가 얼마나 되나요?

다오다 더 슈지엔 이지 리앙디 더 슈차 슈 두오샤오 마?

닌 넝 가오수 워 다오다 더 슈지엔 이지 리앙디 더 슈차 슈 두오샤오 마?

您能告诉我到达的时间以及两地的时差是多少吗?

nín néng gàosu wǒ dàodá de shíjiān yǐjí liǎngdì de shíchā shì duōshǎo ma?

하오더,　워먼잉가이당자이 당디슈지엔 시아우 스디엔 디다

好的，我们应当在当地时间下午4点抵达

hǎo de, wǒmen yīngdāng zài dāngdìshíjiān xiàwǔ 4 diǎn dǐdá

지아나다,　지아나다 위 베이징 더 슈차 슈 바 거 시아오슈.

加拿大，加拿大与北京的时差是8个小时。

Jiānádà, Jiānádà yǔ Běijīng de shíchā shì 8 gè xiǎoshí.

하오더,　페이창 간시에.

好的，非常感谢。

hǎo de, fēicháng gǎnxiè.

부커치.

不客气。

bú kèqi.

핵 심 어 휘

到达 ⓢ 도착하다
dàodá / 다오다

时差 ⓜ 시차
shíchā / 슈차

多少 ⓓ 얼마나
duōshǎo / 두오샤오

当地时间 ⓜ 현지 시간
dāngdìshíjiān / 당디슈지엔

下午 ⓜ 오후
xiàwǔ / 시아우

加拿大 ⓜ 캐나다
Jiānádà / 지아나다

北京 ⓜ 북경
Běijīng / 베이징

感谢 ⓢ 감사합니다
gǎnxiè / 간시에

승객　제가 도착하는 시간, 그리고 시차가 얼마나 되나요?

승무원　네, 저희는 그곳 시간으로 오후 4시에 캐나다에 도착하고, 캐나다와 북경의 시차는 8시간입니다.

승객　알겠습니다. 감사합니다.

승무원　천만에요.

시차

059 한국까지 얼마나 걸리나요?

페이왕 한구오 야오 두오창 슈지엔?

총 하얼빈 페이 왕 한구오 야오 두오창 슈지엔?

从哈尔滨飞往韩国要多长时间?

cóng Hā'ěrbīn fēi wǎng Hánguó yào duōcháng shíjiān?

워먼 더 페이싱 슈지엔 다유에 리앙거 시아오슈.

我们的飞行时间大约两个小时。

wǒmen de fēixíng shíjiān dàyuē liǎnggè xiǎoshí.

페이 두오 가오?

飞多高?

fēi duō gāo?

다유에 하이바 이완 미.

大约海拔10000米。

dàyuē hǎibá10000 mǐ.

나너 페이 싱 수두 너?

那么飞行速度呢?

nàme fēixíng sùdù ne?

승객 하얼빈에서 한국까지 얼마나 걸리나요?

승무원 저희 비행시간은 약 2시간입니다.

승객 고도는 얼마나 되죠?

승무원 대략 해발 1만 미터입니다.

승객 비행 속도는요?

핵심어휘

从 ㊔ 수행자, 직원
cóng / 총

飞往 ㊍ 비행기로 향하다
fēi wǎng / 페이 왕

大约 ㊕ 대략, 아마도
dàyuē / 다유에

两个小时 ㊔ 2시간
liǎnggè xiǎoshí / 리앙거 시아오슈

海拔 ㊔ 해발
hǎibá / 하이바

米 ㊣ 미터
mǐ / 미

速度 ㊔ 속도
sùdù / 수두

쉰항 수두 다유에 메이 시아오슈 지우빠이 공리.

巡航速度大约每小时900公里。

xúnháng sùdù dàyuē měi xiǎoshí 900 gōnglǐ.

핵 심 어 휘

巡航 ⓓ 순항하다
xúnháng / 쉰항

승무원 순항 속도는 대략 매시간 900킬로미터입니다.

중국인이 가장 좋아하는 숫자는 8과 6

어느 나라나 사회적 관습이나 풍속이 있게 마련인데, 중국인들이 생각하는 숫자의 의미를 이해한다면 한층 더 깊은 인간관계를 형성할 수 있을 것이다. 중국인들은 대체로 발음이 같은 글자에 의미를 두어 생각하는 경향이 있다.

숫자 8(八)은 중국어 발음으로 [ba](빠)인데, '돈을 벌다, 재산을 모으다'는 뜻을 가진 發[fa]와 발음이 비슷해서 중국인들은 숫자 8을 가장 좋아한다. 중국인들의 숫자 8에 대한 사랑은 우리가 생각하는 것 이상이다. 2008년 북경올림픽을 떠올려보자. 북경올림픽은 2008년 8월 8일 8시 8분 8초에 개막식을 했다. 이것만 봐도 중국인들의 숫자 8 사랑을 다시 한 번 느낄 수 있다. 중국인들이 좋아하는 숫자 8! 그들의 숫자 8에 대한 사랑은 명절 때 주고받는 선물의 가격이나 선물 개수는 물론, 8.8원, 88원, 238원 등 8로 끝나는 아주 평범한 생활용품의 가격표에서도 흔히 볼 수 있다.

이런 가격표를 보면 중국인들은 자신도 모르게 기분이 좋아져서 가격이 조금 비쌀지라도 흥정 없이 물건을 구입한다고 하니 이 얼마나 대단한 숫자인가? 중국 상점에서 가격을 흥정할 때 웬만하면 28, 268 등 8자로 끝나는 가격으로 흥정해야 좀더 쉽게 가격흥정을 할 수 있다는 점도 기억해두자.

588[wǔ bā bā]도 발음이 '余(予)發發'[yúfāfā](나는 부자가 된다)와 비슷해서 좋아한다. 자동차 번호, 전화번호에도 숫자 8을 넣기 위해서 관련 부서에 큰돈을 주고 번호를 사기도 한다. 끝자리가 8888로 끝나는 번호의 경우 몇백만원이 넘어도 금방 팔려나간다. 뿐만 아니라 회사나 호텔이나 노래방에서 88번 8번 방을 얻기 위해서 2~3배가 넘는 가격을 치러야 한다. 이번에 필자가 중국여행 중 핸드폰 번호 개통시 8이 1개만 들어가도 추가요금을 내야 한다고 해서 결국 8이 전혀 없는 번호를 구입해야 했다. 정말 대단한 8 사랑이다. 앞으로 우리나라 역시 숫자와 관련된 마케팅만 잘해도 중국 고객을 유치하는 데 엄청난 효과를 발휘할 수 있을 것이다.

다음으로 6은 발음 때문에 좋아하는 숫자다. 六은 [liù](4성)로 流[liú](2성)와 동음이다. 流는 '잘 진행된다'는 뜻이다. 중국인 속담 가운데 六六大順(육육대순)이라는 말이 있는데, 이 말은 나이가 66세일 때 일이 가장 잘 풀린다는 말이다.

시차

060 항공기는 정시에 목적지에 도착할 것입니다

페이지 슈 커이 준슈 다오다 무디디

즈 반 페이지 후이 준슈 다오다 마?

这班飞机会准时到达吗?

zhè bān fēijī huì zhǔnshí dàodá ma?

닌 요 션머 슈칭 마?

您有什么事情吗?

nín yǒu shénme shìqing ma?

인웨이 워 단신 넝포우 간샹 주안지 반지.

因为我担心能否赶上转机班机。

yīnwèi wǒ dānxīn néngfǒu gǎnshàng zhuǎnjī bānjī.

루구오 메이요 터슈 더 티엔치 티아오지엔 더 후아,

如果没有特殊的天气条件的话,

rúguǒ méiyǒu tèshū de tiānqì tiáojiàn de huà,

페이지 슈 커이 준슈 다오다 무디디.

飞机是可以准时到达目的地。

fēijī shì kěyǐ zhǔnshí dàodá mùdìdì.

핵심어휘

准时 부 정시에, 제때에
zhǔnshí / 준슈

事情 명 일
shìqing / 슈칭

因为 접 때문에, 왜냐하면
yīnwèi / 인웨이

能否 부 ~할 수 있을까
néngfǒu / 넝포우

赶上 동 따라잡다, 시간에 대다
gǎnshàng / 간샹

转机 동 비행기를 갈아타다
zhuǎnjī / 주안지

班机 명 정기항공편
bānjī / 반지

如果 접 만일 ~라면
rúguǒ / 루구오

特殊 형 특수하다
tèshū / 터슈

天气 명 날씨
tiānqì / 티엔치

승객 이 비행기 정시에 도착하나요?

승무원 손님, 무슨 일 있으십니까?

승객 왜냐면 바로 환승할 수 있는지 걱정이 되어서요.

승무원 기후에서 특별한 사항이 발생하지 않는 한, 항공기는 정시에 목적지에 도착할 것입니다.

나 워 지우 팡신르, 시에시에!
那我就放心了，谢谢!
nà wǒ jiù fàngxīnle, xièxie!

요 션머 쉬야오 닌 자이 지아오 워.
有什么需要您在叫我。
yǒu shénme xūyào nín zài jiào wǒ.

핵심어휘

条件 ㉮ 조건
tiáojiàn / 티아오지엔

准时 ㉯ 정시에
zhǔnshí / 준슈

目的地 ㉮ 목적지
mùdìdì / 무디디

승객 그럼 안심이군요. 감사합니다!

승무원 뭐 필요한 게 있으면 저를 부르세요.

연착

061 날씨가 호전된 후에 이륙을 하겠습니다

쉬야오 티엔치 하오주안르 이호우 차이 커이 치페이

다라오 이시아, 시아오지에. 워 강차이 팅다오 구앙보,
打扰一下，小姐。我刚才听到广播，
dǎrǎo yíxià, xiǎojiě. wǒ gāngcái tīngdào guǎngbō,

슈오어 페이지 시엔자이 부넝 치페이, 웨이션머?
说飞机现在不能起飞，为什么？
shuō fēijī xiànzài bùnéng qǐfēi, wèishénme?

부하오이스, 시엔셩, 인웨이 시엔자이 시아 즈언위,
不好意思，先生，因为现在下阵雨，
bùhǎoyìsī, xiānsheng, yīnwèi xiànzài xià zhènyǔ,

후이 두이 페이지 치페이 자오청 잉시앙,
会对飞机起飞造成影响，
huì duì fēijī qǐfēi zàochéng yǐngxiǎng,

수오이 쉬야오 티엔치 하오주안 르 이호우 차이 커이 치페이.
所以需要天气好转了以后才可以起飞。
suǒyǐ xūyào tiānqì hǎozhuǎn le yǐhòu cái kěyǐ qǐfēi.

핵심어휘

打扰 ㉭ 방해하다
dǎrǎo / 다라오

刚才 ㉮ 방금
gāngcái / 강차이

听到 ㉭ 들었다
tīngdào / 팅다오

广播 ㉮ 방송, ㉭ 방송하다
guǎngbō / 구앙보

说 ㉭ 말하다
shuō / 슈오어

阵雨 ㉮ 소나기
zhènyǔ / 즈언위

影响 ㉮ 영향, ㉭ 영향을 주다
yǐngxiǎng / 잉시앙

好转 ㉭ 호전되다
hǎozhuǎn / 하오주안

승객 죄송한데요, 아가씨. 방금 방송에서 지금 이륙을 못한다고 하는데, 왜죠?

승무원 죄송합니다, 선생님. 지금 소나기가 내려서 이륙에 영향을 주었습니다. 날씨가 호전된 후에 이륙을 하겠습니다.

나머 후이 옌우 두오지우 너?
那么会延误多久呢?
nàme huì yánwù duōjiǔ ne?

콩즈 타 슈오 즈슈 즌위,
控制塔说只是阵雨,
kòngzhì tǎ shuō zhǐshì zhènyǔ,

잉가이 부후이 용 타이창 더 슈지엔.
应该不会用太长的时间。
yīnggāi búhuì yòng tàicháng de shíjiān.

오, 슈 즈양, 시에시에.
噢，是这样，谢谢。
ō, shì zhèyàng, xièxie.

부용시에, 루구오 자이 퐈셩 치타 칭쾅 워먼 후이 통즈 닌.
不用谢，如果在发生其他情况我们会通知您。
búyòng xiè, rúguǒ zài fāshēng qítā qíngkuàng wǒmen huì tōngzhī nín.

핵심어휘

延误 ㊍ 지체하다
yánwù / 옌우

控制塔 ㊔ 관제탑
kòngzhìtǎ / 콩즈타

通知 ㊔ 통지, ㊍ 통지하다
tōngzhī / 통즈

승객 얼마나 연착이 되죠?

승무원 관제탑에서 소나기라고 했으니, 오랜 시간이 걸릴 것 같지는 않습니다.

승객 그렇군요, 감사합니다.

승무원 천만에요. 만약 다른 상황이 발생하면 다시 통지해드리겠습니다.

연착

062 활주로에 눈이 2인치 쌓여서, 항공기 착륙이 불가능합니다

파오다오 샹 푸가이르 리앙인춘 호우 더 슈에, 페이지 부커넝 지앙루오

(구앙보) 뉘슈먼 시엔셩먼; 칭 주이.

(广播) 女士们先生们；请注意。

(guǎngbō) nǚshìmen xiānshēngmen; qǐng zhùyì.

워먼 바오치엔 더 통즈 닌,

我们抱歉地通知您，

wǒmen bàoqiàn de tōngzhī nín,

요위 즈엉조우디취 시아 다슈에, 즈엉조우 지창 이 구앙비.

由于郑州地区下大雪，郑州机场已关闭。

yóuyú Zhèngzhōudìqū xià dàxuě, Zhèngzhōu Jīchǎng yǐ guānbì.

워먼 지앙 페이왕 타이유엔지창.

我们将飞往太原机场。

wǒmen jiāng fēiwǎng Tàiyuánjīchǎng.

워먼 두이 닌 다이라이 더 부비엔 션간 치엔이,

我们对您带来的不便深感歉意，

wǒmen duì nín dàilái de búbiàn shēn gǎn qiànyì,

빙 간시에 닌 더 나이신 위 리지에.

并感谢您的耐心与理解。

bìng gǎnxiè nín de nàixīn yǔ lǐjiě.

핵심어휘

注意 ⓢ 주의하다
zhùyì / 주이

抱歉 ⓢ 미안해하다
bàoqiàn / 바오치엔

通知 ⓜ 통지, ⓢ 통지하다
tōngzhī / 통즈

由于 ⓙ ~때문에
yóuyú / 요위

大雪 ⓜ 폭설
dàxuě / 다슈에

关闭 ⓢ 닫다
guānbì / 구앙비

深感 ⓢ 깊이 느끼다
shēngǎn / 션간

歉意 ⓜ 미안한 마음
qiànyì / 치엔이

并 ⓙ 아울러
bìng / 빙

耐心 ⓜ 인내심
ⓗ 참을성이 있다
nàixīn / 나이신

理解 ⓢ 알다, 이해하다
lǐjiě / 리지에

(방송) 신사숙녀 여러분, 집중해주십시오. 죄송한 말씀을 드려야 될 것 같습니다. 정주 지역의 폭설로 인해 정주공항이 이미 닫혔습니다. 저희는 지금 태원공항으로 가고 있습니다. 굉장히 죄송한 마음입니다. 여러분의 이해에 다시 한 번 감사드립니다.

시아오지에, 부즈 니 넝 포우 가오수 워 즈엉조우 티엔치 더 껑 두오 칭쿠앙?

小姐，不知你能否告诉我郑州天气的更多情况?

xiǎojiě, bùzhī nǐ néngfǒu gàosu wǒ Zhèngzhōu tiānqì de gèngduō qíngkuàng?

당란커이,

当然可以，

dāngrán kěyǐ,

지장 가오수 워 파오다오 샹 푸가이르 리앙인춘 호우 더 슈에,

机长告诉我跑道上覆盖了两英寸厚的雪，

jīzhǎng gàosu wǒ pǎodào shàng fùgàile liǎngyīngcùn hòu de xuě,

페이지 부커넝 지앙루오. 인스 지창 베이 구안비르.

飞机不可能降落。因此机场被关闭了。

fēijī bùkěnéng jiàngluò. yīncǐ Jīchǎng bèi guānbìle.

핵심어휘

- **告诉** ㉾ 알리다 — gàosu / 가오수
- **情况** ㉿ 상황, 정황 — qíngkuàng / 칭쿠앙
- **跑道** ㉿ 활주로 — pǎodào / 파오다오
- **覆盖** ㉾ 뒤덮다 — fùgài / 푸가이
- **因此** ㉨ 이로 인해 — yīncǐ / 인스
- **关闭** ㉾ 닫다 — guānbì / 구안비
- **宾馆** ㉿ 호텔 — bīnguǎn / 빈구안

단슈 슈에이 라이 안파이 워먼 자이 타이유엔 더 빈구안 너?

但是谁来安排我们在太原的宾馆呢?

dànshì shuí lái ānpái wǒmen zài Tàiyuán de bīnguǎn ne?

워먼 항콩 공스 후이 안파이 더. 칭 비에 단신.

我们航空公司会安排的。请别担心。

wǒmen Hángkōnggōngsī huì ānpái de. qǐng bié dānxīn.

승객　아가씨, 정주의 기후상황에 대해 더 많이 알려주실 수 있나요?

승무원　당연히 가능합니다. 기장님께서 말씀하시길, 활주로에 이미 눈이 2인치 정도 쌓여서, 항공기 착륙이 불가능하다고 합니다. 그래서 공항도 닫혔고요.

승객　그럼 누가 저희한테 태원공항의 숙소를 배정해주나요?

승무원　저희 항공사에서 배정해드릴 것이니 걱정 마십시오.

연착

063 기계 결함으로 연착이 되고 있습니다

번츠항반 요위 지시에구장 옌우르

두이부치, 시아오지에, 워요거원티 시앙 원원 닌.

对不起，小姐。我有个问题想问问您。

duìbùqǐ, xiǎojiě. wǒ yǒu gè wèntí xiǎng wènwèn nín.

칭 원바.

请问吧。

qǐngwèn bā.

超过 ⓓ 초과하다
chāoguò / 차오구오

告诉 ⓓ 알리다
gàosu / 가오수

由于 ⓙ 때문에
yóuyú / 요위

机械 ⓜ 기계, ⓗ 기계적이다
jīxiè / 지시에

시엔자이 이 차오구오 치페이 슈지엔 슈우 펀중 르, 즈 지아 페이지 점머르?

现在已超过起飞时间15分钟了，这架飞机怎么啦？

xiànzài yǐ chāoguò qǐfēi shíjiān15 fēnzhōng le, zhè jià fēijī zěnme la?

흔바오치엔, 워 야오 가오수 닌, 번츠항반 요위 지시에 구장 옌우르,

很抱歉，我要告诉您，本次航班由于机械故障延误了。

hěn bàoqiàn, wǒ yào gàosu nín, běncì hángbān yóuyú jīxiè gùzhàng yánwùle.

시엔자이 지시에슈 먼 정자이 진싱 즈시 더 지엔차.

现在机械师们正在进行仔细的检查。

xiànzài jīxièshī men zhèngzài jìnxíng zǐxì de jiǎnchá.

승객 죄송합니다, 아가씨. 물어볼 게 있는데요.

승무원 네, 물어보세요.

승객 지금 이미 이륙시간이 15분이나 지났는데, 비행기에 무슨 일이 있나요?

승무원 정말 죄송합니다. 저희 항공편의 기계 결함으로 연착이 되고 있어요. 지금 정비사가 와서 검사 중입니다.

닌 런웨이 워먼 후이 자 션머슈호 치페이?
您认为我们会在什么时候起飞?
nín rènwéi wǒmen huì zài shénmeshíhòu qǐfēi?

즈 난슈오,　비에 자오지,　단유엔 용 부 리아오 두오 창 슈지엔.
这难说。别着急，但愿用不了多长时间。
zhè nánshuō. bié zháojí, dànyuàn yòng bù liǎo duō cháng shíjiān.

슈마?　워 즌 시왕 페이지 넝 진쿠아이 치페이.
是吗? 我真希望飞机能尽快起飞。
shì ma? wǒ zhēn xīwàng fēijī néng jìnkuài qǐfēi.

핵 심 어 휘

故障 명 고장
gùzhàng / 구장

延误 동 지체하다
yánwù / 옌우르

机械师 명 기계사
jīxièshī / 지시에슈

检查 동 검사하다, 조사하다
jiǎnchá / 지엔차

认为 동 생각하다
rènwéi / 런웨이

难说 동 말하기 어렵다
nánshuō / 난슈오

希望 명 희망, 동 희망하다
xīwàng / 시왕

尽快 부 되도록 빨리
jìnkuài / 진쿠아이

승객　언제쯤 이륙할 것 같나요?

승무원　말씀드리기 어렵습니다. 하지만 많은 시간을 쓰진 않을 것입니다.

승객　그래요? 빨리 이륙하길 바랄게요.

기내식

064 만약 다시 필요하시면 저희를 불러주세요

루구오 닌 자이 쉬야오 더 후아 지우 지아오 워먼

시엔자이 게이닌 공 우찬, 닌 야오 흐 디엔 셤머?

现在给您供午餐，您要喝点什么？

xiànzài gěi nín gōng wǔcān, nín yào hē diǎn shénme?

요 슈에비, 구어즈, 카페이, 피지우.

有雪碧，果汁，咖啡，啤酒。

yǒu xuěbì, guǒzhī, kāfēi, píjiǔ.

워 야오흐 슈에비.

我要喝雪碧。

wǒ yào hē xuěbì.

진티엔 워먼 요 지단 차오퐌 흐 가리 퐌,

今天我们有鸡蛋炒饭和咖哩饭，

jīntiān wǒmen yǒu jīdàn chǎofàn hé gālǐ fàn,

닌야오 나 이중?

您要哪一种？

nín yào nǎ yìzhǒng?

핵심어휘

现在 명 지금
xiànzài / 시엔자이

给 동 주다
gěi / 게이

供 동 드리다, 바치다
gòng / 공

午餐 명 점심
wǔcān / 우찬

喝 동 마시다
hē / 흐

咖啡 명 커피
kāfēi / 카페이

啤酒 명 맥주
píjiǔ / 피지우

鸡蛋炒饭 명 계란볶음밥
jīdàn chǎofàn / 지단 차오퐌

咖哩饭 명 카레밥
gālǐ fàn / 가리 퐌

승무원 지금 점심식사를 제공해드리겠습니다. 음료는 무엇으로 드릴까요? 사이다, 주스, 커피, 맥주가 있습니다.

승객 사이다 주세요.

승무원 오늘 계란볶음밥과 카레가 있는데, 어떤 걸 드시겠습니까?

리앙 거 도우 부야오르, 중우 츠 더 두오, 하이 메이 시아오후아 너.

两个都不要了，中午吃得多，还没消化呢。

liǎnggè dōu búyàole, zhōngwǔ chī de duō, hái méi xiāohuà ne.

하오더, 루구오 닌 자이 쉬야오 더 후아 지우 지아오 워먼.

好的，如果您在需要的话就叫我们。

hǎo de, rúguǒ nín zài xūyào de huà jiù jiào wǒmen.

하오바, 시에시에 니.

好吧，谢谢你。

hǎo bā, xièxie nǐ.

핵심어휘

都 ㊙ 모두
dōu / 도우

不要 ⑧ 필요없다
búyào / 부야오

中午 ⑱ 정오
zhōngwǔ / 중우

消化 ⑧ 소화되다
xiāohuà / 시아오후아

승객　2개 다 괜찮아요. 점심을 많이 먹어서 아직 소화가 안됐어요.

승무원　네. 만약 다시 필요하시면 저희를 불러주세요.

승객　네, 고맙습니다.

기내식

065 면과 밥 중에 어떤 걸 드시겠습니까?

닌 시앙 츠 디엔 셜머, 워먼 티공 미엔티아오 흐 미퐌

다라오 이시아, 닌 시앙 츠 디엔 셜머, 워먼 티공 미엔티아오 흐 미퐌.
打扰一下，您想吃点儿什么，我们提供面条和米饭。
dǎrǎo yíxià, nín xiǎng chī diǎner shénme, wǒmen tígōng miàntiáo hé mǐfàn.

미엔티아오.
面条。
miàntiáo.

나 중 로우? 지로우 하이슈 니우로우?
哪种肉？鸡肉还是牛肉？
nǎ zhǒng ròu? jīròu háishì niúròu?

지로우, 시에시에.
鸡肉，谢谢。
jīròu, xièxie.

핵심 어휘

打扰 동 폐를 끼치다, 실례하다
dǎrǎo / 다라오

吃 동 먹다
chī / 츠

提供 동 제공되다
tígōng / 티공

面条 명 국수
miàntiáo / 미엔티아오

米饭 명 쌀밥
mǐfàn / 미퐌

鸡肉 명 닭고기
jīròu / 지로우

还是 부 여전히, 아직도, 아니면
háishì / 하이슈

牛肉 명 소고기
niúròu / 니우로우

승무원 실례합니다. 어떤 것을 드시겠습니까? 면과 밥이 있습니다.
승객 면을 주세요.
승무원 어떤 고기를 원하세요? 닭고기와 소고기가 있습니다.
승객 닭고기로 주세요. 감사합니다.

하오더, 게이닌, 흐 디엔 션머 너?

好的，给您，喝点什么呢？

hǎo de, gěi nín, hē diǎn shénme ne?

커르, 자이 라이 디엔 홍지우.

可乐，再来点红酒。

kělè, zài lái diǎn hóngjiǔ.

용찬 위콰이.

用餐愉快。

yòngcān yúkuài.

핵심 어휘

喝 동 마시다
hē / 흐

红酒 명 와인
hóngjiǔ / 홍지우

用餐 동 식사를 하다
yòngcān / 용찬

愉快 형 기쁘다
yúkuài / 위콰이

승무원 네, 여기 있습니다. 어떤 음료를 드시겠습니까?

승객 콜라요. 와인도 주세요.

승무원 맛있게 드세요.

기내식

066 채식을 예약하신 것 맞죠?

닌 딩르 이펀 수찬, 슈마?

부하오이스 다라오르, 시엔셩 칭 원, 닌 슈 다웨이 시엔셩 마?
不好意思打扰了，先生请问，您是大卫先生吗？
bùhǎoyìsī dǎrǎole, xiānsheng qǐngwèn, nín shì dàwèi xiānsheng ma?

슈더, 쩜머르?
是的，怎么了？
shì de, zěnme le?

닌 딩 르 이 펀 수찬, 슈마?
您订了一份素餐，是吗？
nín dìng le yí fèn sùcān, shì ma?

슈더.
是的。
shì de.

승무원

게이 닌, 주 닌 용찬 위콰이.
给您，祝您用餐愉快。
gěi nín, zhù nín yòngcān yúkuài.

핵심어휘

订 ⓢ 예약하다
dìng / 딩

份 ⓢ 분, 벌, 세트
fèn / 펀

素餐 ⓜ 간단한 식사, ⓢ 채식하다
sùcān / 수찬

祝 ⓢ 기원하다
zhù / 주

用餐 ⓢ 식사를 하다
yòngcān / 용찬

愉快 ⓗ 유쾌하다
yúkuài / 위콰이

승무원 죄송하지만 실례 좀 하겠습니다, 선생님. 다웨이 선생님이십니까?
승객 네. 그런데 왜 그러시죠?
승무원 채식을 예약하신 것 맞죠?
승객 맞습니다.
승무원 여기 있습니다. 즐거운 식사 되세요.

기내식

067 밥 1인분 더 주실 수 있나요?

넝 자이 게이 워 이 펀퐌 마?

청우유엔, 넝 자이 게이 워 이 펀퐌 마?
乘务员，能在给我一份饭吗？
chéngwùyuán, néng zài gěi wǒ yí fènfàn ma?

시엔셩, 부하오이스, 워먼더 퐌 슈 안자오 당르 더 청커 런슈 준베이 더.
先生，不好意思，我们的饭是按照当日的乘客人数准备的。
xiānsheng, bùhǎoyìsī, wǒmen de fàn shì ànzhào dāngrì de chéngkè rénshù zhǔnbèi de.

즈거 퐌 타이샤오르, 워 요디얼 부고우 츠.
这个饭太少了，我有点儿不够吃。
zhège fàn tài shǎo le, wǒ yǒudiǎner búgòu chī.

칭샤오덩, 워취칸칸 하이 요메이요 셩위 더 퐌르,
请稍等，我去看看还有没有剩余的饭了，
qǐng shāo děng, wǒ qù kànkàn hái yǒuméiyǒu shèngyú de fàn le,

루구오 요, 마샹 게이 닌 나 구오라이.
如果有，马上给您拿过来。
rúguǒ yǒu, mǎshàng gěi nín ná guòlái.

핵심어휘

乘务员 명 승무원
chéngwùyuán / 청우유엔

按照 동 ~에 의해, ~에 따라
ànzhào / 안자오

当日 명 당일
dāngrì / 당르

乘客 명 승객
chéngkè / 청커

人数 명 인수
rénshù / 런슈

승객 승무원, 밥 1인분 더 주실 수 있나요?

승무원 선생님, 죄송합니다. 저희는 당일 승객 분들 수에 맞춰서 기내식을 준비하고 있습니다.

승객 밥이 너무 적어요. 약간 부족한 것 같아요.

승무원 잠시만 기다리세요. 제가 가서 여분의 밥이 있나 보고, 있으면 바로 갖다드리겠습니다.

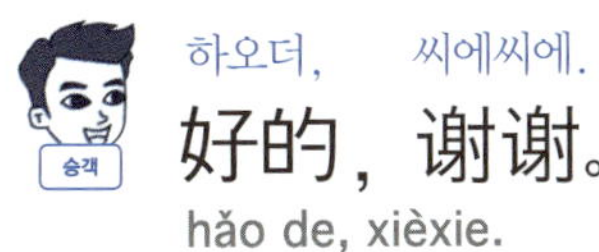

하오더, 씨에씨에.

好的，谢谢。

hǎo de, xièxie.

핵심어휘

不够 ⓗ 충족하지 않다, ⓓ 부족하다
búgòu / 부고우

剩余 ⓜ 여분, ⓓ 남겨두다
shèngyú / 셩위

승객 네, 고맙습니다.

한걸음더

중국은 빨간색을 너무 좋아해

오성홍기를 보면 알 수 있듯, 중국인들의 빨간색 사랑은 대단하다. 대부분 집 문 앞에도 빨간 부적 같은 딱지를 붙여서, 복이 들어오고 좋은 일이 생길 것을 기원한다. 미신을 믿든 안 믿든 하나의 풍습처럼 되어버려서, 이제는 중국 하면 빨간색이 떠오를 정도로 익숙하다.

설날이나 추석 같은 명절날 마트에 가면 온통 빨간 세상이다. 포장지는 빨간색 이외의 것을 본 적이 없다. 결혼식, 세뱃돈, 기쁜 일로 쓰는 돈은 뭐든 다 빨간 봉투에 넣어야 하는 것이 이들의 문화라면 문화다. 그러니 중국에서 부조금을 흰 봉투에 넣어서 냈다간 의가 상할 수 있다는 것을 기억해두자.

매년 해당 띠가 자신이 태어난 띠인 경우, 중국인들은 빨간색 관련 선물을 받아야 복을 받는다는 얘기가 있다. 그래서 만약 올해가 청마해면 말띠인 사람들은 빨간색과 관련된 선물을 받아서 늘 몸에 지니고 다녀야 한다.

내가 아는 한 친구는 속옷을 늘 빨간색으로 입고 다녔다. 나는 호랑이띠다. 중국에 있을 당시 2010년 호랑이해를 맞아 친구한테서 빨간색 지갑을 선물받아서 가지고 다녔다. 이제는 한국에 와서도 빨간색, 분홍색 등 화려한 색이 정말 좋다. 중국 손님을 맞이하게 될 기회가 온다면 빨간색과 연관된 이벤트를 해도 좋을 것이다.

기내식

068 테이블을 펴주세요, 식사가 왔습니다

칭 바 닌더 투오판 주우오 다카이, 퐌 라이르

칭 바 닌더 투오판주오 다카이, 퐌 라이르.
请把您的托盘桌打开，饭来了。
qǐng bǎ nín de tuōpánzhuō dǎkāi, fàn láile.

하오더, 워 도우 이징 으 르, 완퐌 요 셤머너?
好的，我都已经饿了，晚饭有什么呢？
hǎo de, wǒ dōu yǐjīng èle, wǎnfàn yǒu shénme ne?

지로우 퐌 흐 슈차이샤라 .
鸡肉饭和蔬菜沙拉。
jīròu fàn hé shūcàishālā.

하오더, 라이이 펀, 링와이 하이요 티엔디엔마?
好的。来一份，另外还有甜点吗？
hǎode. láiyífèn, lìngwài háiyǒu tiándiǎnma?

핵심어휘

托盘桌 명 테이블
tuōpánzhuō / 투오판주오

打开 동 열다
dǎkāi / 다카이

都 부 이미
dōu / 도우

已经 부 이미
yǐjīng / 이징

饿 동 배고프다
è / 으

晚饭 명 저녁밥
wǎnfàn / 완퐌

鸡肉饭 명 닭고기밥
jīròufàn / 지로우

蔬菜沙拉 명 야채샐러드
shūcàishālā / 슈차이샤라

甜点 명 디저트
tiándiǎn / 티엔디엔

승무원 테이블을 펴주세요, 식사가 왔습니다.

승객 네. 아까부터 배고팠어요. 어떤 게 있나요?

승무원 닭고기와 야채샐러드입니다.

승객 네, 하나 주세요, 그 외 다른 디저트 있나요?

슈더, 부딩 흐 빙치린, 닌 시앙 야오 나 중?

是的，布丁和冰淇淋，您想要哪种？

shì de, bùdīng hé bīngqílín, nín xiǎng yào nǎ zhǒng?

빙치린 바, 시에시에.

冰淇淋吧，谢谢。

bīngqílín bā, xièxie.

부커치.

不客气。

bú kèqi.

핵심어휘

布丁 ㊔ 푸딩
bùdīng / 부딩

冰淇淋 ㊔ 아이스크림
bīngqílín / 빙치린

승무원 네, 푸딩과 아이스크림이 있습니다. 어떤 걸 원하시나요?

승객 아이스크림 주세요. 고맙습니다.

승무원 천만에요.

기내식

069 오늘 식사는 만족스러우셨나요, 선생님?

진르 더 찬디엔 랑 닌 만이 마, 시엔성?

진르 더 찬디엔 랑 닌 만이 마, 시엔성?
今日的餐点让您满意吗，先生？
jīnrì de cāndiǎn ràng nín mǎnyì ma, xiānsheng?

은, 워흔 시후안.
嗯，我很喜欢。
ēn, wǒ hěn xǐhuan.

시엔자이 커이 쇼우슈 닌더 주오즈 마?
现在可以收拾您的桌子吗？
xiànzài kěyǐ shōushi nín de zhuōzi ma?

승객

오, 당란 커이, 칭비엔.
哦，当然可以，请便。
ò, dāngrán kěyǐ, qǐngbiàn.

핵심어휘

餐点 명 음식
cāndiǎn / 찬디엔

让 동 권하다, 하게 하다
ràng / 랑

满意 형 만족하다
mǎnyì / 만이

喜欢 동 좋아하다
xǐhuan / 시후안

收拾 동 정리하다
shōushi / 쇼우슈

桌子 명 탁자
zhuōzi / 주오즈

승무원 오늘 식사는 만족스러우셨나요, 선생님?
승객 네, 아주 좋았어요.
승무원 지금 테이블을 치워드려도 될까요?
승객 아, 당연하죠. 하세요.

시엔자이 간징르, 시엔셩, 닌하이 쉬야오 자이 라이 디엔 인리아오 마?

现在干净了，先生，您还需要再来点饮料吗？

xiànzài gānjìng le, xiānsheng, nín hái xūyào zài lái diǎn yǐnliào ma?

은, 니먼 도우 요시에 셤머 흐 더?

嗯，你们都有些什么喝的？

ēn, nǐmen dōu yǒuxiē shénme hē de?

워먼 티공 카페이, 차, 구오즈, 커르, 피지우 흐 지웨이지우.

我们提供咖啡，茶，果汁，可乐，啤酒和鸡尾酒。

wǒmen tígōng kāfēi, chá, guǒzhī, kělè, píjiǔ hé jīwěijiǔ.

게이 워 라이 디엔 청즈 바.

给我来点橙汁吧。

gěi wǒ lái diǎn chéngzhī bā.

하오더, 즈 슈 닌 더 청즈.

好的，这是您的橙汁。

hǎo de, zhè shì nín de chéngzhī.

핵심어휘

干净 동 깨끗하다
gānjìng / 간징

饮料 명 음료
yǐnliào / 인리아오

都 부 모두
dōu / 도우

有些 대 어떤 것
yǒuxiē / 요시에

提供 동 내놓다
tígōng / 티공

咖啡 명 커피
kāfēi / 카페이

茶 명 차
chá / 차

果汁 명 과일주스
guǒzhī / 구오즈

啤酒 명 맥주
píjiǔ / 피지우

鸡尾酒 명 칵테일
jīwěijiǔ / 지웨이지우

승무원 이제 깨끗합니다, 선생님. 음료 더 원하시는 게 있으신가요?

승객 네. 마실 건 어떤 게 있나요?

승무원 저희는 커피, 차, 주스, 콜라, 맥주와 칵테일을 제공해드립니다.

승객 오렌지주스로 주세요.

승무원 네, 여기 오렌지주스입니다.

기내식

070 음료는 무엇으로 하시겠습니까?

닌 시앙 흐 디엔 셤머?

두이부치, 시아오지에, 칭 게이 워 라이 디얼 흐 더 하오 마?

对不起，小姐，请给我来点儿喝的好吗？

duìbùqǐ, xiǎojiě, qǐng gěi wǒ lái diǎner hē de hǎo ma?

당란, 시엔셩, 닌 시앙 흐 디엔 셤머?

当然，先生。您想喝点什么？

dāngrán, xiānsheng. nín xiǎng hē diǎn shénme?

카페이.

咖啡。

kāfēi.

헤이 카페이 하이슈 지아 나이 더?

黑咖啡还是加奶的？

hēi kāfēi háishì jiā nǎi de?

핵심어휘

小姐 ㊐ 아가씨
xiǎojiě / 시아오지에

黑咖啡 ㊐ 블랙커피
hēi kāfēi / 헤이 카페이

还是 ㊊ 여전히, 아직도
háishì / 하이슈

加 ㊍ 더하다
jiā / 지아

奶 ㊐ 우유
nǎi / 나이

승객 죄송합니다, 아가씨. 마실 것 좀 갖다주실 수 있나요?

승무원 당연하죠, 선생님. 음료는 무엇으로 하시겠습니까?

승객 커피요.

승무원 블랙으로 드릴까요, 밀크커피로 드릴까요?

지아 나이 흐 탕, 시에시에.
加奶和糖，谢谢。
jiā nǎi hé táng, xièxie.

핵심어휘

糖 ㊔ 설탕
táng / 탕

하오더, 시엔셩, 즈 슈 닌 더 카페이 흐 탕.
好的，先生，这是您的咖啡和糖。
hǎo de, xiānsheng, zhè shì nín de kāfēi hé táng.

승객　밀크커피와 설탕을 주시면 좋겠습니다.

승무원　알겠습니다, 선생님. 여기 커피와 설탕입니다.

기내식

071 와인, 위스키, 브랜디, 칵테일이 있습니다

요 푸타오지우, 웨이슈지, 바이란디, 지웨이지우

워 시앙 흐 디엔 지우, 도우 요 션머 너?

我想喝点酒，都有什么呢？

wǒ xiǎng hēdiǎnjiǔ, dōu yǒu shénme ne?

칭 칸이샤아 지우슈에이단, 요 푸타오지우, 웨이슈지,

请看一下酒水单，有葡萄酒，威士忌，

qǐng kàn yíxià jiǔshuǐdān, yǒu pútáojiǔ, wēishìjì,

바이란디, 지웨이지우.

白兰地，鸡尾酒。

báilándì, jīwěijiǔ.

요 두슈 부 가오 더 지웨이지우 마?

有度数不高的鸡尾酒吗？

yǒu dùshù bù gāo de jīwěijiǔ ma?

핵심어휘

酒水单 명 주류 메뉴판
jiǔshuǐdān / 지우슈에이단

葡萄酒 명 포도주
pútáojiǔ / 푸타오지우

威士忌 명 위스키
wēishìjì / 웨이슈지

白兰地 명 브랜디
báilándì / 바이란디

鸡尾酒 명 칵테일
jīwěijiǔ / 지웨이지우

度数 명 도수
dùshù / 두슈

高 형 높다
gāo / 가오

승객　저 술 마시고 싶은데, 어떤 게 있죠?

승무원　와인, 위스키, 브랜디, 칵테일이 있습니다. 이 주류 메뉴판을 보세요.

승객　도수가 낮은 칵테일 있나요?

요, 마티엔니 커이 마?
有，马天尼可以吗？
yǒu, mǎ tiān ní kěyǐ ma?

은, 야오 이 베이 바.
恩，要一杯吧。
ēn, yào yī bēi bā.

하오더, 칭 샤오 덩, 마샹 송 구오라이.
好的，请稍等，马上送过来。
hǎo de, qǐng shāo děng, mǎshàng sòng guòlái.

핵 심 어 휘

杯 ㊏잔, 컵
bēi / 베이

승무원 있습니다. 마티니 괜찮으십니까?
승객 네, 1잔 주세요.
승무원 네, 잠시만 기다리세요. 금방 갖다드리겠습니다.

기내식

072 저희는 승객 분들께 맞춘 특별기내식을 제공합니다

워먼 넝 웨이 터슈 인슈 야오치우 더 청커 준베이 시앙잉 더 찬디엔

뉘슈, 칭원, 진르 우찬 니먼 공잉 션머?

女士，请问，今日午餐你们供应什么？

nǚshì, qǐngwèn, jīnrì wǔcān nǐmen gōngyìng shénme?

워 슈 무스린.

我是穆斯林。

wǒ shì mùsīlín.

나머 닌 자이 딩피아오 슈 슈어밍 닌더 야오치우 르 마?

那么您在订票时说明您的要求了吗？

nàme nín zài dìngpiào shí shuōmíng nín de yāoqiú le ma?

메이요, 워 비쉬 즈양 주오 마?

没有，我必须这样做吗？

méiyǒu, wǒ bìxū zhèyàng zuò ma?

핵심어휘

穆斯林 ⓜ 이슬람교
mùsīlín / 무스린

订票 ⓓ 표를 예매하다
dìngpiào / 딩피아오

说明 ⓓ 설명하다, ⓜ 설명
shuōmíng / 슈오밍

要求 ⓓ 요구하다, ⓜ 요구
yāoqiú / 야오치우

必须 ⓑ 반드시 ~해야 한다
bìxū / 비쉬

这样 ⓓ 이렇게
zhèyàng / 즈양

做 ⓓ 하다
zuò / 주오

恐怕 ⓑ 아마 ~일 것이다
kǒngpà / 콩파

승객　아가씨, 물어볼 게 있는데요. 오늘 식사는 무엇인가요? 저는 이슬람교인입니다.

승무원　그럼 비행기표를 예약하실 때 요구사항을 말씀하셨습니까?

승객　아뇨. 반드시 그렇게 해야 하나요?

콩파 슈 더.　　워먼 넝 웨이 터슈 인슈 야오치우 더 청커 준베이 시앙잉 더 찬디엔,

恐怕是的。我们能为特殊饮食要求的乘客准备相应的餐点,

kǒngpà shì de. wǒmen néng wèi tèshū yǐnshí yāoqiú de chéngkè zhǔnbèi xiāngyìng de cāndiǎn,

비루 수찬.　　요타이지아오 후오즈 슈 무스린 슈핀.

比如素餐, 犹太教或者是穆斯林食品。

bǐrú sùcān, yóutàijiào huòzhě shì mùsīlín shípǐn.

단슈,　　즈 비쉬 자이 딩피아오 슈 티치엔 위유에 빙치에

但是, 这必须在订票时提前预约并且

dànshì, zhè bìxū zài dìngpiào shí tíqián yùyuē bìngqiě

비아오 주 자이 청커밍단 중.

标注在乘客名单中。

biāozhù zài chéngkèmíngdān zhōng.

하오더,　　워 즈다오르.

好的, 我知道了。

hǎo de, wǒ zhīdàole.

부 야오 진,　　워 취 방닌 칸칸.

不要紧, 我去帮您看看。

bú yàojǐn, wǒ qù bāng nín kànkàn.

핵심어휘

特殊饮食 명 특별기내식
tèshūyǐnshí / 터슈인슈

准备 동 준비하다
zhǔnbèi / 준베이

相应 동 응하다
xiāngyìng / 시앙잉

餐点 명 밥과 요리
cāndiǎn / 찬디엔

比如 접 예를 들어
bǐrú / 비루

素餐 명 채식
sùcān / 수찬

犹太教 명 유대교
yóutàijiào / 요타이지아오

提前 동 앞당기다
tíqián / 티치엔

预约 동 예약하다
yùyuē / 위유에

并且 접 게다가, 동시에
bìngqiě / 빙치에

标注 동 표시하다, 명 주석
biāozhù / 비아오주

乘客名单 명 승객 명단
chéngkèmíngdān / 청커밍단

승무원　네, 그렇습니다. 저희는 승객 분들께 맞춘 특별기내식을 제공합니다. 예를 들어 채식, 유대교인 식품, 이슬람교인 식품입니다. 하지만 이건 반드시 항공권을 예약하실 때 사전예약을 해주셔야 승객 분의 목록에 표시가 됩니다.

승객　네, 알겠습니다.

승무원　걱정 마세요. 제가 한번 가서 보고 올게요.

기내식

073 비빔밥은 한국의 전통음식입니다

반퐌슈 한구어 츄안통 차이

워먼 시엔 자이 공찬. 칭 바 닌 더 찬반 다카이, 하오마?
我们现在供餐。请把您的餐板打开，好吗？
wǒmen xiàn zài gōngcān. qǐng bǎ nínde cānbǎn dǎkāi, hǎoma?

하오더.
好的。
hǎode.

시엔셩, 닌 커이 런 슈엔 반퐌 후오 지로우. 닌 야오 츠 반퐌 하이슈 지로우?
先生，您可以任选拌饭或鸡肉。您要吃拌饭还是鸡肉？
xiānsheng, nín kěyǐ rèn xuǎn bànfàn huò jīròu. nín yào chī bàn fàn háishì jīròu?

반퐌 슈 셤머 코우월 르 더 너? 하오츠 마?
拌饭是什么口味儿的呢？好吃吗？
bànfànshì shénme kǒuwèiér dene? hǎochī ma?

핵심어휘

选 동 선택하다
xuǎn / 슈엔

拌饭 명 비빔밥
bànfàn / 반퐌

鸡肉 명 닭고기
jīròu / 지로우

승무원 식사를 제공해드리겠습니다. 테이블을 펴주시겠습니까?

승객 네, 알겠습니다.

승무원 선생님, 비빔밥과 닭고기 중에서 선택하실 수 있습니다. 어떤 걸 원하세요?

승객 비빔밥은 어떤 맛인가요? 맛있나요?

반퐌슈 한구어 츄안통 차이, 즈 슈 한구어 인슈 중 포쥐 다이비아오싱 더 이 중.

拌饭是韩国传统菜，这是韩国饮食中颇具代表性的一种。

bàn fàn shì Hánguó chuántǒng cài, zhè shì Hánguó yǐnshí zhōng pōjù dàibiǎoxìng de yìzhǒng.

타 슈 두오중 슈차이 지아샹 라지아오지앙 흐 시앙요 호우 반 치라이더.

它是多种蔬菜加上辣椒酱和香油后拌起来的。

tā shì duōzhǒng shūcài jiāshàng làjiāojiàng hé xiāngyóu hòu bàn qǐlái de.

흔 하오즈, 워 예 시후안. 시앙 창이시아?

很好吃，我也很喜欢。想尝一下？

hěn hǎochī, wǒ yě hěn xǐhuan. xiǎng cháng yíxià?

나 지우 슈 게이워 반퐌 바.

那就是给我拌饭吧。

nà jiùshì gěi wǒ bànfàn bā.

핵심어휘

- 口味 명 맛 — kǒuwèi / 코우웨이
- 好吃 형 맛있다, 동 먹기 좋다 — hǎochī / 하오츠
- 传统 명 전통, 형 전통적이다 — chuántǒng / 츄안통
- 菜 명 요리 — cài / 차이
- 饮食 명 음식 — yǐnshí / 인슈
- 代表 동 대표하다 — dàibiǎo / 다이비아오
- 蔬菜 명 채소 — shūcài / 슈차이
- 加上 동 더하다 — jiāshàng / 지아샹
- 辣椒酱 명 고추장 — làjiāojiàng / 라지아오지앙
- 香油 명 참기름 — xiāngyóu / 시앙요

승무원 비빔밥은 한국의 전통음식입니다. 한국에서 대표적인 음식 중 하나입니다. 다양한 채소에 고추장과 참기름을 넣어 같이 비비는 것입니다. 아주 맛있어서 저도 무척 좋아합니다. 한번 맛보시겠습니까?

승객 그럼 비빔밥으로 주세요.

기내식

074 막걸리는 쌀로 만든 한국의 전통주입니다

미지우 지우 슈 용 지앙미 주오더, 한구어 더 츄안통 지우

청원 닌 야오 흐 디엔 셤머?
请问您要喝点什么？
qǐngwèn nín yào hē diǎn shénme?

워 야오 흐지우, 니먼 요 셤머 지우 아?
我要喝酒，你们有什么酒啊？
wǒ yào hējiǔ, nǐmen yǒu shénme jiǔ a?

워먼 항콩공스 웨이 닌 티공 피지우, 지웨이지우,
我们航空公司为您提供啤酒，鸡尾酒，
wǒmen Hángkōnggōngsī wèi nín tígōng píjiǔ, jīwěijiǔ,

푸타오지우, 미지우.
葡萄酒，米酒。
pútáojiǔ, mǐjiǔ.

미지우 슈 셤머?
米酒是什么？
mǐjiǔ shì shénme?

승무원 무엇을 마시겠습니까?
승객 술 마시고 싶은데, 어떤 술이 있나요?
승무원 저희 항공에서는 손님을 위해 맥주, 칵테일, 포도주, 막걸리를 제공합니다.
승객 막걸리가 뭐죠?

핵심어휘

提供 동 제공하다
tígōng / 티공

米酒 명 막걸리
mǐjiǔ / 미지우

미지우 지우 슈 용 지앙미 주오 더, 한구어 더 츄안통 지우, 두이 션티 예 요 하오츄.

米酒就是用江米做的，韩国的传统酒，对身体也有好处。

mǐjiǔ jiùshì yòng jiāngmǐ zuò de, Hánguó de chuántǒng jiǔ, duì shēntǐ yě yǒu hǎochù.

오, 워 메이흐 구어, 게이 워 미지우 바.

哦，我没喝过，给我米酒吧。

ò, wǒ méi hē guò, gěi wǒ mǐjiǔbā.

핵심어휘

江米 명 찹쌀
jiāngmǐ / 지앙미

做 동 만들다
zuò / 주오

身体 명 몸
shēntǐ / 션티

好处 명 이로운 점
hǎochù / 하오츄

승무원 막걸리는 쌀로 만든 한국의 전통주입니다. 몸에도 좋습니다.

승객 아, 안 마셔봤어요. 막걸리로 주세요.

기내식

075 기내에서는 기압의 차이로 쉽게 취하니, 천천히 드십시오

풰이지 네이 인웨이 요 치야 차 흔 롱이 주이, 칭 만만 흐

칭 게이워 자이 라이 이베이 웨이슈지 수안.
请给我再来一杯威士忌酸。
qǐng gěi wǒ zài lái yìbēi wēishìjì suān.

시엔셩, 풰이지 네이 인웨이 요 치야 차 흔 롱이 주이,
先生，飞机内因为有气压差很容易醉，
xiānsheng, fēijī nèi yīnwèi yǒu qìyā chā hěn róngyì zuì,

칭 만만 흐.
请慢慢喝。
qǐng mànmàn hē.

즈다오 르, 자이 게이워 이베이.
知道了，再给我一杯。
zhīdào le, zài gěi wǒ yìbēi.

닌 하오시앙 흐 두오르.
您好像喝多了。
nín hǎoxiàng hē duō le.

핵심어휘

- 威士忌酸 ㊔ 위스키사워 — wēishìjì suān / 웨이슈지 수안
- 飞机内 ㊔ 기내 — fēijī nèi / 풰이지 네이
- 气压 ㊔ 기압 — qìyā / 치야
- 差 ㊓ 차이나다, ㊍ 모자르다 — chā / 차
- 容易 ㊓ 쉽다 — róngyì / 롱이
- 醉 ㊍ 취하다 — zuì / 주이
- 慢慢 ㊓ 느리다, 천천히 — mànmàn / 만만
- 喝 ㊍ 마시다 — hē / 흐
- 知道 ㊍ 알다, 이해하다 — zhīdào / 즈다오
- 好像 ㊘ 마치 ~과 같다, ㊍ 닮다 — hǎoxiàng / 하오시앙

승객　위스키사워 1잔 더 주세요.

승무원　선생님, 기내에서는 기압의 차이로 쉽게 취하니, 천천히 드십시오.

승객　알겠습니다. 1잔만 더 주세요.

승무원　많이 드신 것 같습니다.

메이구안시, 워 메이 주이.

没关系，我没醉。

méiguānxì, wǒ méi zuì.

야우부라이 베이 우춘 인리아오 바?

要不来杯无醇饮料吧?

yàobù lái bēi wúchún yǐnliào bā?

시엔자이 리 니우유에 다유에 하이요 산 거 시아오 슈, 주이 더 화 부넝 루구안.

现在离纽约大约还有3个小时,醉的话不能入关。

xiànzài lí Niǔyuē dàyuē háiyǒu 3 gè xiǎo shí, zuì de huà bùnéng rùguān.

핵심어휘

要不 ㉨ 그렇지 않으면
yàobù / 야우부

杯 ㉧ 잔, 컵 세는 단위
bēi / 베이

无醇 ㉢ 무알코올
wúchún / 우춘

离 ㉷ ~부터, ~까지
lí / 리

纽约 ㉢ 뉴욕
Niǔyuē / 니우유에

大约 ㉥ 약, 대략
dàyuē / 다유에

还有 ㉨ 그리고, 또한
háiyǒu / 하이요

入关 ㉣ 세관에 들어가다
rùguān / 루구안

승객 괜찮습니다. 안 취했어요.

승무원 아니면 무알코올 음료는 어떠세요? 뉴욕까지 3시간 남았습니다. 취하면 입국이 안됩니다.

기내식

076 금방 주문하신 음식을 갖다드리겠습니다

마샹 워 지우 바 닌 디엔더 차이 송라이

워더 다이푸 랑 워 츠 디러리앙 슈우,
我的大夫让我吃低热量食物，
wǒ de dàifu ràng wǒ chī dīrèliàng shíwù,

수오이, 워 시앙 즈다오 슈포우 커이 디엔 펀 수찬?
所以，我想知道是否可以点份素餐？
suǒyǐ, wǒ xiǎng zhīdào shìfǒu kěyǐ diǎn fèn sùcān?

당란 커이. 워 취 게이 닌 준베이,
当然可以。我去给您准备，
dāngrán kěyǐ. wǒ qù gěi nín zhǔnbèi,

워먼 이즈 다이 즈 수차이 구안토우 이 베이
我们一直带着素菜罐头以备
wǒmen yìzhí dàizhe sùcài guàntou yǐ bèi

완이 요 런 자이 딩 피아오 슈 왕르 가오수 워먼 타 요 터비에 더 지슈.
万一有人在订票时忘了告诉我们他有特别的忌食。
wànyīyǒu rén zài dìngpiào shí wàngle gàosu wǒmen tā yǒu tèbié de jìshí.

핵심어휘

大夫 명 의사
dàifu / 다이푸

低热量 명 저열량
dīrèliàng / 디러리앙

食物 명 음식물
shíwù / 슈우

是否 부 ~인지 아닌지
shìfǒu / 슈포우

素餐 명 채식
동 소식하다, 채식하다
sùcān / 수찬

罐头 명 통조림, 캔
guàntou / 구안토우

忌食 동 (종교, 병, 기타 원인으로) 먹지 않다
jìshí / 지슈

승객 제 담당 의사께서 저에게 열량이 낮은 음식을 먹으라고 하셨어요. 그래서 야채식을 주문하려고 하는데, 가능한가요?

승무원 당연히 가능합니다. 제가 가서 준비해 오겠습니다. 비행기표를 끊으실 때 저희에게 먹지 못하는 것을 알려주시는 걸 잊어버리신 승객 분들을 위해서, 저희는 계속 야채식을 가지고 다닙니다.

나 타이 하오 르! 워 간다오 자이즈리 지우시앙 자이지아리 이양.
那太好了！我感到在这里就像在家里一样。
nà tài hǎo le! wǒ gǎndào zài zhèli jiùxiàng zài Jiālǐ yíyàng.

니먼 요시에 셤머 수차이, 시아오지에?
你们有些什么素菜，小姐？
nǐmen yǒuxiē shénme sùcài, xiǎojiě?

워먼 요 시홍슈, 치에즈, 셩차이, 모구 덩덩,
我们有西红柿，茄子，生菜，蘑菇等等，
wǒmen yǒu xīhóngshì, qiézi, shēngcài, mógu děngděng,

닌 야오 셤머?
您要什么？
nín yào shénme?

시홍슈 흐 지단.
西红柿和鸡蛋。
xīhóngshì hé jīdàn.

싱, 마샹 워 지우 바 닌 디엔더 차이 송라이.
行，马上我就把您点的菜送来。
xíng, mǎshàng wǒ jiù bǎ nín diǎn de cài sònglái.

핵심어휘

这里 ㉠ 여기
zhèlǐ / 즈리

就 ㉥ 벌써
jiù / 지우

像 ㉧ 같다
xiàng / 시앙

家里 ㉤ 집
jiāli / 지아리

一样 ㉨ 같다
yíyàng / 이양

西红柿 ㉤ 토마토
xīhóngshì / 시홍슈

茄子 ㉤ 가지
qiézi / 치에즈

生菜 ㉤ 상추
shēngcài / 셩차이

蘑菇 ㉤ 버섯
mógu / 모구

鸡蛋 ㉤ 계란
jīdàn / 지단

马上 ㉥ 즉시, 곧, 바로
mǎshàng / 마샹

菜 ㉤ 채소, 야채, 반찬
cài / 차이

승객 잘됐네요! 여기는 마치 집 같은 느낌이 들어요. 어떤 야채식 요리가 있나요, 아가씨?

승무원 토마토, 가지, 상추, 버섯 등이 있습니다. 어떤 걸 원하세요?

승객 토마토와 계란 주세요.

승무원 네, 금방 주문하신 음식을 갖다드리겠습니다.

기내식

077 손님, 생일 케이크 주문하셨죠?

청커, 닌 디엔르 셩르 단가오 르바?

청커, 닌 디엔 르 셩르 단가오 르바?
乘客，您点了生日蛋糕了吧？
chéngkè, nín diǎn le shēngrì dàngāo le bā?

슈더. 진티엔슈 워 팡비엔 나 웨이 펑요 더 셩르.
是的。今天是我旁边那位朋友的生日。
shìde. jīntiān shì wǒ pángbiān nàwèi péngyou de shēngrì.

주흐 닌. 즈 슈 단가오 하이요 워먼 항콩공스
祝贺您。这是蛋糕还有我们航空公司
zhùhè nín. zhè shì dàngāo háiyǒu wǒmen Hángkōnggōngsī

게이 닌 준베이 더 이펀 리우. 자이츠 주흐 닌.
给您准备的一份礼物。再次祝贺您。
gěinín zhǔnbèi de yífèn lǐwù. zàicì zhùhè nín.

와, 즌 시에시에 닌.
哇，真谢谢您。
wā, zhēnxièxienín.

핵심어휘

乘客 명 손님
chéngkè / 청커

点 동 주문하다
diǎn / 디엔

生日 명 생일
shēngrì / 셩르

蛋糕 명 케이크
dàngāo / 단가오

旁边 명 옆, 곁, 부근
pángbiān / 팡비엔

朋友 명 친구
péngyou / 펑요

祝贺 동 축하하다
zhùhè / 주흐

航空公司 명 항공사
Hángkōnggōngsī / 항콩공스

准备 동 준비하다, 명 준비
zhǔnbèi / 준베이

礼物 명 선물, 증정품
lǐwù / 리우

승무원 손님, 생일 케이크 주문하셨죠?
승객 네, 오늘이 제 옆에 있는 친구의 생일이에요.
승무원 축하합니다. 이건 케이크와 저희 항공사에서 준비한 선물입니다. 다시 한 번 축하드립니다.
승객 와, 정말 고맙습니다.

기내식

078 저희는 단거리 노선이어서 간식만 제공됩니다

즈슈 두안투 항시엔, 워먼 즈 공잉 디엔신

시아오지에, 넝포우 가오수 워 션머 슈호우 공잉 정찬 마?

小姐，能否告诉我什么时候供应正餐吗？

xiǎojiě, néngfǒu gàosu wǒ shénmeshíhòu gōngyìng zhèngcān ma?

두이부치, 시엔셩, 즈슈 두안투 항시엔,

对不起，先生，这是短途航线，

duìbùqǐ, xiānsheng, zhè shì duǎntú hángxiàn,

워먼 즈 공잉 디엔신.

我们只供应点心。

wǒmen zhǐ gōngyìng diǎnxin.

오, 워 밍바이 르.

哦，我明白了。

ò, wǒ míngbái le.

핵심어휘

能否 동 ~해도 되나요?
néngfǒu / 넝포우

告诉 동 알리다, 말하다
gàosu / 가오수

时候 명 때, 시각
shíhou / 슈호우

正餐 명 정찬, 식사
zhèngcān / 정찬

短途 명 단거리
duǎntú / 두안투

航线 명 항로
hángxiàn / 항시엔

点心 명 간식
diǎnxin / 디엔신

明白 동 이해하다, 형 분명하다
míngbai / 밍바이

승객 아가씨, 기내식이 언제 제공되는지 알 수 있나요?

승무원 죄송합니다, 선생님. 저희는 단거리 노선이어서 간식만 제공됩니다.

승객 아, 그렇군요.

칭덩이후얼, 워먼 나 디엔신 구오라이.

请等一会儿，我们拿点心过来。

qǐng děng yíhuìer, wǒmen ná diǎnxin guòlái.

두오시에 르.

多谢了。

duōxiè le.

메이구안시.

没关系。

méiguānxì.

핵심어휘

拿 ⓢ 집다, 가지다
ná / 나

过来 ⓢ 오다
guòlái / 구오라이

多谢 ⓢ 대단히 고맙다
duōxiè / 두오시에

승무원 잠시만 기다리세요, 저희가 간식을 가지고 올게요.

승객 정말 고맙습니다.

승무원 괜찮습니다.

기내식

079 저희 부주의로 손님의 점심을 빠뜨렸습니다, 양해해주십시오

요위 워먼더 공주오 슈후, 로우 퐈르 닌 더 우찬, 칭 닌 유엔리앙

두이부치, 시엔셩, 요위 워먼더 공주오 슈후,
对不起，先生，由于我们的工作疏忽，
duìbùqǐ, xiānsheng, yóuyú wǒmen de gōngzuò shūhu,

로우 퐈 르 닌 더 우찬, 칭 닌 유엔리앙!
漏发了您的午餐，请您原谅!
lòu fā le nín de wǔcān, qǐng nín yuánliàng!

메이관시, 워 시앙 츠 미퐌 더 타오찬.
没关系，我想吃米饭的套餐。
méiguānxì, wǒ xiǎng chī mǐfàn de tàocān.

하오더, 닌 하이 쉬야오 셤머?
好的，您还需要什么？
hǎo de, nín hái xūyào shénme?

이베이 청즈 바!
一杯橙汁吧!
yìbēi chéngzhī bā!

핵심어휘

由于 접 때문에
yóuyú / 요위

工作 명 일, 직업, 동 일하다
gōngzuò / 공주오

疏忽 동 소홀히 하다
형 부주의하다
shūhu / 슈푸

漏 동 빠뜨리다, 누락되다
lòu / 로우

发 동 보내다, 내주다
fā / 퐈

午餐 명 점심
wǔcān / 우찬

原谅 동 양해하다, 이해하다
yuánliàng / 유엔리앙

米饭 명 쌀밥
mǐfàn / 미퐌

套餐 명 세트메뉴
tàocān / 타오찬

需要 동 필요하다
xūyào / 쉬야오

승무원 죄송합니다, 선생님. 저희 부주의로 손님의 점심을 빠뜨렸네요. 양해해주십시오.

승객 괜찮습니다, 저는 쌀밥으로 주세요.

승무원 네, 알겠습니다. 더 필요한 것 있으신가요?

승객 오렌지주스 1잔 주세요.

칭샤오덩, 마샹 송구오라이.

请稍等，马上送过来。

qǐng shāo děng, mǎshàng sòng guòlái.

자이츠 두이 닌 비아오슈 션션 더 치엔이!

再次对您表示深深的歉意!

zàicì duì nín biǎoshì shēnshēn de qiànyì!

핵심어휘

橙汁 명 오렌지주스
chéngzhī / 청즈

马上 부 곧, 즉시
mǎshàng / 마샹

深深 형 매우 깊다, 깊숙하다
shēnshēn / 션션

歉意 명 미안한 마음
qiànyì / 치엔이

승무원 잠시만 기다리세요, 금방 갖다드리겠습니다. 다시 한 번 깊이 사죄드립니다.

기내식

080 저희 항공편은 무료로 음식을 제공하지 않습니다

번츠 항반 부티공 미엔페이 슈핀

시아오지에, 타먼 도우 츠 빙간, 점머 부 게이 워먼 너?

小姐，他们都吃饼干，怎么不给我们呢？

xiǎojiě, tāmen dōu chī bǐnggān, zěnme bù gěi wǒmen ne?

승무원

부하오이스, 번츠 항반 부 티공 미엔페이 슈핀,

不好意思，本次航班不提供免费食品，

bùhǎoyìsī, běncì hángbān bù tígōng miǎnfèi shípǐn,

루구어 닌 쉬야오 커이 칸 이시아 차이단,

如果您需要可以看一下菜单，

rúguǒ nín xūyào kěyǐ kàn yíxià càidān,

요 시앙 야오 츠 더 지우 지아오 워 바.

有想要吃的就叫我吧。

yǒu xiǎng yào chī de jiù jiào wǒ bā.

핵심어휘

他们 ㊐ 그들
tāmen / 타먼

吃 ㊍ 먹다
chī / 츠

饼干 ㊔ 비스킷, 과자
bǐnggān / 빙간

给 ㊍ ~을 ~에게 주다
gěi / 게이

不好意思 ㊒ 실례하다, 죄송하다
bùhǎoyìsī / 부하오이스

本次航班 ㊔ 본 항공편
běncì hángbān / 번츠 항반

提供 ㊍ 공급하다
tígōng / 티공

免费 ㊍ 무료로
miǎnfèi / 미엔페이

食品 ㊔ 식품
shípǐn / 슈핀

菜单 ㊔ 메뉴판
càidān / 차이단

승객 아가씨, 저분들은 다 과자를 먹는데, 왜 우리에겐 안 주죠?

승무원 죄송합니다. 저희 항공편은 무료로 음식을 제공하지 않습니다. 만약 원하신다면 여기 메뉴판을 보시고, 필요하면 저를 불러주세요.

하오바, 나 게이 워 즈거 바, 칸치라이 하오츠,
好吧，那给我这个吧，看起来好吃，
hǎo bā, nà gěi wǒ zhège bā, kànqǐlái hǎochī,

즈거 슈 한구어 빙간 마?
这个是韩国饼干吗？
zhège shì Hánguó bǐnggān ma?

슈더, 슈 자이 한구어 흔 창시아오 더 빙간,
是的，是在韩国很畅销的饼干，
shì de shì zài Hánguó hěn chàngxiāo de bǐnggān,

닌 커이 핀창 이시아.
您可以品尝一下。
nín kěyǐ pǐncháng yíxià.

핵심어휘

叫 ⓢ부르다
jiào / 지아오

看起来 보기에 ~하다
kànqǐlái / 칸치라이

好吃 ⓗ맛있다
hǎochī / 하오츠

很 ⓑ매우
hěn / 흔

畅销 ⓗ잘 팔리다, 매상이 좋다
chàngxiāo / 창시아오

品尝 ⓢ맛보다, 시식하다
pǐncháng / 핀창

승객　네, 이걸로 주세요, 맛있어 보이네요. 이거 한국 과자인가요?

승무원　네, 그렇습니다. 한국에서 아주 인기 있습니다. 한번 맛보세요.

면세품

081 상품구입서를 작성해주세요

칭 티엔이시아 즈장 고우우단

워 시앙 마이 시앙슈에이.

我想买香水。

wǒ xiǎng mǎi xiāngshuǐ.

칭 티엔 이시아 즈장 고우단.

请填一下这张购物单。

qǐng tián yíxià zhè zhāng gòuwùdān.

워 티엔 완르. 게이닌.

我填完了。给您。

wǒ tián wánle, gěi nín.

닌 푸 시엔진, 하이슈 슈아카.

您付现金，还是刷卡。

nín fù xiànjīn, háishì shuākǎ.

핵심어휘

买 ㉺ 사다
mǎi / 마이

香水 ㉿ 향수
xiāngshuǐ / 시앙슈에이

填 ㉺ 기입하다
tián / 티엔

购物单 ㉿ 쇼핑목록
gòuwùdān / 고우단

付 ㉺ 지불하다
fù / 푸

现金 ㉿ 현금
xiànjīn / 시엔진

还是 ㊈ 또는
háishi / 하이슈

刷卡 ㉺ 카드로 결제하다
shuākǎ / 슈아카

승객 저 향수를 사고 싶은데요.

승무원 여기 상품구입서를 작성해주세요.

승객 다 작성했어요. 여기 있어요.

승무원 현금으로 하시나요, 아니면 카드로 결제하실 건가요?

워야오 슈아카.

我要刷卡。

wǒ yào shuākǎ.

하오더,　칭 게이 워 닌 더 카.

好的，请给我您的卡。

hǎo de, qǐng gěi wǒ nín de kǎ.

승객　카드로 할게요.

승무원　네, 저에게 카드를 주세요.

중국인은 꽃보다 돈? ― 화폐 읽기

중국은 상인 기질이 다분한 민족이다. 중국은 인민폐(人民币)를 사용하는데, 단위는 다음과 같이 3가지가 있다.

元[yuán], 角[jiǎo], 分[fēn]

회화체로는 보통 **块**[kuài], 毛[máo], 分[fēn]을 사용한다. 毛[máo]나 分[fēn]이 금액의 끝에 오면 생략할 수도 있다.

3.88원 **三块八毛八** (分 생략)

45.8원 **四十五块八** (毛 생략)

500.9원 **五百块九** (毛 생략)

만약 단위가 **块**[kuài]나 毛[máo] 혹은 分[fēn]이 하나뿐일 때 회화체에서는 흔히 **钱**[qián]을 붙여주기도 하니 참고하자.

0.8 八毛**钱** [bāmáo qián] 빠마오치엔

88 八十八**块钱** [bāshíbākuài qián] 빠슈빠콰이치엔

800 八百**块钱** [bābǎikuài qián] 빠바이콰이치엔

면세품

082 이 책 안에 저희 ○○항공 면세품이 있습니다

즈 리미엔 요 워먼 ㅇㅇ항콩 더 미엔슈에이 샹핀

강차이 팅 구앙보 슈오, 시엔자이 커이 고우마이 미엔슈에이핀,
刚才听广播说，现在可以购买免税品。
gāngcái tīng guǎngbō shuō, xiànzài kěyǐ gòumǎi miǎnshuìpǐn.

커슈 워 부즈다오 가이 점머 마이 아?
可是我不知道该怎么买啊？
kěshì wǒ bùzhīdào gāi zěnme mǎia?

오, 나 워 게이 닌 슈어밍 이시아,
噢，那我给您说明一下，
ō, nà wǒ gěi nín shuōmíng yíxià,

닌 더 주오웨이 치엔미엔 요 이번 미엔슈에이핀 슈. 닌 칸,
您的座位前面有一本免税品书。您看，
nín de zuòwèi qiánmiàn yǒu yìběn miǎnshuìpǐn shū. nín kàn,

지우슈 즈번 슈, 즈 리미엔 요 워먼 ㅇㅇ항콩 더 미엔슈에이 샹핀.
就是这本书，这里面有我们○○航空的免税商品。
jiùshì zhèběnshū, zhèlǐmiàn yǒu wǒmen ○○ hángkōng de miǎnshuì shāngpǐn.

핵심어휘

- 刚才 ㊚ 방금, 막 — gāngcái / 강차이
- 广播 ㊔ 방송 — guǎngbō / 구앙보
- 购买 ㊍ 구매하다 — gòumǎi / 고우마이
- 免税品 ㊔ 면세품 — miǎnshuìpǐn / 미엔슈에이핀
- 该 ㊍ ~해야 한다 — gāi / 가이
- 书 ㊔ 책 — shū / 슈
- 看 ㊍ 보다 — kàn / 칸
- 商品 ㊔ 상품 — shāngpǐn / 샹핀

승객 방금 방송에서 지금부터 면세품을 살 수 있다고 했는데, 어떻게 사야 하는 건지 모르겠어요.

승무원 아, 제가 설명해드리겠습니다. 좌석 앞에 면세품 책이 있습니다. 여기 보시면, 바로 이 책입니다. 이 책 안에 저희 ㅇㅇ항공 면세품이 있습니다.

닌 즈시 칸칸 자이 나번 슈리미엔 요메이요 시앙야오 마이더 동시.

您仔细看看在那本书里面有没有想要买的东西。

nín zǐxì kànkàn zài nà běnshū lǐmiàn yǒuméiyǒu xiǎng yào mǎi de dōngxi.

루구오 요 쉬야오 더 화 지우 지아오 워먼.

如果有需要的话就叫我们。

rúguǒ yǒu xūyào de huà jiù jiào wǒmen.

하오더, 시에시에. 워 시엔 칸 이시아, 이후얼 자이 자오니.

好的，谢谢。我先看一下，一会儿再找你。

hǎo de, xièxie. wǒ xiān kàn yíxià, yíhuìer zài zhǎo nǐ.

핵심어휘

仔细 ㉮ 세세하다, 자세하다
zǐxì / 즈시

如果 ㉶ 만일
rúguǒ / 루구오

需要 ㉯ 필요하다, ㉰ 요구
xūyào / 쉬야오

叫 ㉯ 부르다, 요구하다
jiào / 지아오

我们 ㉱ 우리
wǒmen / 워먼

一会儿 ㉮ 잠깐, 잠깐 사이
yíhuìer / 이후얼

필요한 물건이 있는지 자세히 보시고, 만약 있으면 바로 저희를 불러주세요.

승객 네, 감사합니다. 먼저 보고 나서 다시 부를게요.

숫자를 손가락으로 표시하기

많은 분들이 四[sì], 十[shì] 발음을 혼동한다. 물론 상해, 남방 쪽 분들도 이 두 발음을 거의 비슷하게 낸다. 4는 내려가는 4성이고 10은 올라가는 2성이지만, 급할 때는 착각을 할 수도 있다. 그래서 헷갈릴 때는 반드시 손으로 표시를 해서 정확하게 소통하는 것이 좋다.

중국의 재미있는 잿말놀이 중에 이런 것이 있다.

四十不是十四，十四不是四十
[sìshí búshì shísì, shísì búshì sìshí]
쓰슈 부슈 슈쓰, 슈쓰 부슈 쓰슈.
40은 14가 아니고, 14는 40이 아니다.

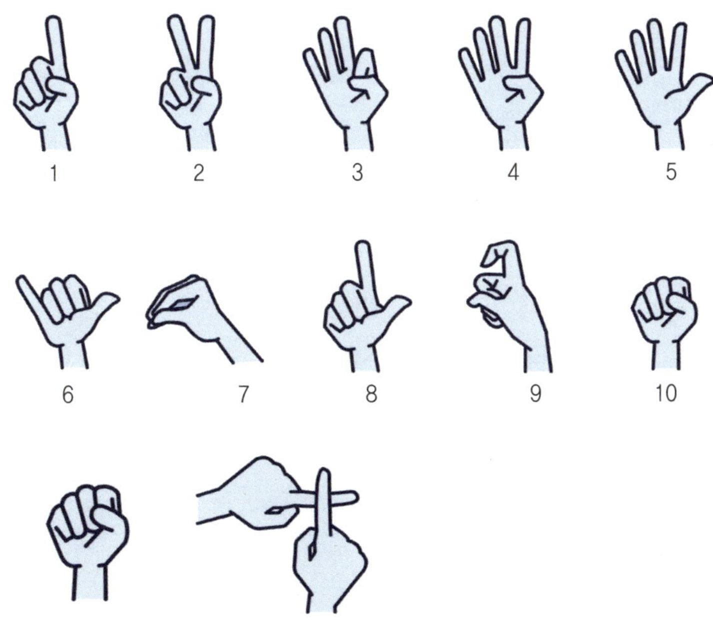

10은 한 손, 두 손으로 표현하는 방법이 다양하다.

면세품

083 당신의 카드가 은련카드입니까?

닌 더 카 슈 인리엔 카 마?

청우유엔, 워 야오 마이 즈 핑 지우. 야오 두오샤오 치엔?

乘务员，我要买这瓶酒。要多少钱？

chéngwùyuán, wǒ yào mǎi zhè píng jiǔ. yào duōshǎo qián?

즈 핑 지우 슈 우바이 메이유엔,

这瓶酒是500美元，

zhè píng jiǔ shì500 měiyuán,

즈흐 청 런민비 슈 산치엔 유엔 주오요.

折合成人民币是3000元左右。

zhéhéchéng rénmínbì shì3000 yuán zuǒyòu.

오, 메이 시앙다오 즈머 구이, 워 다이 더 시엔진 부고우 르,

哦，没想到这么贵，我带的现金不够了，

ò, méi xiǎngdào zhème guì, wǒ dài de xiànjīn búgòu le,

커이 슈아 신용카 마?

可以刷信用卡吗？

kěyǐ shuā xìnyòngkǎ ma?

핵심어휘

要 ⓢ 원하다
yào / 야오

买 ⓢ 사다
mǎi / 마이

瓶 ⓛ 병
píng / 핑

酒 ⓜ 술
jiǔ / 지우

折合 ⓢ 환산하다
zhéhé / 즈흐

成 ⓢ 완성하다
chéng / 청

人民币 ⓜ 인민폐
rénmínbì / 런민비

左右 ⓜ 정도, 왼쪽 오른쪽
zuǒyòu / 주오요

没 ⓢ 없다, ⓑ 아니다
méi / 메이

想到 ⓢ 예상, 생각하다
xiǎngdào / 시앙다오

승객 승무원, 이 술을 사고 싶은데, 얼마인가요?

승무원 500달러입니다. 인민폐로 3,000원 정도입니다.

승객 아, 그렇게 비쌀 줄은 몰랐네요. 현금이 부족한데, 신용카드도 되죠?

커이, 닌 더 카 슈 인리엔카 마?
可以，您的卡是银联卡吗？
kěyǐ, nín de kǎ shì yínliánkǎ ma?

슈더.
是的。
shì de.

나 메이요 원티, 칭 슈아카,
那没有问题，请刷卡，
nà méiyǒu wèntí, qǐng shuākǎ,

샤오호우 워 후이 바 지우 게이 닌 송 구오라이.
稍后我会把酒给您送过来。
shāohòu wǒ huì bǎ jiǔ gěi nín sòng guòlái.

핵 심 어 휘

贵 ㊊ 비싸다
guì / 구이

带 ㊍ 휴대하다, 가지다
dài / 다이

不够 ㊍ 부족하다, ㊊ 충분하지 않다
búgòu / 부고우

刷 ㊍ 긁다
shuā / 슈아

信用卡 ㊔ 신용카드
xìnyòngkǎ / 신용카

银联卡 ㊔ 은련카드 (중국은행연합회주식유한회사에서 발행하는 은행카드)
yínliánkǎ / 인리엔카

那 ㊀ 그, 저
nà / 나

问题 ㊔ 문제
wèntí / 원티

刷卡 ㊍ 카드를 긁다
shuākǎ / 슈아카

稍后 ㊔ 잠시, 잠깐
shāohòu / 샤오호우

会 ㊍ ~할 것이다
huì / 후이

给 ㊍ 주다
gěi / 게이

승무원 가능합니다. 카드가 은련카드입니까?
승객 네, 그렇습니다.
승무원 그럼 문제없어요. 카드 결제를 하고, 바로 술을 갖다드리겠습니다.

면세품

084 귀국할 때 가져갈 기념품 좀 추천해주세요

워 정자이 자오 이시에 지니엔핀 다이 후이 구어, 니 시앙 워 투이지엔 지거 바

닌 쉬야오 빵주 마?

您需要帮助吗?

nín xūyào bāngzhù ma?

워 정자이 자오 이시에 지니엔핀 다이 후이구어,

我正在找一些纪念品带回国,

wǒ zhèngzài zhǎo yìxiē jìniànpǐn dài huíguó,

니 시앙 워 투이지엔 지거 바.

你向我推荐几个吧。

nǐ xiàng wǒ tuījiàn jǐgè bā.

하오더, 시엔셩. 닌 시앙 송게이 쉐이 너?

好的, 先生。您想送给谁呢?

hǎo de, xiānsheng. nín xiǎng sònggěi shuí ne?

워 더 뉘펑요.

我的女朋友。

wǒ de nǚpéngyou.

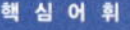

正在 ㈜ 지금 ~하고 있다
zhèngzài / 정자이

找 ㉠ 찾다
zhǎo / 자오

纪念品 ㉣ 기념품
jìniànpǐn / 지니엔핀

带 ㉣ 벨트, ㉠ 지니다
dài / 다이

回国 ㉠ 귀국하다
huíguó / 후이구오

推荐 ㉠ 추천하다
tuījiàn / 투이지엔

谁 ㉢ 누구
shuí / 쉐이

女朋友 ㉣ 여자친구
nǚpéngyou / 뉘펑요

승무원 도움이 필요하십니까?

승객 귀국할 때 가져갈 기념품을 찾고 있는데, 몇 개 추천해주세요.

승무원 네, 선생님. 어느 분께 드리는 거죠?

승객 제 여자친구요.

나양 더 화, 워 지엔이 닌 게이 타 마이 시에 한구오 후아주앙핀.

那样的话，我建议您给她买些韩国化妆品。

nàyàng de huà, wǒ jiànyì nín gěi tā mǎi xiē Hánguó huàzhuāngpǐn.

즈리앙 중 지우 슈 한구오 츄밍 더 후푸핀, 타 이딩 후이 시후안 더.

这两种就是韩国出名的护肤品，她一定会喜欢的。

zhèliǎngzhǒng jiùshì Hánguó chūmíng de hùfūpǐn, tā yídìnghuì xǐhuan de.

씽, 워시앙신니, 즈 리앙중 워 도우 야오르,

行，我相信你，这两种我都要了，

xíng, wǒ xiāngxìn nǐ, zhè liǎngzhǒng wǒ dōu yàole,

이거 송게이 뉘펑요 하이요 이거 송게이 워 마마.

一个送给女朋友还有一个送给我妈妈。

yígè sònggěi nǚpéngyou háiyǒu yígè sònggěi wǒ māma.

하오더, 칭닌샤오덩.

好的，请您稍等。

hǎo de, qǐng nín shāo děng.

핵심어휘

那样 ㉹그렇게
nàyàng / 나양

建议 ⑲제안, ⑤제안하다
jiànyì / 지엔이

买 ⑤사다
mǎi / 마이

些 ㉸조금
xiē / 시에

化妆品 ⑲화장품
huàzhuāngpǐn / 후아주앙핀

种 ㉸종류
zhǒng / 중

就 ㊝이미
jiù / 지우

出名 ⑤유명해지다, ⑱유명하다
chūmíng / 츄밍

护肤品 ⑲피부보호용 화장품
hùfūpǐn / 후푸핀

승무원 그러면 한국 화장품을 추천하고 싶어요. 이 2개가 한국 화장품 중에서 유명한 제품입니다. 그분이 분명히 좋아하실 거예요.

승객 네, 그 말을 믿을게요. 2개 다 주세요. 1개는 여자친구에게 선물하고, 1개는 어머니 드려야겠어요.

승무원 네, 잠시만 기다리세요.

면세품

085 200달러 이상 구매시 10% 할인이 됩니다

얼바이 메이유엔 지우 커이 다 지우 즈

시아오지에, 워 시앙 마이 더 샹핀 도우 시에 자이 고우단 샹 르, 이 공 두오샤오 치엔?

小姐，我想买的商品都写在购物单上了，一共多少钱？

xiǎojiě, wǒ xiǎng mǎi de shāngpǐn dōu xiě zài gòuwùdān shàng le, yígòng duōshǎo qián?

뉘슈, 안 구이딩 만 얼바이 메이유엔 지우 커이 다 지우 즈,

女士，按规定满二百美元就可以打9折，

nǚshì, àn guīdìng mǎn èrbǎi měiyuán jiù kěyǐ dǎ 9 zhé,

다 완 즈 이호우 슈 얼바이얼슈 메이유엔.

打完折以后是220美元。

dǎ wán zhé yǐhòu shì220 měiyuán.

오 즈양 아, 시에시에.

噢这样啊，谢谢。

ō zhèyàng a, xièxie.

핵심어휘

- 买 ㉧ 사다 — mǎi / 마이
- 购物单 ㉢ 쇼핑목록 — gòuwùdān / 고우단
- 多少 ㉨ 얼마나 — duōshǎo / 두오샤오
- 钱 ㉢ 돈 — qián / 치엔
- 打折 ㉧ 할인되다 — dǎzhé / 다즈어
- 美元 ㉢ 달러 — měiyuán / 메이유엔

승객　아가씨, 사고 싶은 제품을 여기 구매서에 적었어요. 모두 얼마인가요?

승무원　여사님, 200달러 이상 구매시 10% 할인이 되어서, 할인 후 220달러입니다.

승객　아, 그렇군요, 감사합니다.

부커치, 니 하이 쉬야오 셤머 마?
不客气，你还需要什么吗？
bú kèqi, nǐ hái xūyào shénme ma?

메이요르, 즈 시에 지우 고우 르.
没有了，这些就够了。
méiyǒule, zhè xiē jiù gòu le.

하오더, 칭 닌 샤오 덩, 워 바 동시 다이라이.
好的，请您稍等，我把东西带来。
hǎo de, qǐng nín shāo děng, wǒ bǎ dōngxi dàilái.

핵심어휘

些 ㉣조금
xiē / 시에

够 ㉢충분하다, ㉤비교적
gòu / 고우

东西 ㉥물건
dōngxi / 동시

승무원 천만에요. 더 필요하신 것 있으십니까?
승객 아뇨, 이거면 충분해요.
승무원 네, 잠시만 기다리세요. 제품을 가져오겠습니다.

면세품

086 저희는 이미 인민폐 결제제도를 실행하고 있습니다

워먼 이징 카이통르 런민비 푸쿠안 예우

워 이샹 마이 즈시에 동시,
我想买这些东西,
wǒ xiǎng mǎi zhèxiē dōngxi,

커이 용 런민비 라이 푸쿠안 마?
可以用人民币来付款吗?
kěyǐ yòng rénmínbì lái fùkuǎn ma?

당란 커이아, 워먼 이징 카이통 르
当然可以啊, 我们已经开通了
dāngrán kěyǐ a. wǒmen yǐjīng kāitōng le

런민비 푸쿠안 예우.
人民币付款业务。
rénmínbì fùkuǎn yèwù.

타이하오르, 즈장고우우단 즈양 시에 커이마? 니 칸칸 두이 부두이?
太好了, 这张购物单这样写可以吗? 你看看对不对?
tài hǎo le, zhè zhāng gòuwùdān zhèyàng xiě kěyǐ ma? nǐ kànkàn duì búduì?

핵심어휘

付款 ㊍ 지불하다
fùkuǎn / 푸쿠안

已经 ㊇ 이미, 벌써
yǐjīng / 이징

开通 ㊍ 개통하다
kāitōng / 카이통

业务 ㊊ 업무
yèwù / 예우

对 ㊋ 맞다, ㊍ 대조하다
duì / 두이

승객 이 물건 사고 싶은데, 인민폐 결제도 가능한가요?
승무원 당연히 가능합니다. 저희는 이미 인민폐 결제제도를 실행하고 있습니다.
승객 잘됐네요. 이거 구매목록인데, 이렇게 쓰는 거 맞나요? 맞는지 안 맞는지 봐주실래요?

메이 원티, 부구어즈리 쉬야오 치엔밍,

没问题，不过这里需要签名，

méi wèntí, búguò zhèli xūyào qiānmíng,

칭 닌 자이즈얼 치엔이시아.

请您在这儿签一下。

qǐng nín zài zhèr qiān yíxià.

응, 치엔 하오르.

恩，签好了。

ēn, qiān hǎo le.

즈시에 동시 이공 슈 이치엔빠 유엔 런민비.

这些东西一共是1800元人民币。

zhèxiē dōngxi yígòng shì 1800 yuán rénmínbì.

게이 니.

给你。

gěi nǐ.

치엔슈 정하오더, 샤오호우 바 동시 송구오라이.

钱是正好的，稍后把东西送过来。

qián shì zhènghǎo de, shāohòu bǎ dōngxi sòng guòlái.

핵심어휘

问题 명 문제
wèntí / 원티

签名 동 서명하다
qiānmíng / 치엔밍

一共 부 모두, 전부
yígòng / 이공

正好 형 딱 맞다, 부 마침
zhènghǎo / 정하오

稍后 명 잠시 후
shāohòu / 샤오호우

승무원 문제없으세요. 단지 이곳에 서명이 필요해요. 여기에 서명 한번만 해주세요.

승객 네, 서명했어요.

승무원 전부 인민폐로 1,800원입니다.

승객 여기 있습니다.

승무원 딱 맞네요. 잠시 후에 물건을 갖다드리겠습니다.

면세품

087 원하시는 물건이 오늘은 다 팔렸습니다

진티엔 이징 마이 완르, 즌 부하오이스

시아오지에, 워 이징 티엔하오르 고우단, 니 방워 칸칸.

小姐，我已经填好了购物单，你帮我看看。

xiǎojiě, wǒ yǐjīng tián hǎo le gòuwùdān, nǐ bāng wǒ kànkàn.

오, 니 시에 더 메이쵸우, 부구어 니 야오 마이 더 동시,

哦，你写的没错，不过你要买的东西，

ò, nǐ xiě de méicuò, búguò nǐ yào mǎi de dōngxi,

진티엔 이징 마이완르, 즌 부하오이스.

今天已经卖完了，真不好意思。

jīntiān yǐjīng màiwánle, zhēn bùhǎoyìsī.

커시 아, 워 더 뉘얼 페이창 시후안.

可惜啊，我的女儿非常喜欢。

kěxī a, wǒ de nǚer fēicháng xǐhuan.

핵심어휘

购物单 ㊔ 쇼핑목록
gòuwùdān / 고우단

没错 ㊕ 틀림없다
méicuò / 메이쵸우

卖完 ㊖ 품절되다
màiwán / 마이완

可惜 ㊕ 안타깝다
kěxī / 커시

女儿 ㊔ 딸
nǚer / 뉘얼

非常 ㊗ 아주, 매우
fēicháng / 페이창

喜欢 ㊖ 좋아하다
xǐhuan / 시후안

승객 아가씨, 저 구매표 다 작성했는데, 이것 좀 봐주세요.

승무원 아, 쓰신 건 틀리지 않으셨는데, 원하시는 물건이 오늘은 다 팔렸습니다. 정말 죄송합니다.

승객 안타깝네요, 제 딸이 굉장히 좋아하는 건데.

인웨이 슈 시엔리앙 더, 수오 이 흔 치앙쇼우. 닌 마이 즈거 바,
因为是限量的，所以很抢手。您买这个吧，
yīnwèi shì xiànliàng de, suǒyǐ hěn qiǎngshǒu. nín mǎi zhège bā,

시아오구오 예 부쵸어 더, 워먼 청우유엔 예 도우 용.
效果也不错的，我们乘务员也都用。
xiàoguǒ yě búcuò de, wǒmen chéngwùyuán yě dōu yòng.

승객

슈마? 워 뉘얼 예 흐 니 차부두오 다,
是吗？我女儿也和你差不多大，
shì ma? wǒ nǚer yě hé nǐ chàbùduō dà,

컨딩 후이 시후안 더.
肯定会喜欢的。
kěndìng huì xǐhuan de.

핵심어휘

因为 ㉨ 왜냐하면 (所以[suǒyǐ]와 호응해서 씀)
yīnwèi / 인웨이

限量 ㉧ 한정수량 ㉢ 수량을 정하다
xiànliàng / 시엔리앙

抢手 ㉢ 잘 팔리다
qiǎngshǒu / 치앙쇼우

效果 ㉧ 효과
xiàoguǒ / 시아오구오

不错 ㉫ 좋다, 괜찮다
búcuò / 부쵸어

差不多 ㉫ 비슷하다
chàbùduō / 차부두오

肯定 ㉥ 확실히
kěndìng / 컨딩

喜欢 ㉢ 좋아하다
xǐhuan / 시후안

승무원 수량이 정해져 있는데, 이미 다 팔렸네요. 이거 사시는 건 어떤가요? 효과가 좋아서, 저희 승무원들도 다 쓰고 있답니다.

승객 그래요? 제 딸도 당신과 비슷한 나이예요. 분명 좋아할 것 같아요.

면세품 목록 중국어로 익히기

중국인들의 한국 제품 사랑은 꾸준하다. '한류열풍'으로 드라마와 예능 프로그램이 수출되면서 그 정도는 더욱 커지고 있다. 한국에서 유학 중인 한 중국인 친구는 화장품을 구매대행해주는 일을 하고 있다. 처음에는 지인들에게만 하던 일이 이제는 전업이 되어서 매일 소포를 부치기에 바쁘다. 그만큼 중국인들한테 한국 제품은 보지도 않고 구매할 만큼 신용이 있는 것이다.
필자는 중국행 국내 항공사를 이용한 적이 있는데, 쉴 틈 없이 바쁜 승무원들의 모습을 볼 수 있었다. 90%가 중국인 손님이었고, 대부분 면세품을 구매하고 있었기 때문이다. 도대체 무엇을 살까 하고 살펴보니, 의외로 생각지도 못한 볼펜 세트를 사거나 초콜릿을 사거나 했다. 즉 여행 당시에는 사려고 생각도 안 하던 제품을 면세품 책자에서 보고 나니 호기심이 생긴 것이다.
기내 승무원이라면 면세품 판매 또한 빠질 수 없는 임무 중 하나다. 이제 면세 판매 제품을 중국어로 익히고 그것을 직접 대화문에 넣어서 응용해보자. 아래 단어는 이 책에서 제공하고 있는 오디오 파일(면세품.mp3)*을 들으며 참고하기 바란다.

化妆水	huàzhuāng shuǐ / 화주앙 슈에이	스킨
乳液	rǔyè / 루예	로션
精华液	jīnghuá yè / 징화예	에센스
眼霜	yǎnshuāng / 옌슈앙	아이크림
护肤面膜	hùfūmiànmó / 후푸미엔모	마스크팩
液体眼线笔	yètǐyǎnxiànbǐ / 예티옌시엔비	리큐드 아이라이너
唇膏	chúngāo / 츈가오	립스틱
保湿霜	bǎoshīshuāng / 바오슈슈앙	수분크림
CC 霜	CC shuāng / 씨씨 슈앙	CC크림
BB 霜	BB shuāng / 비비슈앙	BB크림
香水	xiāngshuǐ / 시앙슈에이	향수
气垫BB霜	qìdiàn BB shuāng / 치디엔 비비슈앙	에어쿠션 파우더
粉底霜	fěndǐ shuāng / 펀디슈앙	파운데이션
隔离霜	elíshuāng / 으리슈앙	메이크업베이스
防晒霜	fángshàishuāng / 팡슈아이 슈앙	선크림
耳环套装	ěrhuántàozhuāng / 얼후안 타오주앙	귀걸이세트
手链	shǒuliàn / 쇼우리엔	팔찌
项链	xiàngliàn / 시앙리엔	목걸이

钱包	qiánbāo / 치엔바오	지갑
围巾	wéijīn / 웨이진	스카프
手提包	shǒutíbāo / 쇼우티바오	핸드백
太阳镜	tàiyángjìng / 타이양징	선글라스
手表	shǒubiǎo / 쇼우비아오	손목시계
笔	bǐ / 비	볼펜
巧克力	qiǎokèlì / 치아오커리	초콜릿
多种维生素复合片	duōzhǒngwéishēngsùfùhépiàn / 두오중 웨이셩수 푸흐피엔	멀티비타민
甘蔗原素	gānzhe yuán sù / 간즈어유엔수	폴리코사놀
正官庄红参精	zhèng Guānzhuāng hóngshēn jīng / 정구안주앙 홍션징	정관장 홍삼정
水井坊	shuǐjǐng fāng / 슈에이징팡	수정방
杰克丹尼单桶威士忌	jiékèdānnídāntǒngwēishìjì / 지에커단니 단통 웨이슈지	잭다니엘스 싱글배럴
百龄坛30年苏格兰威士忌	bǎilíngtán 30 nián sūgélán wēishìjì / 바이링탄 30니엔 수거란 웨이슈진	발렌타인 30년산
芝华士 12年威士忌	zhīhuáshì 12 niánwēishìjì / 즈화슈 12니엔 웨이슈지	시바스리갈 18년산
皇家礼炮38年	huángjiālǐpào 38 nián / 후앙지아리파오 38니엔	로얄살루트 38년산
尊尼获加蓝牌威士忌	zūnníhuòjiā lánpái wēishìjì / 준니후오지아 란파이 웨이슈지	조니워커 블루

MP3 파일 있는 곳

- 진서원 홈페이지(www.jinswon.co.kr) 자료실 '승무원 중국어' 검색
- 저자 블로그(blog.naver.com/yuting827) '승무원 중국어' 검색)

'한결음더' 압축파일을 풀면 해당 파일을 찾을 수 있다.

면세품

088 맞는지 안 맞는지 확인해주시겠습니까?

칭 츄에런 이시아 즈시에 동시 두이부두이?

워 자이 니먼 더 왕잔 마이르 이시에 미엔슈에이핀,

我在你们的网站买了一些免税品，

wǒ zài nǐmen de wǎngzhàn mǎile yìxiē miǎnshuìpǐn,

시엔자이 넝 취 마?

现在能取吗？

xiànzài néng qǔ ma?

커이, 칭 츄슈 이시아 닌더 후자오 흐 덩지파이.

可以，请出示一下您的护照和登机牌。

kěyǐ, qǐng chūshì yíxià nín de hùzhào hé dēngjīpái.

게이니 후자오 흐 덩지 파이.

给你护照和登机牌。

gěi nǐ hùzhào hé dēngjīpái.

핵심어휘

网站 명 웹사이트
wǎngzhàn / 왕잔

买 동 사다
mǎi / 마이

取 동 가지다, 얻다
qǔ / 취

出示 동 내보이다
chūshì / 츄슈

승객 제가 당신 회사의 인터넷사이트에서 면세품을 구매했는데, 지금 받을 수 있나요?

승무원 가능하세요. 여권과 탑승권을 보여주세요.

승객 여기 여권과 탑승권요.

메요원티,　　　　　닌 고우마이르 이 타오 후푸핀,
没有问题，您购买了一套护肤品，
méiyǒu wèntí, nín gòumǎile yí tào hùfūpǐn,

이핑 시앙슈에이,　이핑 푸타오지우,　　칭 츄에런 이시아 즈시에 동시 두이부두이?
一瓶香水，一瓶葡萄酒，请确认一下这些东西对不对？
yìpíng xiāngshuǐ, yìpíng pútáojiǔ, qǐng quèrèn yíxià zhèxiē dōngxi duìbúduì?

도우 두이르.　시에시에,　즈양 마이 즌 팡비엔.
都对了。谢谢，这样买真方便。
dōu duì le. xièxie, zhèyàng mǎi zhēn fāngbiàn

핵심 어휘

套 ㉧세트
tào / 타오

确认 ㉢확인하다
quèrèn / 츄에런

方便 ㉭편리하다, ㉠수단
fāngbiàn / 팡비엔

승무원　문제없습니다. 여기 화장품 세트, 향수 1병, 와인 1병입니다. 맞는지 안 맞는지 확인해주시겠습니까?

승객　　전부 맞네요. 감사합니다. 이렇게 사니 편리하네요.

물건의 단위를 표현하는 '수량사'

자주 쓰이는 양사

우리말에서 물건을 셀 때는 '물건 + 수사 + 단위'를 함께 써서 '책 1권', '옷 2벌', '빵 2개'처럼 쓴다. 우리말에서 단위에 해당하는 '권', '개' 같은 단어의 품사를 중국어에서는 '양사'라고 한다.

중국어에서 수사는 명사를 직접 수식할 수 없기 때문에 반드시 양사를 동반해야 하며, 수사와 양사의 결합을 '수량사'라고 한다. 수량사는 명사를 수식할 수 있다. 중국어 수량사의 어순은 다음과 같다.

수량사(수사 + 양사) + 명사

一杯水 [yìbēi shuǐ] 1컵의 물(물 1컵)
一本书 [yìběn shū] 1권의 책(책 1권)
两件衣服 [liǎngjiàn yīfu] 2벌의 옷(옷 2벌)
三瓶香水 [sānpíng xiāngshuǐ] 3병의 향수(향수 3병)
一套化妆品 [yítào huàzhuāngpǐn] 한 세트의 화장품(화장품 한 세트)

다음은 자주 사용하는 양사다.

个	gè / 거	대부분의 양사를 대신해 사용할 수 있다(양사일 때 경성으로 읽는다)
位	wèi / 웨이	사람을 존중할 때 쓰는 양사
把	bǎ / 바	손잡이가 있어서 손으로 들거나 쥘 수 있는 물건(우산, 칼, 열쇠 등)
辆	liàng / 리앙	비행기를 제외한 바퀴 달린 교통수단
张	zhāng / 장	평평한 평면을 가진 물건(종이, 책상, 침대)
楼	lóu / 로우	건물의 층을 셀 때 사용
支	zhī / 즈	필기도구를 셀 때 사용
条	tiáo / 티아오	가늘고 길다란 것을 셀 때 사용

면세품

089 그럼 환불처리 해드리겠습니다

나 워 빵닌 투이 쿠안

즈 핑 시앙슈에이 슈 워 강차이 마이 더,
这瓶香水是我刚才买的,
zhè píng xiāngshuǐ shì wǒ gāngcái mǎi de,

커 슈 워 부시앙 야오르.
可是我不想要了。
kěshì wǒ bùxiǎng yàole.

시앙슈에이 요 셤머 즈리앙 원티 마?
香水有什么质量问题吗?
xiāngshuǐ yǒu shénme zhìliàng wèntí ma?

메이요, 워 더 라오포 슈오 타 더 시앙슈에이 타이 두오 르, 부쉬야오르.
没有, 我的老婆说她的香水太多了, 不需要了。
méiyǒu, wǒ de lǎopo shuō tā de xiāngshuǐ tài duō le, bùxūyàole.

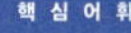

刚才 ㊇ 방금
gāngcái / 강차이

质量 ㊔ 품질
zhìliàng / 즈리앙

老婆 ㊔ 아내
lǎopo / 라오포

说 ㊍ 말하다
shuō / 슈오

多 ㊢ 많다
duō / 두오

승객 이 향수 방금 산 건데, 필요없을 것 같아요.
승무원 품질에 문제가 있으십니까?
승객 아뇨, 아내가 향수는 많다고 필요없다고 하네요.

하오더, 나 워 빵닌 투이쿠안.

好的，那我帮您退款。

hǎo de, nà wǒ bāng nín tuìkuǎn.

닌 슈 용 신용카 하이슈 용 시엔진 지에수안 더?

您是用信用卡还是用现金结算的？

nín shì yòng xìnyòngkǎ háishì yòng xiànjīn jiésuàn de?

워 용 시엔진 푸쿠안 더.

我用现金付款的。

wǒ yòng xiànjīn fùkuǎn de.

하오더, 게이 닌 빠슈 메이유엔. 추리 하오르, 하이 쉬야오 션머 마?

好的，给您80美元。处理好了，还需要什么吗？

hǎo de, gěi nín80 měiyuán. chǔlǐ hǎo le, hái xūyào shénme ma?

메이요르, 시에시에니.

没有了，谢谢你。

méiyǒule, xièxie nǐ.

핵심어휘

退款 ⓓ 환불하다, ⓜ 환불금
tuìkuǎn / 투이쿠안

结算 ⓓ 결산하다
jiésuàn / 지에수안

付款 ⓓ 지불하다
fùkuǎn / 푸쿠안

处理 ⓓ 처리하다
chǔlǐ / 추리

승무원 네, 그럼 제가 환불처리 해드리겠습니다. 신용카드로 하셨습니까, 아니면 현금으로 계산하셨습니까?

승객 현금으로 했습니다.

승무원 네, 80달러 여기 있습니다. 처리되었습니다. 더 필요하신 것 있으십니까?

승객 없습니다. 감사합니다.

면세품

090 기내 면세품은 모두 정찰제 판매가 되고 있습니다

페이지 샹 공잉 더 상핀 도우슈 밍마비아오지아 더

승객

닌 요 셤머 파이즈 더 지우레이?

您有什么牌子的酒类？

nín yǒu shénme páizi de jiǔlèi?

워 팅슈어 〈지에커단니〉 흔 쇼우 중구어런 후안잉.

我听说〈杰克丹尼〉很受中国人欢迎。

wǒ tīngshuō jiékèdānní hěn shòu zhōngguórén huānyíng.

단 워 하이 메이 흐 구어. 닌 넝 게이 워 라이 리앙핑 마?

但我还没喝过。您能给我来两瓶吗？

dàn wǒ hái méi hē guò. nín néng gěi wǒ lái liǎngpíng ma?

승무원

하오, 게이 닌.

好，给您。

hǎo, gěi nín.

승객

즈옹공 두오샤오 치엔? 넝 게이 워 다거 즈코우 마, 시아오지에?

总共多少钱？能给我打个折扣吗，小姐？

zǒnggòng duōshǎo qián? néng gěi wǒ dǎgè zhékòu ma, xiǎojiě?

핵심어휘

牌子 명 브랜드
páizi / 파이즈

酒类 명 주류
jiǔlèi / 지우레이

杰克丹尼 명 잭다니엘
jiékèdānní / 지에커단니

受欢迎 동 환영받는다
shòu huānyíng / 쇼우후안잉

总共 부 모두, 전부
zǒnggòng / 즈옹공

折扣 명 할인
zhékòu / 즈코우

승객 어떤 상표의 주류가 있나요? 중국인들 사이에서 '잭다니엘' 술이 유명하다던데, 전 아직 안 마셔봤어요. 이걸로 2병 주시겠어요?

승무원 네, 여기 있습니다.

승객 전부 얼마죠? 할인해주실 수 있나요, 아가씨?

즈옹공 빠슈 메이유엔. 두이부치, 페이지 샹 공잉 더 샹핀 도우슈 밍마비아오지아 더.

总共80美元。对不起，飞机上供应的商品都是明码标价的。

Zǒnggòng 80 měiyuán. duìbùqǐ, fēijī shàng gōngyìng de shāngpǐn dōushì míngmǎbiāojià de.

나하오, 게이닌 이빠이 메이유엔.

那好，给您100美元。

nà hǎo, gěi nín100 měiyuán.

즈슈 자오 닌 더 링치엔 흐 퐈피아오. 시에시에 닌.

这是找您的零钱和发票。谢谢您。

zhè shì zhǎo nín de língqián hé fāpiào. xièxie nín.

핵심어휘

明码标价 명 정가제
míngmǎbiāojià / 밍마비아오지아

零钱 명 잔돈
língqián / 링치엔

发票 명 영수증
fāpiào / 퐈피아오

승무원 전부 80달러입니다. 죄송하지만 기내 면세품은 모두 정찰제 판매가 되고 있습니다.

승객 알겠습니다. 여기 100달러입니다.

승무원 여기 거스름돈과 영수증입니다. 감사합니다.

다양한 항공사명, 중국어로 발음하기

요즘은 국영 항공사 외에 저가 항공사, 외국 항공사 등 다양하게 항공사가 많다. 그렇다면 중국어로 이들 항공사를 어떻게 말하는지 살펴보자. 아래 단어는 이 책에서 제공하고 있는 오디오 파일(항공사명.mp3)*을 들으며 참고하기 바란다.

MP3 파일 있는 곳

- 진서원 홈페이지(www.jinswon.co.kr) 자료실 '승무원 중국어' 검색
- 저자 블로그(blog.naver.com/yuting827) '승무원 중국어' 검색)

'한걸음더' 압축파일을 풀면 해당 파일을 찾을 수 있다.

국내 항공사 이름

대한항공	大韩航空	dà hán hángkōng	다한 항콩
아시아나항공	韩亚航空	hán yà hángkōng	한야 항콩
제주항공	济州航空	Jǐzhōu hángkōng	지즈오 항콩
진에어	金航空	jīn hángkōng	진 항콩
부산에어	釜山航空	fǔshān hángkōng	푸샨 항콩
티웨이항공	德威航空	dé wēi hángkōng	더웨이 항콩
이스타항공	易斯达航空	yìsīdá hángkōng	이스다 항콩

중국 항공사 이름

중국국제항공(에어차이나)	中国航空	zhōngguó hángkōng	중구어 항콩
중국남방항공	中国南方航空	zhōngguó nánfānghángkōng	중구어난팡 항콩
중국동방항공	中国东方航空	zhōngguó dōngfānghángkōng	중구어동팡 항콩
심천항공	深圳航空	shēnzhèn hángkōng	션전 항콩
해남항공	海南航空	hǎinán hángkōng	하이난 항콩
산동항공	山东航空	shāndōng hángkōng	산동 항콩
상해항공	上海航空	shànghǎi hángkōng	상하이 항콩
사천항공	四川航空	sìchuān hángkōng	스추안 항콩
하문항공	厦门航空	xiàmén hángkōng	시아먼 항콩
중화항공	中华航空	zhōnghuá hángkōng	중후아 항콩
화신항공	华信航空	huáxìn hángkōng	후아신 항콩
캐세이퍼시픽 항공	国泰航空	guótài hángkōng	구어타이 항콩
홍콩드래곤항공	港龙航空	gǎnglóng hángkōng	강롱 항콩

그외 국외 항공사

JAL항공	日本航空	rìběn hángkōng	르번 항콩
ANA항공	全日本航空	quánrìběn hángkōng	츄엔르번 항콩
두바이항공	迪拜航空	díbài hángkōng	디바이 항콩
말레이시아항공	马来西亚航空	mǎláixīyà hángkōng	마라시야 항콩
싱가폴항공	新加坡航空	xīnjiāpō hángkōng	신지아포 항콩
필리핀항공	菲律宾航空	fēilǜbīn hángkōng	페이뤼빈 항콩
타이항공	泰国国际航空	tàiguóguójì hángkōng	타이구어구어지 항콩
캐나다항공	加拿大航空	jiānádà hángkōng	지아나다 항콩
카타르항공	卡塔尔航空	kǎtǎ'ěr hángkōng	카타얼 항콩
프랑스항공	法国航空	fǎguó hángkōng	퐈구어 항콩
에미레이트항공	阿联酋航空	āliánqiú hángkōng	아리엔치우 항콩
루프트한자항공	汉莎航空	hànshā hángkōng	한샤 항콩
아메리칸항공	美国航空	měiguó hángkōng	메이구어 항콩
영국항공	英国航空	yīngguó hángkōng	잉구어 항콩
핀항공	芬兰航空	fēnlán hángkōng	펀란 항콩
이탈리아항공	意大利航空	yìdàlì hángkōng	이다리 항콩
델타항공	达美航空	dáměi hángkōng	다메이항콩
버진아틀란틱항공	维珍航空	wéizhēn hángkōng	웨이즌 항콩
네덜란드항공	荷兰航空	hélán hángkōng	흐란 항콩

필자가 유학한 하얼빈, 잠깐 소개!

하얼빈은 겨울 빙등제로 유명한 곳이다. 영하 40도까지 내려가는 추운 곳이기 때문에 얼음 축제가 가능하다. 겨울에는 냉장고가 필요 없어서 아이스크림을 냉장고 없이 길에서 판다. 그래서 더욱 매력적인 곳, 하얼빈. 러시아는 기차를 타고 갈 수 있을 정도로 가깝다. 그래서일까? 러시아의 영향을 많이 받아, 건물도 모두 러시아 건물 같다. 이름도 중국의 다른 지명인 북경, 상해, 남경과는 달리 '하얼빈'. 어떤가? 서구적이지 않은가?

우리나라와도 교류가 많은 이곳은 바로 안중근 선생님이 이토 히로부미를 암살한 하얼빈역이 있는 곳이기도 하다. 그래서 안중근 기념관은 한국인 관광객들이 많이 찾는 곳으로 유명하다. 나도 이미 여러 차례 다녀왔다. 그래서 그런지 나에게는 제2의 고향과도 같은 정말 푸근한 하얼빈.

중국에서는 "유학을 하려면 하얼빈으로 가라"는 말이 있다. 왜냐하면 많은 중국 아나운서들이 하얼빈 출신이기 때문이다. 중국 지역에서 보통화(표준어)로 유명한 지역이 하얼빈이다. 또한 상해, 북경과 다르게 관광지가 많지 않고, 일단 너무 춥기 때문에 역설적이긴 해도 공부하기에는 정말 좋은 조건이다. 한번쯤 가볼 만한 도시 하얼빈. 중국을 방문하려는 여러분께 적극 추천한다.

비행기 착륙 전후 마무리 중국어 회화

셋째 마당

착륙준비

감사인사

착륙후안내

이 책은 일부 내용(〈준비마당〉, 〈첫째마당〉, 〈부록(기내방송문 + 어휘집)〉)을 MP3, 동영상 파일로 만들었습니다. 학습에 활용하시기 바랍니다.

오디오 파일이 있는 곳

진서원 홈페이지(www.jinswon.co.kr 자료실, '승무원 중국어' 검색)

저자 블로그(blog.naver.com/yuting827, '승무원 중국어' 검색)

동영상 파일이 있는 곳 YouTube

유튜브('승무원 중국어 100 진서원' 검색)

착륙준비

091 항공기가 현재 착륙 준비 중입니다

워먼 더 페이지 정 준베이 지양루오

닌하오, 워먼 더 페이지 정 준베이 지양루오. 웨이르 닌 더 안츄엔,

您好，我们的飞机正准备降落。为了您的安全，

nínhǎo, wǒmen de fēijī zhèng zhǔnbèi jiàngluò. wèile nín de ānquán,

칭 주오자이 주오웨이 샹, 지하오 안츄엔다이.

请坐在座位上，系好安全带。

qǐng zuòzài zuòwèi shàng, jìhǎo ānquándài.

다유에 지편중 호우 다오다 무디디?

大约几分钟后到达目的地？

dàyuē jǐfēnzhōng hòu dàodá mùdìdì?

워먼 슈편중 호우 지앙 디다 지아나다 구오지지창.

我们十分钟后将抵达加拿大国际机场。

wǒmen shífēnzhōng hòu jiāng dǐdá Jiānádà Guójìjīchǎng.

당디슈지엔 완샹 지우디엔 슈펀.

当地时间晚上 9:10。

dāngdìshíjiān wǎnshang 9 diǎn 10 fēn.

핵심어휘

降落 동 내려오다, 착륙하다
jiàngluò / 지양루오

到达 동 도달하다, 도착하다
dàodá / 다오다

目的地 명 목적지
mùdìdì / 무디디

国际机场 명 국제공항
Guójìjīchǎng / 구오지지창

当地时间 명 현지시각
dāngdìshíjiān / 당디슈지엔

승무원 안녕하세요, 저희 항공기가 현재 착륙 준비 중입니다. 안전을 위해서 자리에 앉아서 안전벨트를 착용해주십시오.

승객 대략 몇 분 후에 목적지에 도착하죠?

승무원 저희는 10분 후에 캐나다 국제공항에 도착할 것입니다. 현지시각으로는 오후 9시 10분입니다

나비엔 더 티엔치 점머양?

那边的天气怎么样?

Nàbiān de tiānqì zěnmeyàng?

지아나다 원두 얼슈우 두, 티엔치 흔하오,

加拿大温度25°, 天气很好,

Jiānádà wēndù25, tiānqì hěnhǎo,

워주 닌 자이 즈얼 두구오 메이하오 슈구앙.

预祝您在这儿度过美好时光。

yùzhù nín zài zhèr dùguò měihǎo shíguāng.

핵심 어휘

天气 ⑲ 날씨
tiānqì / 티엔치

预祝 ⑧ 미리 축원한다
yùzhù / 위주

度过 ⑧ (시간을) 보내다, 지내다
dùguò / 두구오

美好 ⑱ 아름답다, 행복하다
měihǎo / 메이하오

时光 ⑲ 시기, 시절
shíguāng / 슈구앙

승객 날씨는 어떤가요?

승무원 현지 온도 25도로 아주 좋습니다. 이곳에서 아름다운 추억 만드시길 기원합니다.

착륙준비

092 제가 보관해둔 코트를 찾을 수 있나요?

워 랑 니 바오구안 더 다이 시엔자이 넝 취 마?

시아오지에, 워 랑 니 바오구안 더 다이 시엔자이 넝 취 마?

小姐，我让你保管的大衣现在能取吗？

xiǎojiě, wǒ ràng nǐ bǎoguǎn de dàyī xiànzài néng qǔ ma?

하오더, 닌 더 주오웨이 하오마 슈 두오샤오?

好的，您的座位号码是多少？

hǎo de, nín de zuòwèi hàomǎ shì duōshǎo?

얼슈우 에프.

25F。

èrshíwǔ F.

즈 지엔 다이 두이 바 ?

这件大衣对吧？

zhè jiàn dàyī duì bā?

핵심어휘

让 ⓓ ~하도록 하다
ràng / 랑

保管 ⓓ 보관하다, ⓜ 보관인
bǎoguǎn / 바오구안

大衣 ⓜ 외투, 코트
dàyī / 다이

승객 아가씨, 제가 보관해둔 코트를 찾을 수 있나요?

승무원 네, 좌석번호가 어떻게 되시죠?

승객 25F예요.

승무원 이 코트 맞으십니까?

슈더, 시에시에.
是的，谢谢。
shì de, xièxie.

부커치, 주 닌 뤼투 위콰이.
不客气，祝您旅途愉快。
bú kèqi, zhù nín lǚtú yúkuài.

핵심어휘

旅途 ⓜ 여정
lǚtú / 뤼투

愉快 ⓗ 기쁘다, 유쾌하다
yúkuài / 위콰이

승객 네, 고맙습니다.

승무원 천만에요. 좋은 여행 되세요.

착륙준비

093 조급해하지 마세요, 짐을 챙길 시간은 충분합니다

칭 닌 주오하오, 부야오 지, 닌 요 주고우 더 슈지엔 취 정리 우핀

두이부치, 뉘슈. 칭 닌 주오하오, 부야오 지,

对不起，女士。请您坐好，不要急，

duìbùqǐ, nǚshì. qǐng nín zuò hǎo, búyào jí,

닌 요 주고우 더 슈지엔 취 즈엉리 우핀.

您有足够的时间去整理物品。

nín yǒu zúgòu de shíjiān qù zhěnglǐ wùpǐn.

시엔자이 부커이 정리 싱리 마?

现在不可以整理行李吗？

xiànzài bùkěyǐ zhěnglǐ xíngli ma?

핵심어휘

坐好 ㉻ 똑바로 앉다
zuòhǎo / 주하오

足够 ㉻ 있어야 할 정도에 도달하다, ㉹ 충분하다
zúgòu / 주고우

整理 ㉻ 정리하다
zhěnglǐ / 즈엉리

物品 ㉸ 물품
wùpǐn / 우핀

行李 ㉸ 짐
xíngli / 싱리

승무원 죄송합니다, 여사님. 자리에 앉아주십시오. 조급해하지 마세요. 짐을 챙길 시간은 충분합니다.

승객 지금 짐을 정리하면 안되나요?

페이지 수이란 루오디르, 단슈 자이 디미엔 더 후아싱 중,
飞机虽然落地了，但是在地面的滑行中，
fēijī suīrán luòdìle, dànshì zài dìmiàn de huáxíng zhōng,

예 슈 웨이시엔 더, 웨이르 닌 더 즈션 안츄엔,
也是危险的，为了您的自身安全，
yě shì wēixiǎn de, wèile nín de zìshēn ānquán,

칭 자이 주오웨이 샹 주오 하오, 덩 다이 워먼 더 즈링.
请在座位上坐好，等待我们的指令。
qǐng zài zuòwèi shàng zuò hǎo, děngdài wǒmen de zhǐlìng.

하오더, 부하오이스.
好的，不好意思。
hǎo de, bùhǎoyìsī.

핵심어휘

虽然 접 비록 ~하지만
suīrán / 수이란

落 동 내려가다
luò / 루오

地 명 땅
dì / 디

滑行 동 활주하다
huáxíng / 후아싱

危险 형 위험하다, 명 위험
wēixiǎn / 웨이시엔

指令 동 지시하다, 명 지령
zhǐlìng / 즈링

승무원 항공기가 지금 착륙은 했지만 아직 활주 중에 있습니다. 아직 위험하오니, 손님의 안전을 위해서 좌석에 앉으셔서 저희의 통지를 기다려주십시오.

승객 알겠습니다, 죄송합니다.

착륙준비

094 서비스 품질 향상을 위해서 건의하실 사항이 있으신가요?

닌 넝 지우 티가오 지 샹 푸우즈리앙 게이 워먼 시에 지엔이 마?

닌하오! 시엔셩, 다라오 이시아 커이 마?

您好! 先生, 打扰一下可以吗?

nínhǎo! xiānsheng, dǎrǎo yíxiàkěyǐma?

커이.

可以。

kěyǐ.

닌 넝 지우 티가오 지 샹 푸우 즈리앙 게이 워먼 시에 지엔이 마?

您能就提高机上服务质量给我们些建议吗?

nín néng jiù tígāo jī shàng fúwù zhìliàng gěi wǒmen xiē jiànyì ma?

당란커이, 워 쥬에 더 찬슈 더 핀중 잉가이 두오 이시에,

当然可以, 我觉的餐食的品种应该多一些,

dāngrán kěyǐ, wǒ jué de cānshí de pǐnzhǒng yīnggāi duō yìxiē,

퐈 찬 더 수두 자이 콰이 이디엔.

发餐的速度在快一点。

fā cān de sùdù zài kuài yìdiǎn.

핵심어휘

打扰 ⓢ 귀찮게 하다, 폐를 끼치다
dǎrǎo / 다라오

提高 ⓢ 향상시키다
tígāo / 티가오

服务 ⓢ 서비스하다
fúwù / 푸우

质量 ⓜ 품질
zhìliàng / 즈리앙

建议 ⓢ 건의하다 ⓜ 제안
jiànyì / 지엔이

觉得 ⓢ 느끼다, 여기다
juéde / 쥬에더

餐食 ⓜ 음식
cānshí / 찬슈

品种 ⓜ 품종
pǐnzhǒng / 핀중

应该 ⓢ ~해야 한다
yīnggāi / 잉가이

多 ⓗ 많다
duō / 두오

승무원 안녕하세요! 선생님, 제가 실례해도 되겠습니까?

승객 네, 그러세요.

승무원 저희 항공기 서비스 품질 향상을 위해서 건의하실 사항이 있으신가요?

승객 당연히 있죠. 제가 생각할 때 기내식의 종류를 늘리고, 식사제공 속도를 조금만 빨리 해주셨으면 좋겠습니다.

슈펀 간시에 닌 더 지엔이,

十分感谢您的建议，

shífēn gǎnxiè nín de jiànyì,

워먼 후이 자이 이호우 더 공주오 중 지아이 가이진.

我们会在以后的工作中加以改进。

wǒmen huì zài yǐhòu de gōngzuò zhōng jiāyǐ gǎijìn.

핵심어휘

一些 ㊐ 약간, 조금
yìxiē / 이시에

速度 ㊔ 속도
sùdù / 수두

快 ㊖ 빠르다
kuài / 콰이

感谢 ㊕ 감사하다
gǎnxiè / 간시에

加以 ㊕ ~을 가하다
jiāyǐ / 지아이

改进 ㊕ 개선하다
gǎijìn / 가이진

승무원 건의해주셔서 정말 감사합니다. 이후에 근무할 때 개선하도록 반영하겠습니다.

착륙준비

095 방송을 해서 의사 선생님이 있는지 찾아보겠습니다

워 라이 구앙보 자오 이셩

시아오지에, 워 나오다이 흔낭쇼우, 시앙 투.

小姐，我脑袋难受，想吐。

xiǎojiě, wǒ nǎodai hěn nánshòu, xiǎng tǔ.

랑워 푸 닌 다오 치엔창 취 바,

让我扶您到前舱去吧，

ràng wǒ fú nín dào qiáncāng qù bā,

날 요 콩주오웨이, 커이 랑 닌 탕 시아.

那儿有空座位，可以让您躺下。

nàer yǒu kòngzuòwèi, kěyǐ ràng nín tǎng xià.

하오더, 시에시에.

好的，谢谢。

hǎo de, xièxie.

핵심어휘

脑袋 명 두뇌, 머리
nǎodai / 나오다이

难受 형 불편하다, 아프다, 괴롭다
nánshòu / 낭쇼우

吐 동 토하다
tǔ / 투

扶 동 부축하다, 지탱하다
fú / 푸

前舱 명 앞쪽 창구, 앞쪽 객실
qiáncāng / 치엔창

空座位 명 빈 좌석
kōngzuòwèi / 콩주오웨이

躺 동 눕다
tǎng / 탕

승객 아가씨, 머리가 너무 아프네요. 토할 것 같아요.

승무원 제가 앞쪽 객실로 모실게요. 그쪽에 빈 좌석이 있으니 누울 수 있습니다.

승객 네, 고맙습니다.

칭지에다이 팡자이 닌 더 이 다이 중,
清洁袋放在您的椅袋中,
qīngjiédài fàngzài nín de yǐ dài zhōng,

루구오 간다오 으신 지우 용상 타,
如果感到恶心就用上它,
rúguǒ gǎndào ěxīn jiù yòng shàng tā,

시엔자이 간쥬에 하오 디엔 르 마?
现在感觉好点了吗?
xiànzài gǎnjué hǎo diǎn le ma?

부, 워 렁란 간다오 토우훈옌화.
不, 我仍然感到头昏眼花。
bù, wǒ réngrán gǎndào tóuhūnyǎnhuā.

비에자오지, 워 라이 구앙보 자오 이셩.
别着急, 我来广播找医生。(几分钟过去了)
bié zháojí, wǒ lái guǎngbō zhǎo yīshēng.

흔바오치엔, 워 가오수 닌, 지 샹 메이 이셩 흐 후슈.
很抱歉, 我告诉您, 机上没医生和护士。
hěn bàoqiàn, wǒ gàosu nín, jī shàng méi yīshēng hé hùshi.

핵심어휘

清洁袋 명 쓰레기봉지
qīngjiédài / 칭지에다이

椅袋 명 좌석 주머니
yǐdài / 다이

感到 동 느끼다
gǎndào / 간다오

恶心 동 속이 메스껍다
ěxīn / 으신

头昏眼花 부 머리가 어지럽고 눈앞이 캄캄하다
tóuhūnyǎnhuā / 토우훈옌화

医生 명 의사
yīshēng / 이셩

护士 명 간호사
hùshi / 후슈

승무원 봉지는 좌석 주머니에 있습니다. 만약 속이 안 좋으면 사용하시면 됩니다. 지금은 좋아지셨나요?

승객 아뇨, 아직도 머리가 어지럽고 눈앞이 컴컴하네요.

승무원 걱정하지 마세요. 제가 방송을 해서 의사 선생님이 있는지 찾아보겠습니다. (몇 분이 흐른 후) 정말 죄송합니다. 현재 기내에 의사나 간호사가 없네요.

단슈 워먼 이징 통즈 디미엔 런유엔,
但是我们已经通知地面人员，
dànshì wǒmen yǐjīng tōngzhī dìmiàn rényuán,

타먼 후이 자이 워먼 다오다 지창 더 슈호우, 송 닌 취 이유엔.
他们会在我们到达机场的时候，送您去医院。
tāmen huì zài wǒmen dàodá Jīchǎng de shíhou, sòng nín qù yīyuàn.

닌 칸 즈양 싱 마?
您看这样行吗？
nín kàn zhèyàng xíng ma?

두이위 닌 웨이 워 주오 더 이치에,
对于您为我做的一切，
duìyú nín wèi wǒ zuò de yíqiè,

워 즌슈 간지 부진.
我真是感激不尽。
wǒ zhēnshì gǎnjī bújìn.

핵심어휘

通知 ⓢ알리다, 통지하다, ⓜ통지
tōngzhī / 통즈

人员 ⓜ직원
rényuán / 런유엔

医院 ⓜ병원
yīyuàn / 이유엔

感激 ⓢ감격하다
gǎnjī / 간지

不尽 ⓗ끝이 없다, 다함이 없다
bújìn / 부진

하지만 저희가 이미 지상의 직원에게 알렸습니다. 저희가 공항에 도착하면 그분들이 손님을 병원으로 모셔다드릴 겁니다. 이렇게 하는 것이 괜찮으신가요?

승객　저를 위해서 해주신 모든 것에 정말 감사하기 그지없습니다.

착륙준비

096 선생님, 노트북을 꺼주시겠습니까?

시엔셩, 칭 닌 구안비 쇼우티 디엔나오 하오마?

시엔셩, 칭 닌 구안비 쇼우티디엔나오 하오마?
先生，请您关闭手提电脑好吗？
xiānsheng, qǐng nín guānbì shǒutídiànnǎo hǎoma?

웨이셤머 구안 나?
为什么关那？
wèishénme guān nà?

인웨이 워먼더 페이지, 지지앙 다오다 무디디,
因为我们的飞机，即将到达目的地，
yīnwèi wǒmende fēijī, jíjiāng dàodá mùdìdì,

자이 시아지앙 더 구오청 중, 쉬야오 구안비 디엔즈셔베이.
在下降的过程中，需要关闭电子设备。
zài xiàjiàng de guòchéng zhōng, xūyào guānbì diànzǐshèbèi.

슈 즈양, 나 워 구안르.
是这样，那我关了。
shì zhèyàng, nà wǒ guānle.

핵심어휘

关闭 ⓓ 닫다, 끄다
guānbì / 구안비

手提电脑 명 노트북 컴퓨터
shǒutídiànnǎo / 쇼우티디엔나오

为什么 부 왜, 어째서, 명 의 왜
wèishénme / 웨이셤머

即将 부 곧, 머지않아
jíjiāng / 지지앙

到达 동 도착하다, 도달하다
dàodá / 다오다

目的地 명 목적지
mùdìdì / 무디디

下降 동 하강하다, 내리다
xiàjiàng / 시아지앙

过程 명 과정
guòchéng / 구오청

电子设备 명 전자제품
diànzǐshèbèi / 디엔즈셔베이

승무원 선생님, 노트북을 꺼주시겠습니까?
승객 왜 꺼야 하죠?
승무원 저희 항공기가 곧 목적지에 도착합니다. 착륙 과정 중에는 전자기기를 꺼야 합니다.
승객 그렇군요. 그럼 끄겠습니다.

시에시에 닌 더 흐주오!

谢谢您的合作!

xièxie nínde hézuò!

핵 심 어 휘

合作 ⓢ 협력하다
hézuò / 흐주오

승무원 협조해주셔서 감사합니다!

중국의 도시 이름 살펴보기

다음은 중국의 주요 도시 이름이다. 중국어로 어떻게 말하는지 살펴보자. 아래 단어는 이 책에서 제공하고 있는 오디오 파일(중국도시.mp3)*을 들으며 참고하기 바란다.

MP3 파일 있는 곳

- 진서원 홈페이지(www.jinswon.co.kr) 자료실 '승무원 중국어' 검색
- 저자 블로그(blog.naver.com/yuting827) '승무원 중국어' 검색)

'한걸음더' 압축파일을 풀면 해당 파일을 찾을 수 있다.

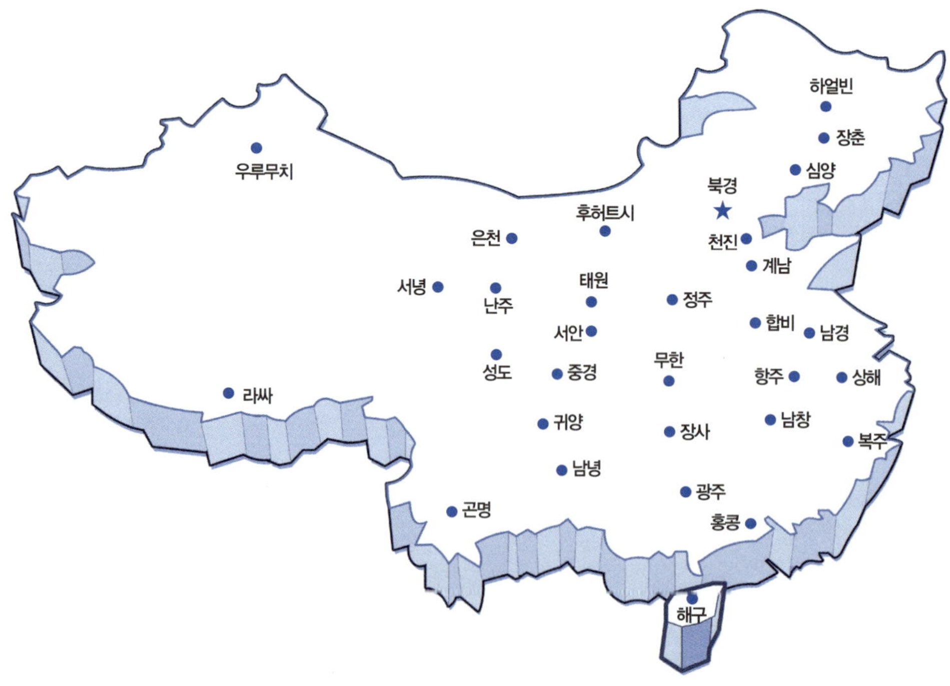

上海	Shànghǎi / 상하이	상해
北京	Běijīng / 베이징	북경
广州	Guǎngzhōu / 구앙저우	광주
深圳	Shēnzhèn / 션즈언	심천
苏州	Sūzhōu / 수저우	소주
杭州	Hángzhōu / 항저우	항주
天津	Tiānjīn / 티엔진	천진
重庆	Chóngqìng / 충칭	중경
无锡	Wúxī / 우시	무석
成都	Chéngdū / 청두	성도
青岛	Qīngdǎo / 칭다오	청도
昆明	Kūnmíng / 쿤밍	곤명
武汉	Wǔhàn / 우한	무한
大连	Dàlián / 다리엔	대련
沈阳	Shěnyáng / 션양	심양
南京	Nánjīng / 난징	남경
哈尔滨	Hā'ěrbīn / 하얼빈	하얼빈
佛山	Fóshān / 포샨	불산
泉州	Quánzhōu / 취안저우	천주
济南	Jǐnán / 지난	계남
长春	Chángchūn / 창춘	장춘
烟台	Yāntái / 옌타이	연태
唐山	Tángshān / 탕샨	당산
大庆	Dàqìng / 다칭	대경
西安	Xī'ān / 시안	서안
厦门	Xiàmén / 시아먼	하문
牡丹江	Mǔdānjiāng / 무단지앙	목단강
郑州	Zhèngzhōu / 정저우	정주
长沙	Chángshā / 창샤	장사
海口	Hǎikǒu / 하이코우	해구
香港	Xiānggǎng / 시앙강	홍콩

감사인사

097 손님께 서비스를 할 수 있어서 영광이었습니다

넝 웨이 닌 푸우 슈 워먼 더 롱싱

시엔셩, 닌 더 싱리 도우 자이 즈리 마?

先生，您的行李都在这里吗？

xiānsheng, nín de xíngli dōu zài zhèli ma?

슈더, 워더 싱리 도우 자이 즈얼 르.

是的。我的行李都在这儿了。

shì de. wǒ de xíngli dōu zài zhèr le.

페이창 간시에 닌 웨이 워 주오 더 이치에.

非常感谢您为我做的一切。

fēicháng gǎnxiè nín wèi wǒ zuò de yíqiè.

즈 슈 이츠 슈슈 더 뤼싱.

这是一次舒适的旅行。

zhè shì yícì shūshì de lǚxíng.

넝 랑 닌 뤼투 위콰이, 워 페이창 가오싱. 넝 웨이 닌 푸우 슈 워먼 더 롱싱.

能让您旅途愉快，我非常高兴。能为您服务是我们的荣幸。

néng ràng nín lǚtú yúkuài, wǒ fēicháng gāoxìng. néng wèi nín fúwù shì wǒmen de róngxìng.

핵심어휘

一切 ㊀ 모두, 일체의 ㊇ 모두
yíqiè / 이치에

舒适 ㊂ 편하다
shūshì / 슈슈

旅行 ㊄ 여행, ㊅ 여행하다
lǚxíng / 뤼싱

高兴 ㊂ 기쁘다 ㊅ ~하기를 좋아하다
gāoxìng / 가오싱

服务 ㊅ 서비스하다
fúwù / 푸우

荣幸 ㊂ 매우 영광스럽다
róngxìng / 롱싱

승무원 선생님, 짐은 다 여기에 있습니까?

승객 네, 제 짐은 다 여기 있어요. 정말 감사드려요. 아주 편한 비행이었어요.

승무원 비행이 편하셨다니, 저도 정말 기쁘네요. 손님께 서비스를 할 수 있어서 영광이었습니다.

하오, 다오워먼 슈어 자이지엔 더 슈호우 르.

好，到我们说再见的时候了。

hǎo, dào wǒmen shuō zàijiàn de shíhou le.

워먼 치다이 즈 닌 자이 츠 청주오 워먼더 반지.

我们期待着您再次乘坐我们的班机。

wǒmen qīdài zhe nín zàicì chéngzuò wǒmen de bānjī.

이딩 후이 더.

一定会的。

yídìnghuì de.

자이지엔르, 주 닌 하오윈.

再见了，祝您好运。

zàijiànle, zhù nín hǎoyùn.

핵심어휘

期待 동 기대하다
qīdài / 치다이

乘坐 동 탑승하다
chéngzuò / 청주오

班机 명 정기항공편
bānjī / 반지

好运 명 행운, 좋은 기회
hǎoyùn / 하오윈

승객　네, 이제는 작별인사를 해야 할 때네요.

승무원　다음 번에도 꼭 저희 항공편을 다시 이용해주시길 기대할게요.

승객　반드시 그럴게요.

승무원　안녕히 가세요. 행운이 있으시길 바랍니다.

감사인사

098 손님, 저희 항공기 서비스에 만족하셨습니까?

청커, 닌 두이 번츠 항반 더 푸우 만이 마?

청커, 닌 두이 번츠항반 더 푸우 만이 마?
乘客，您对本次航班的服务满意吗？
chéngkè, nín duì běncìhángbān de fúwù mǎnyì ma?

은, 만이.
恩，满意。
ēn, mǎnyì.

나 퐝미엔 나? 넝 슈오 이시아 마?
哪方面那？能说一下吗？
nǎ fāngmiàn nà? néng shuō yíxià ma?

니먼 더 푸우 흔 즈오우다오, 티에신, 흔 슈푸.
你们的服务很周到，贴心，很舒服。
nǐmen de fúwù hěn zhōudào, tiēxīn, hěn shūfu.

핵심어휘

本次航班 명 이 항공기
běncìhángbān / 번츠항반

满意 형 만족하다
mǎnyì / 만이

方面 명 방면, 분야
fāngmiàn / 퐝미엔

周到 형 세심하다, 꼼꼼하다
zhōudào / 즈오우다오

贴心 형 가장 친하다
tiēxīn / 티엔신

舒服 형 편안하다
shūfu / 슈푸

승무원 손님, 저희 항공기 서비스에 만족하셨습니까?
승객 네, 아주 만족스러웠습니다.
승무원 어떤 부분에서 그런지 말씀해주실 수 있습니까?
승객 서비스가 굉장히 세세하고 친근해서, 아주 편했습니다.

시에시에, 닌더 쿠아지앙, 워먼 후이 지쉬 누리 더,

谢谢，您的夸奖，我们会继续努力的，

xièxie, nín de kuājiǎng, wǒmen huì jìxù nǔlì de,

간시에 닌 청주오 워먼 더 반지,

感谢您乘坐我们的班机，

gǎnxiè nín chéngzuò wǒmen de bānjī,

시왕 넝 요싱 자이츠 흐 닌 지엔미엔.

希望能有幸再次和您见面。

xīwàng néng yǒuxìng zàicì hé nín jiànmiàn.

핵심어휘

夸奖 ⓢ 칭찬하다
kuājiǎng / 쿠아지앙

继续 ⓢ 계속하다
ⓜ 계속, 연속
jìxù / 지쉬

努力 ⓢ 노력하다
nǔlì / 누리

승무원 과찬의 말씀 감사합니다. 앞으로 계속 노력할 것이니, 다시 한 번 저희 항공편을 이용해주시면 감사하겠습니다. 다음 번에 또 만나뵙길 기원하겠습니다.

착륙후안내

099 오늘 제주도의 날씨는 맑습니다

지조우다오 진티엔 더 티엔치 슈 칭티엔

시아오지에, 넝포우 가오수 워 당디 더 티엔치?

小姐，能否告诉我当地的天气？

xiǎojiě, néngfǒu gàosu wǒ Dāngdì de tiānqì?

당란 커이, 지조우다오 진티엔 더 티엔치 슈 칭티엔. 주이가오 원두 슈 얼슈빠 두.

当然可以，济州岛今天的天气是晴天。最高温度是28度。

dāngrán kěyǐ, Jǐzhōudǎo jīntiān de tiānqì shì qíngtiān. zuìgāo wēndù shì 28 dù.

나워 추안 즈 지엔 이푸 커이 바?

那我穿这件衣服可以吧？

nà wǒ chuān zhè jiàn yīfu kěyǐ bā?

루구오 단신 치원 조우비엔, 다이 이지엔 창시우 바오 샨 지커.

如果担心气温骤变，带一件长袖薄衫即可。

rúguǒ dānxīn qìwēn zhòubiàn, dài yíjiàn chángxiù báo shān jíkě.

핵심어휘

能否 동 할 수 있나요?
néngfǒu / 넝포우

告诉 동 알려주다
gàosu / 가오수

济州岛 명 제주도
Jǐzhōudǎo / 지조우다오

晴天 명 맑은 날씨
qíngtiān / 칭티엔

승객 아가씨, 현지 날씨 좀 알려주실 수 있나요?

승무원 당연하죠. 오늘 제주도의 날씨는 맑습니다. 최고 온도는 28도입니다.

승객 그럼 저 이렇게 입어도 되죠?

승무원 만약 기온 변화가 걱정되신다면, 얇은 긴 팔 셔츠를 하나 더 챙기시는 게 좋겠습니다.

나 더 양구앙 치앙리에 마?
那的阳光强烈吗?
nà de yángguāng qiángliè ma?

치원 빙 부가오, 단슈 즈와이시엔 슈 흔 치앙 리에 더,
气温并不高，但是紫外线是很强烈的，
qìwēn bìng bùgāo, dànshì zǐwàixiàn shì hěn qiángliè de,

쉬야오 차 팡샤이슈앙, 다이 즈양산, 주니 하오윈.
需要擦防晒霜，带遮阳伞，祝你好运。
xūyào cā fángshàishuāng, dài zhēyángsǎn, zhù nǐ hǎoyùn.

핵심어휘

骤变 ⓢ급변하다
zhòubiàn / 조우비엔

长袖薄衫 ⓜ얇은 긴 팔 셔츠
chángxiù báo shān / 창시우 바오 샨

阳光 ⓜ양광, 햇빛
yángguāng / 양구앙

强烈 ⓗ강렬하다
qiánglié / 치앙리에

紫外线 ⓜ자외선
zǐwàixiàn / 즈와이시엔

防晒霜 ⓜ차외선차단제
fángshàishuāng / 팡샤이슈앙

遮阳伞 ⓜ양산
zhēyángsǎn / 즈양산

승객　그쪽 햇볕은 강렬한가요?

승무원　기온은 높지 않지만 자외선이 강하기 때문에, 선크림을 바르고 양산을 챙기시는 게 좋습니다. 행운을 빌겠습니다.

날씨를 전달하는 것도 승무원의 임무

도착하는 곳의 시차 외에도 날씨까지 알고 승객 분들에게 정확하게 전달하는 것 또한 승무원의 임무다. 미리 도착할 곳의 현지 날씨를 조사하고 중국어 표현을 익혀두는 것이 좋다. 아래에 소개한 것 이외에도 다양한 날씨 표현이 있지만, 가장 기본적으로 많이 쓰이는 것들이니 꼭 알아두도록 하자. 아래 단어는 이 책에서 제공하고 있는 오디오 파일(날씨.mp3)*을 들으며 참고하기 바란다.

MP3 파일 있는 곳

- 진서원 홈페이지(www.jinswon.co.kr) 자료실 '승무원 중국어' 검색
- 저자 블로그(blog.naver.com/yuting827) '승무원 중국어' 검색)

'한걸음더' 압축파일을 풀면 해당 파일을 찾을 수 있다.

多云的	duōyúnde / 두오윈더	구름이 많은
薄雾	bówù / 보우	옅은 안개
雨	yǔ / 위	비
多雨的	duōyǔde / 두오위더	비가 많이 오는
毛毛雨	máomaoyǔ / 마오마오위	보슬비, 가랑비
冰雹	bīngbáo / 빙바오	우박
阵雨	zhènyǔ / 즈언위	소나기
雪	xuě / 슈에	눈
霜	shuāng / 슈앙	서리
风	fēng / 펑	바람
风暴	fēngbào / 펑바오	폭풍우
台风	táifēng / 타이펑	태풍
闪电	shǎndiàn / 샨디엔	번개치다
温暖	wēnnuǎn / 원누안	따뜻하다
寒冷	hánlěng / 한렁	춥고 차다
冷	lěng / 렁	춥다
热	rè / 러	덥다
晴朗	qínglǎng / 칭랑	쾌청하다
无雨无云	wú yǔ wú yún / 우위우윈	비도 안 오고 구름도 없다
晴天	qíngtiān / 칭티엔	맑은 날
阴天	yīntiān / 인티엔	흐린 날
凉爽	liángshuǎng / 리앙슈앙	시원상쾌하다
凉快	liángkuai / 량콰이	시원하다

착륙후안내

100 공항리무진을 이용하세요

워 지엔이 닌 청주오 지창 다바

두이부치,　　칭 닌 가오수 워 총 지창 다오 워 주 더 지우디엔 젼머 조우,

对不起，请您告诉我从机场到我住的酒店怎么走，

duìbùqǐ, qǐng nín gàosu wǒ cóng Jīchǎng dào wǒ zhù de Jiǔdiàn zěnme zǒu,

하오 마?

好吗？

hǎo ma?

닌 시앙 주 나 지아 지우디엔?

您想住哪家酒店？

nín xiǎng zhù nǎ jiā Jiǔdiàn?

워자이 르티엔 지우디엔 이 위딩 르 팡지엔,

我在乐天酒店已预定了房间，

wǒ zài lè tiān Jiǔdiàn yǐ yùdìng le fángjiān,

닌 즈다오 르티엔 지우디엔 자이 나리 마?

您知道乐天酒店在哪里吗？

nín zhīdào lè tiān Jiǔdiàn zài Nǎlǐ ma?

핵심어휘

酒店 명 호텔
Jiǔdiàn / 지우디엔

预定 동 미리 약속하다
yùdìng / 위딩

房间 명 방
fángjiān / 팡지엔

승객　죄송한데, 제가 묵을 호텔을 어떻게 가는지 알려주실 수 있나요?

승무원　어느 호텔에 묵길 원하시죠?

승객　이미 롯데호텔로 예약을 해놨어요. 롯데호텔을 어떻게 가는지 아시나요?

워 즈다오. 쥐워수오즈, 메이요 즈다 더 공공치츠 취 나리.
我知道。据我所知，没有直达的公共汽车去那里。
wǒ zhīdào. jùwǒsuǒzhī, méiyǒu zhídá de gōnggòngqìchē qù Nàlǐ.

닌 커이 자이 지창 먼코우 야오 리앙 추주츠. 단슈,
您可以在机场门口要辆出租车。但是，
nín kěyǐ zài Jīchǎng Ménkǒu yào liàng chūzūchē. dànshì,

워 지엔이 닌 청주오 지창 다바. 타 지후 흐 추주츠 이양 콰이,
我建议您乘坐机场大巴。它几乎和出租车一样快，
wǒ jiànyì nín chéngzuò Jīchǎng dàbā. tā jīhū hé chūzūchē yíyàng kuài,

얼치에 피엔이 더 두오. 타 후이 즈지에 바 닌 다이다오 슈중신,
而且便宜得多。它会直接把您带到市中心，
érqiě piányi de duō. tā huì zhíjiē bǎ nín dàidào Shìzhōngxīn,

닌 커이 총 나리 자이 야오 추주츠 취 르티엔 지우디엔.
您可以从那里再要出租车去乐天酒店。
nín kěyǐ cóng Nàlǐ zài yào chūzūchē qù lètiān Jiǔdiàn.

승객

하오더, 시에시에 니, 워 지우 슈슈바.
好的，谢谢你，我就试试吧。
hǎo de, xièxie nǐ, wǒ jiù shìshì bā.

핵심어휘

直达 ⑧ 곧바로 도착하다
zhídá / 즈다

公共汽车 ⑲ 버스
gōnggòngqìchē / 공공치츠

出租车 ⑲ 택시
chūzūchē / 추주츠

机场大巴 ⑲ 공항리무진
Jīchǎng dàbā / 지창 다바

便宜 ⑱ 저렴하다
piányi / 피엔이

市中心 ⑲ 시내, 도심
Shìzhōngxīn / 슈중신

승무원 알고 있어요. 제가 알기로는 거기에 바로 도착하는 버스는 없어요. 공항 입구에서 택시를 이용하시면 됩니다. 그런데 저는 공항리무진 타는 걸 추천해드리고 싶어요. 빠르기는 택시와 같은데 저렴합니다. 일단 리무진을 타고 시내 중심으로 가셔서, 거기서부터 택시를 이용해서 롯데호텔로 가시면 될 것 같습니다.

승객 알겠습니다. 감사합니다. 제가 한번 시도해보겠습니다.

승무원이 자주 쓰는 우선순위 회화 30

다음은 승무원이 자주 쓰는 회화 30개를 뽑은 것이다. 현직 승무원은 물론 승무원 지망생이라면 꼭 알아야 하는 내용이다. 앞에서 배운 내용을 총정리한다는 생각을 가지고 정리해보자. 아래 내용은 이 책에서 제공하고 있는 오디오 파일(승무원회화.mp3)*을 들으며 참고하기 바란다.

MP3 파일 있는 곳

- 진서원 홈페이지(www.jinswon.co.kr) 자료실 '승무원 중국어' 검색
- 저자 블로그(blog.naver.com/yuting827) '승무원 중국어' 검색)

'한걸음더' 압축파일을 풀면 해당 파일을 찾을 수 있다.

1 **先生/女士，早上/中午/晚上好。欢迎乘坐本次航班。**

[xiānsheng/nǚshì, zǎoshang/zhōngwǔ/wǎnshang hǎo. huānyíng chéngzuò běncì hángbān.]

시엔셩/뉘슈, 자오샹/중우/완샹 하오. 후안잉 청주오 번츠 항반.

선생님/여사님, 좋은 아침/정오/저녁입니다. 저희 항공편에 탑승해주신 걸 환영합니다.

★ 탑승하는 시간에 따라서 시간별 인사 사용 가능하다.

2 **请出示您的登机牌。**

[qǐng chūshì nín de dēngjīpái.]

칭 츄슈 닌 더 덩지파이.

탑승권을 보여주세요.

3 **您的座位号是多少?**

[nín de zuòwèihào shì duōshǎo?]

닌 더 주오웨이하오 슈 두오샤오?

좌석번호가 몇 번이십니까?

4 **我帮您拿行李好吗?**

[wǒ bāng nín ná xíngli hǎo ma?]

워 방 닌 나 싱리 하오 마?

제가 짐을 들어드려도 될까요?

5 **请随我来。**

[qǐng suí wǒ lái.]

칭 수이 워 라이.

저를 따라오세요.

6 让您感到舒适是我们的职责。

[ràng nín gǎndào shūshì shì wǒmen de zhízé.]

랑 닌 간다오 슈슈 슈 워먼 더 즈저.

당신을 편안하게 해드리는 것이 저희 임무입니다.

7 您的座位在前/中/后舱。靠窗/靠过道/在中间。

[nín de zuò wèi zài qián/zhōng/ hòu cāng. kào chuāng/kào guòdào/zài zhōngjiān.]

닌 더 주오 웨이 자이 치엔/중/호우 창. 카오 추앙/카오 구어다오/자이 중지엔.

당신의 좌석은 객실 앞/중간/뒤입니다. 창가 쪽/복도 쪽/중간 쪽입니다.

★ 객실번호를 확인한 후 앞, 중간, 뒤로 분류해서 말하고, 창가 쪽, 중간 좌석, 복도 좌석으로 말하면 된다.

8 您的座位数，从头数第七排。

[nín de zuòwèi shù, cóngtóu shù dìqī pái.]

닌 더 주오웨이 슈, 총토우 슈 디치 파이.

당신의 좌석번호는, 앞에서 일곱 번째입니다.

★ 몇 번째 줄인지 알맞은 숫자를 넣어서 말하면 된다.

9 如果有进一步的消息，我们会立即通知您的。

[rúguǒ yǒu jìnyíbù de xiāoxi, wǒmen huì lìjítōngzhī nín de.]

루구어 요 진이부 더 시아오시, 워먼 후이 리지통즈 닌 더.

만약 새로운 소식이 있으면 바로 알려드리겠습니다.

10 后舱或前舱都有卫生间。

[Hòu cāng huò qián cāng dōu yǒu wèishēngjiān.]

호우 창 후오 치엔 창 도우 요 웨이셩지엔.

객실 뒤와 앞에 화장실이 있습니다.

11 您能放下遮阳板，关掉阅读灯，系好安全带，这样您能好好休息一下。

[nín néng fàngxià zhēyáng bǎn, guāndiào yuèdú dēng, jìhǎo ānquándài, zhèyàng nín néng hǎohao xiūxīyíxià.]

닌 넝 팡시아 즈양 반, 관디아오 유에두 덩, 지하오 안츄엔다이, 즈양 닌 넝 하오하오 시우시이시아.

햇빛 가리개를 내리시고, 독서등을 끄시고, 안전벨트를 잘 착용해주십시오. 그럼 편히 쉬실 수 있습니다.

12 我们马上要供应饮料了。请放下您的小桌板。

[wǒmen mǎshàng yào gōngyìng yǐnliào le. qǐng fàngxià nín de xiǎo zhuō bǎn.]

워먼 마샹 야오 공잉 인리아오 르. 칭 팡시아 닌 너 시아오 주오 반.

저희가 곧 음료를 제공해드리겠습니다. 테이블을 펴주십시오.

13 您要不要再添些咖啡/茶?
[nín yàobúyào zài tiān xiē kāfēi/chá?]
닌 야오부야오 자이 티엔 시에 카페이/차?
커피/차를 더 드시겠습니까?

14 我们有冰水,橘子汁,可口可乐,雪碧等,您喜欢哪一种?
[Wǒmen yǒu bīngshuǐ, júzi zhī, kěkǒukělè, xuěbì děng, nín xǐhuan nǎ yìzhǒng?]
워먼 요 빙슈에이, 쥐즈 즈, 커코우커르, 슈에비 덩, 닌 시후안 나 이중?
저희는 얼음물과 귤주스, 코카콜라, 사이다가 있습니다. 어떤 걸 원하십니까?

15 还要些别的吗?
[háiyào xiē biéde ma?]
하이야오 시에 비에더 마?
다른 거 더 필요하신 게 있습니까?

16 请等一会,一切马上准备就绪。
[Qǐng děng yíhuì, yíqiè mǎshàng zhǔnbèijiùxù.]
칭 덩 이후이, 이치에 마샹 준베이지우쉬.
잠시만 기다리세요, 금방 준비해드리겠습니다.

17 真对不起,让您久等了。
[zhēn duìbùqǐ, rang nín jiǔ děng le.]
즌 두이부치, 랑 닌 지우 덩 르.
정말 죄송합니다. 오래 기다리셨습니다.

18 十分抱歉,我弄错了。我马上给您换,请稍候。
[shífēn bàoqiàn, wǒ nòngcuòle. wǒ mǎshàng gěi nín huàn, qǐng shāohòu.]
슈펀 바오치엔, 워 농쵸우르. 워 마샹 게이 닌 후안, 칭 샤오호우.
정말 죄송합니다, 제가 실수했습니다. 금방 바꿔드리겠습니다. 잠시만 기다리세요.

19 您能满意我非常高兴。
[nín néng mǎnyì wǒ fēichánggāoxìng.]
닌 넝 만이 워 페이창가오싱.
만족하시니 저도 매우 기쁩니다.

20 您对这顿饭还满意吗?

[nín duì zhè dùn fàn hái mǎnyì ma?]

닌 두이 즈 둔 퐌 하이 만이 마?

식사는 만족하셨습니까?

21 为您服务是我的荣幸。

[wèi nín fúwù shì wǒ de róngxìng.]

웨이 닌 푸우 슈 워 더 롱싱.

당신에게 서비스하는 것이 저의 영광입니다.

22 几分钟后我们将播放电影。

[jǐfēnzhōng hòu wǒmen jiāng bōfàng diànyǐng.]

지펀중 호우 워먼 지앙 보퐝 디엔잉.

몇 분 후에 영화를 방송하도록 하겠습니다.

23 请您在达到目的地之前填写好这些表格。

[qǐng nín zài dádào mùdìdì zhīqián tiánxiěhǎo zhèxiē biǎogé.]

칭 닌 자이 다다오 무디디 즈치엔 티엔시에하오 즈시에 비아오거.

목적지에 도착하시기 전에 이 표를 작성해주십시오.

24 填写这些表格时，如有任何问题或困难，请随时叫我们。

[tiánxiě zhèxiē biǎogé shí, rú yǒu rènhé wèntí huò kùnnan, qǐng suíshí jiào wǒmen.]

티엔시에 즈시에 비아오거 슈, 루 요 런흐 원티 후오 쿤난, 칭 수이슈 지아오 워먼.

서식을 작성하시다가 어려운 부분이 있으면, 바로 저희를 불러주십시오.

25 飞机完全停下以前，请不要离座。

[fēijī wánquán tíngxià yǐqián, qǐng búyào lí zuò.]

페이지 완츄엔 팅시아 이치엔, 칭 부야오 리 주오.

비행기가 완전히 멈추기 전에 자리를 떠나지 마십시오.

26 女士，请小心，外面在下雨，路面很滑。

[nǚshì, qǐng xiǎoxīn, wàimiàn zài xiàyǔ, lùmiàn hěn huá.]

뉘슈, 칭 시아오신, 와이미엔 자이 시아위, 루미엔 흔 화.

여사님, 조심하십시오. 밖에 비가 와서 길이 미끄럽습니다.

27 现在您可以拿着行李下飞机了。

[xiànzài nín kěyǐ názhe xíngli xià fēijī le.]

시엔자이 닌 커이 나즈 싱리 시아 페이지 르.

이제 짐을 챙겨서 내리셔도 됩니다.

28 现在飞机已经完全停稳。

[xiànzài fēijī yǐjīng wánquán tíng wěn.]

시엔자이 페이지 이징 완츄엔 팅 원.

지금 비행기가 완전히 멈췄습니다.

29 韩国比中国早一个小时。

[Hánguó bǐ Zhōngguó zǎo yígè xiǎoshí.]

한구어 비 중구어 자오 이거 시아오슈.

한국이 중국보다 1시간 빠릅니다.

30 预祝您在韩国度过美好时光。

[yùzhù nín zài Hánguó dùguò měihǎo shíguāng.]

위주 닌 자이 한구어 두구어 메이하오 슈광.

한국에서 즐거운 시간 보내시길 바랍니다.

기내 중국어 방송문

특별 부록 1

승무원 지원자라면 영어 기내방송문은 완전히 정복해야 한다. 여기서 더 나아가 중국어 기내방송문까지 연습해보자.

승무원 지원자에게 영어는 기본, 중국어는 필수인 시대다. 도움이 될 것이다.

이 책은 일부 내용(〈준비마당〉, 〈첫째마당〉, 〈부록(기내방송문 + 어휘집)〉)을 MP3, 동영상 파일로 만들었습니다. 학습에 활용하시기 바랍니다.

오디오 파일이 있는 곳

진서원 홈페이지(www.jinswon.co.kr 자료실, '승무원 중국어' 검색)

저자 블로그(blog.naver.com/yuting827, '승무원 중국어' 검색)

동영상 파일이 있는 곳 YouTube

유튜브('승무원 중국어 100 진서원' 검색)

이륙 방송 1

MP3 파일 있는 곳

- 진서원 홈페이지(www.jinswon.co.kr) 자료실 '승무원 중국어' 검색
- 저자 블로그(blog.naver.com/yuting827) '승무원 중국어' 검색)

'부록1' 압축파일을 풀면 해당 파일을 찾을 수 있다.

뉘슈먼, 시엔셩먼, 자오샹 하오.
女士们, 先生们, 早上好。
nǚshìmen, xiānshēngmen, zǎoshang hǎo.

후안잉 거웨이 청주오 ( ) 항콩공스 더 반지 페이왕 시앙강.
欢迎各位乘坐（ ）航空公司的班机飞往香港。
huānyíng gèwèi chéngzuò ( ) hángkōnggōngsī de bānjī fēiwǎng Xiānggǎng.

칭다지아 지엔차 이시아 슈포우 지하오 안츄엔다이.
请大家检查一下是否系好安全带。
qǐng dàjiā jiǎnchá yíxià shìfǒu jìhǎo ānquándài.

이 베이 슈포우 팡즈, 시아오주오반 슈포우 쇼우 치라이르.
椅背是否放直, 小桌板是否收起来了。
yǐbèi shìfǒu fàng zhí, xiǎo zhuō bǎn shìfǒu shōu qǐláile.

닌 더 싱리 잉 팡자이 싱리지아 샹 후오 닌 치엔미엔 더 주오웨이 시아.
您的行李应放在行李架上或您前面的座位下。
nín de xíngli yīng fàngzài xínglǐjià shàng huò nín qiánmiàn de zuòwèi xià.

자이 지창네이 부준 시옌.
在机舱内不准吸烟。
zài jīcāngnèi bùzhǔn xīyān

신사 숙녀 여러분, 좋은 아침입니다.
홍콩으로 향하는 저희 ( )항공 항공편을 이용해주신 것을 환영합니다.
안전벨트를 잘 매셨는지 확인해주십시오.
의자를 원래대로 세워주시고, 테이블은 접어주십시오.
짐은 위 선반 혹은 좌석 아래에 두십시오.
기내에서는 흡연이 허가되지 않습니다.

이륙 방송 2

페이지 흔콰이 지우야오 치페이르.
飞机很快就要起飞了。
fēijī hěnkuài jiùyào qǐfēile.

칭 닌 주오하오, 지하오 안츄엔다이, 쇼우 치 주오이카오베이 흐 시아오 주오 반.
请您坐好, 系好安全带, 收起座椅靠背和小桌板。
qǐng nín zuò hǎo, jìhǎo ānquándài, shōu qǐ zuòyǐkàobèi hé xiǎo zhuō bǎn.

칭 닌 츄에런 닌 더 쇼우티 우핀 슈포우 투오샨 안팡 자이 토우딩 샹 팡 더
请您确认您的手提物品是否妥善安放在头顶上方的
qǐng nín quèrèn nín de shǒutí wùpǐn shìfǒu tuǒshàn ānfàng zài tóudǐng Shàngfāng de

싱리지아 네이 후오 주오이 시아팡.
行李架内或座椅下方。
xínglǐjià nèi huò zuòyǐ xiàfāng.

번츠 항반 츄엔청 진옌, 자이 페이싱 투중 칭 부야오 시옌.
本次航班全程禁烟, 在飞行途中请不要吸烟。
běncì hángbān quánchéng jìnyān, zài fēixíng Túzhōng qǐng búyào xīyān

항공기가 곧 이륙하겠습니다.
자리에 앉으셔서 안전벨트를 매주십시오.
좌석을 원래대로 하시고, 테이블을 접어주십시오.
개인 소지품을 머리 위 선반 혹은 좌석 아래에 잘 놓으셨는지 확인하십시오.
저희 항공편은 모든 구역이 금연입니다. 비행 중에는 흡연을 삼가해주십시오.

영화 방송

뉘슈먼, 시엔셩먼;
女士们, 先生们;
nǚshìmen, xiānshēngmen.

워먼 지앙 보팡 이부 지아오《》더 디엔잉 흐 인유에, 시쥐, 징쥐.
我们将播放一部叫《 》的电影和音乐, 戏剧, 京剧。
wǒmen jiāng bōfàng yíbù jiào « » de diànyǐng hé yīnyuè, xìjù, jīngjù.

닌 커이 미엔페이 총 청우유엔 나리 더 다오 얼지.
您可以免费从乘务员那里得到耳机。
nín kěyǐ miǎnfèi cóng chéngwùyuán Nàlǐ dédào ěrjī.

칭쉬엔즈 흐 닌 수오 칸 디엔잉 이즈 더 페이인 핀다오 흐 닌 수오 시앙 팅 더
请选择和您所看电影一致的配音频道和您所想听的
qǐngxuǎnzé hé nín suǒ kàn diànyǐng yízhì de pèiyīn píndào hé nín suǒ xiǎng tīng de

인유에 핀다오.
音乐频道。
yīnyuè píndào.

루구오 닌 요 원티, 칭 원 커창 푸우유엔, 시에시에.
如果您有问题, 请问客舱服务人员, 谢谢。
rúguǒ nín yǒu wèntí, qǐngwèn kècāng fúwùrényuán, xièxie

신사 숙녀 여러분,
저희는 곧《》영화와 음악, 드라마, 경극을 방송할 예정입니다.
승무원에게 무료로 헤드폰을 받아서 사용하실 수 있습니다.
모든 영화 채널 혹은 원하는 음악 채널에서 선택하셔서 보거나 들으실 수 있습니다.
만약 문제가 있으시면 객실 승무원들에게 여쭤보십시오. 감사합니다.

서류작성

뉘슈먼, 시엔셩먼; 칭 주이르.

女士们, 先生们: 请注意了。

nǚshìmen, xiānshēngmen: qǐng zhùyìle.

웨이르 진콰이 반하오 다오다 지창더 쇼우쉬,

为了尽快办好到达机场的手续,

wèile jìnkuài bànhǎo dàodá Jīchǎng de shǒuxù,

야오치우 닌 자이 주오루 즈치엔 티엔시에하오 요구안 하이구안, 이민, 지엔이 더 비아오거.

要求您在着陆之前填写好有关海关, 移民, 检疫的表格。

yāoqiú nín zài zhuólù zhīqián tiánxiěhǎo yǒuguān Hǎiguān, yímín, jiǎnyì de biǎogé.

워먼 지앙 자이 지펀중 호우 지앙 비아오거 퐈게이 다지아.

我们将在几分钟后将表格发给大家。

wǒmen jiāng zài jǐfēnzhōng hòu jiāng biǎogé fāgěi dàjiā

신사 숙녀 여러분,

공항에서 빠른 수속을 하기 위해서

세관신고서, 이민신고서, 검역신고서를 작성해두시는 것이 좋습니다.

저희가 잠시 후에 서식을 나눠드리겠습니다.

착륙

뉘슈먼,　　시엔셩먼 :
女士们, 先生们 :
nǚshìmen, xiānshēngmen.

번 지아 페이지 이징 지앙루오 자이 상하이 푸동 지창,
本架飞机已经降落在上海浦东机场,
běn jià fēijī yǐjīng jiàngluò zài Shànghǎipǔdōng Jīchǎng,

덩 페이지 추엔 팅 원 호우,　　칭 닌 지에카이 안츄엔다이,
等飞机全停稳后, 请您解开安全带,
děng fēijī quán tíng wěn hòu, qǐng nín jiěkāi ānquándài,

란호우 정리 하오 닌 더 쇼우티 우핀,　　준베이 시아 페이지.
然后整理好您的手提物品, 准备下飞机。
ránhòu zhěnglǐ hǎo nín de shǒutí wùpǐn, zhǔnbèi xià fēijī.

닌 지아오 윈 더 싱리 칭 다오 호우 지슈 링 취,　　시에시에.
您交运的行李请到候机室领取, 谢谢。
nín jiāo yùn de xíngli qǐng dào hòu jīshì lǐng qǔ, xièxie

신사 숙녀 여러분,
본 항공편이 이미 상해 푸동공항에 착륙했습니다.
항공기가 완전히 멈춘 후에 안전벨트를 푸십시오.
그러고 난 후 개인 소지품을 정리하시고 항공기에서 내릴 준비를 하시면 됩니다.
부치신 짐은 공항 대합실에서 찾으시면 됩니다. 감사합니다.

도착

시엔자이 페이지 이징 팅원,

现在飞机已经停稳,

xiànzài fēijī yǐjīng tíng wěn,

닌 커이 총 커창 더 치엔, 호우 먼시아 페이지.

您可以从客舱的前, 后门下飞机。

nín kěyǐ cóng kècāng de qián, hòu ménxià fēijī.

시아 지슈, 칭 닌 지엔차 이시아 슈포우 이 다이 치 르 수오요 더 인션 싱리,

下机时, 请您检查一下是否已带齐了所有的随身行李,

xià jīshí, qǐng nín jiǎnchá yíxià shìfǒu yǐ dài qí le suǒyǒu de yǐnshēn xíngli,

페이창 간시에 닌 쉬엔 청 ( ) 항콩 공스 반지.

非常感谢您选乘 ( ) 航空公司班机。

fēicháng gǎnxiè nín xuǎn chéng ( ) hángkōnggōngsī bānjī.

시아츠 뤼투 자이지엔! 시에시에!

下次旅途再见! 谢谢!

xiàcì lǚtú zàijiàn! xièxie!

지금 항공기가 완전히 멈추었습니다.
기내 앞, 혹은 뒤에 있는 문으로 내리시면 됩니다.
내리실 때는 빼놓으신 물건이 없는지 확인해주십시오.
다시 한 번 저희 ( )항공 항공편을 이용해주셔서 감사합니다.
다음 여행 때 다시 뵙겠습니다. 감사합니다.

도착 후

거웨이 청커 총 시엔자이 카이슈 닌 커이 슈용 닌 더 이동 디엔후아, 시에시에.

各位乘客从现在开始您可以使用您的移动电话, 谢谢。

gèwèi chéngkè cóng xiànzài kāishǐ nín kěyǐ shǐyòng nín de yídòng diànhuà, xièxie

승객 여러분, 지금부터 휴대전화 사용이 가능합니다. 감사합니다.

이륙 후 면세품 판매

거위에 청커, 안츄엔다이 즈슈덩 이 시미에,
各位乘客, 安全带指示灯已熄灭,
gèwèi chéngkè, ānquándài zhǐshìdēng yǐ xīmiè,

웨이 방즈 이와이 디엔보 칭 츄엔청 지하오 안츄엔다이,
为防止意外颠簸请全程系好安全带,
wèi fángzhǐ yìwài diānbǒ qǐng quánchéng jìhǎo ānquándài,

웨이르 페이지 안츄엔 , 워먼 자이 이츠 티싱닌,
为了飞机安全, 我们在一次提醒您,
wèile fēijī ānquán, wǒmen zài yícì tíxǐng nín,

번츠 항반 츄엔청 진옌, 칭 부야오 자이 커 창 후오 시요우지엔 네이 시옌.
本次航班全程禁烟, 请不要在客舱或洗手间内吸烟。
běncì hángbān quánchéng jìnyān, qǐng búyào zài kè cāng huò xǐshǒujiān nèi xīyān.

시아미엔 워먼 웨이 닌 티공 미엔슈에이 샹핀 더 시아오쇼우푸우, 후안잉 쉬엔고우,
下面我们为您提供免税商品的销售服务, 欢迎选购,
xiàmiàn wǒmen wèi nín tígōng miǎnshuì shāngpǐn de xiāoshòufúwù, huānyíng xuǎngòu,

승객 여러분, 안전벨트 지시등이 꺼졌습니다.
만약의 상황을 대비해 비행하는 중에는 안전벨트를 잘 매주십시오.
안전을 위해서 다시 한 번 알려드리겠습니다.
저희 항공편은 모든 구역이 금역입니다. 객실과 화장실에서 흡연을 삼가해주십시오.
아울러 저희 항공편은 면세품 판매를 하고 있으니, 구입을 원하시면 주문서를 써주시고,
예약주문하신 분은 승무원에게 말씀해주시기 바랍니다.

거중 샹핀 지에수안 커이용 메이유엔, 르유엔, 한유엔, 오우유엔,
各种商品结算(可以用) 美元, 日元, 韩元, 欧元,
gèzhǒng shāngpǐn jiésuàn kěyǐyòng měiyuán, rìyuán, hányuán, ōuyuán,

런민비 더 지아거,
人民币的价格,
rénmínbì de jiàgé,

웨이르 팡비엔 지 샹 고우우, 워먼 하이 지에쇼우 구오지 신용카,
为了方便机上购物, 我们还接受国际信用卡,
wèile fāngbiàn jī shàng gòuwù, wǒmen hái jiēshòu guójì xìnyòngkǎ,

루구오 닌 자이 왕샹 위딩 더 샹핀 빙 이징 푸쿠안,
如果您在网上预定的商品已经付款,
rúguǒ nín zài wǎng shàng yùdìng de shāngpǐn bìng yǐjing fùkuǎn,

칭 닌 가오즈 청우유엔.
请您告知乘务员。
qǐng nín gàozhī chéngwùyuán.

시엔자이 하이 웨이 중구어 청커 투이지엔 한구어 즈밍핀파이 샹핀.
现在还为中国乘客推荐韩国知名品牌商品。
xiànzài hái wèi Zhōngguó chéngkè tuījiàn Hánguó zhīmíngpǐnpái shāngpǐn.

모든 상품은 달러, 일화, 원화, 유로, 인민폐로 결제할 수 있습니다.
편한 구매를 위해서 국제신용카드도 사용할 수 있습니다.
미리 예약주문하신 분은 승무원에게 말씀해주시기 바랍니다.
또한 중국 승객 분들에게 한국 유명상품을 추천해드리겠습니다.

착륙 후 1

거웨이 청커,　　　페이지 강강 디다 하얼빈 구어지 지창,
各位乘客，飞机刚刚抵达哈尔滨国际机场，
gèwèi chéngkè, fēijī gānggāng dǐdá Hā'ěrbīn guójì Jīchǎng,

중구어 위 한구어 더 슈차 웨이 이 시아오슈,
中国与韩国的时差为1小时，
Zhōngguó yǔ Hánguó de shíchā wéi 1 xiǎoshí,

시엔자이 슈 당디슈지엔 얼링이스니엔 산유에 우르,
现在是当地时间2014年3月5日，
xiànzài shì dāngdìshíjiān 2014 nián3 yuè 5 rì,

시아우 산디엔 얼슈치펀.
下午3点27分。
xiàwǔ 3 diǎn 27fēn.

승객 여러분, 비행기가 방금 하얼빈국제공항에 도착했습니다.
중국과 한국의 시차는 1시간입니다.
지금 이곳의 현재 시각은 2014년 3월 5일, 오후 3시 30분입니다.

착륙 후 2

페이지 하이 자이 지쉬 후아싱,
飞机还在继续滑行,
fēijī hái zài jìxù huáxíng,

자이 안츄엔다이 즈슈덩 시미에 즈 치엔, 칭 닌 부야오 리카이 주오웨이,
在安全带指示灯熄灭之前, 请您不要离开座位,
zài ānquándài zhǐshìdēng xīmiè zhīqián, qǐng nín búyào líkāi zuòwèi,

부야오 지에카이 안츄엔다이, 자이츠 티싱 닌,
不要解开安全带, 再次提醒您,
búyào jiěkāi ānquándài, zàicì tíxǐng nín,

자이 닌 시아 지슈 칭 자이 이츠 지엔차 이시아 주오이 치엔 코우다이리,
在您下机时请再一次检查一下座椅前口袋里,
zài nín xià jīshí qǐng zài yícì jiǎnchá yíxià zuòyǐ qián kǒudai lǐ,

이지 닌 주오이 시아팡 요우메이요 닌 이왕 더 우핀.
以及您座椅下方有没有您遗忘的物品。
yǐjí nín zuòyǐ xiàfāng yǒuméiyǒu nín yíwàng de wùpǐn.

항공기가 아직 활주하고 있으니,
안전벨트 지시등이 꺼지기 전에 자리에서 일어나지 마시고, 계속 안전벨트를 착용해주십시오.
다시 한 번 알려드리겠습니다.
비행기를 내리실 때는 좌석 앞 주머니와 좌석 아래에 잊으신 물건이 없는지 다시 한 번 점검해주십시오.

착륙 후 3

다카이 싱리지아 슈 칭 시아오신,

打开行李架时请小心,

dǎkāi xínglǐjià shí qǐng xiǎoxīn,

이미엔 싱리 자이 페이싱 투중 가이비엔 웨이즈 얼 후아루오.

以免行李在飞行途中改变位置而滑落。

yǐmiǎn xíngli zài fēixíng túzhōng gǎibiàn wèizhi ér huáluò.

자이츠 간시에 닌 청주오 워먼 ( ) 항콩 더 반지,

再次感谢您乘坐我们 ( ) 航空的班机,

zàicì gǎnxiè nín chéngzuò wǒmen ( ) hángkōng de bānjī,

시왕 시아츠 뤼투 자이 후이, 시에시에!

希望下次旅途再会, 谢谢!

xīwàng xiàcì lǚtú zàihuì, xièxie!

완전히 멈춘 후 선반을 여실 때에는 안에 있는 물건이 떨어지지 않게 주의해주시기 바랍니다.

오늘 ( ) 항공을 이용해주신 손님 여러분께 진심으로 감사드립니다.

다시 뵙길 바라겠습니다. 감사합니다.

승무원 중국어 어휘집

특별부록 2

이 책은 일부 내용(〈준비마당〉, 〈첫째마당〉, 〈부록(기내방송문 + 어휘집)〉을 MP3, 동영상 파일로 만들었습니다. 학습에 활용하시기 바랍니다.

오디오 파일이 있는 곳

진서원 홈페이지(www.jinswon.co.kr 자료실, '승무원 중국어' 검색)
저자 블로그(blog.naver.com/yuting827, '승무원 중국어' 검색)

동영상 파일이 있는 곳 YouTube

유튜브('승무원 중국어 100 진서원' 검색)

승무원 중국어 어휘집

여기에 실은 어휘는 본문에 나온 핵심어휘들을 모두 모아서, 한어병음 자모(병음)를 기준으로 알파벳순으로 정리한 것이다.

MP3 파일 있는 곳

• 진서원 홈페이지(www.jinswon.co.kr) 자료실 '승무원 중국어' 검색
• 저자 블로그(blog.naver.com/yuting827) '승무원 중국어' 검색)
'부록2' 압축파일을 풀면 해당 파일을 찾을 수 있다.

A

啊 ㉠문장 끝 긍정, 감탄 a / 아
按 ⑧누르다, ~에 따라서 àn / 안
按钮 ⑲스위치, 버튼 ànniǔ / 안니우
安排 ⑧안배하다 ānpái / 안파이
安全 ⑱안전하다 ānquán / 안츄엔
安全带 ⑲안전벨트 ānquándài / 안츄엔다이
按照 ⑧~에 의해, ~에 따라 ànzhào / 안자오
阿姨 ⑲이모 āyí / 아이

B

把 ㉑~을 ~게 하다, ㉣묶음, 다발 bǎ / 바
白兰地 ⑲브랜디 báilándì / 바이란디
办法 ⑲방법, 수단 bànfǎ / 반퐈
拌饭 ⑲비빔밥 bànfàn / 반퐌
帮 ⑧돕다 bāng / 방
磅秤 ⑲저울 bàngchèng / 방츠엉
帮忙 ⑧도와주다 bāngmáng / 빵망
帮助 ⑲도움, ⑧돕다 bāngzhù / 방주
班机 ⑲정기항공편 bānjī / 반지
办理 ⑧처리하다, 해결하다 bànlǐ / 반리
办理手续 ⑧수속을 밟다 bànlǐ shǒuxù / 반리 쇼우쉬
半天 ⑲한나절, 한참 bàntiān / 반티엔
搬运工 ⑲짐꾼 bānyùngōng / 반윈궁
包 ⑲가방, ㉣포, 봉지, 꾸러미 bāo / 바오
抱 ⑧안다, 둘러싸다 bào / 바오
保持 ⑧유지하다 bǎochí / 바오츠
保管 ⑧보관하다, ⑲보관인 bǎoguǎn / 바오구안
报关书 ⑲세관신고서 bàoguānshū / 바오구안슈
包括 ⑧포함하다 bāokuò / 바오쿠오
抱歉 ⑧미안해하다, 죄송하다 bàoqiàn / 바오치엔
报纸 ⑲신문 bàozhǐ / 바오즈
杯 ⑲잔, 컵 bēi / 베이
北京 ⑲북경 Běijīng / 베이징
本次航班 ⑲본 항공편 běncì hángbān / 번츠 항반
变化 ⑲변화, ⑧변화하다 biànhuà / 비엔후아
表 ⑲시계 biǎo / 비아오
标 ⑲표시 biāo / 비아오
表格 ⑲서식, 표 biǎogé / 비아오거
标签 ⑲상표, 꼬리표 biāoqiān / 비아오치엔
标注 ⑧표시하다, ⑲주석 biāozhù / 비아오주
别 ⑭~하지마라 bié / 비에

别的 ㊀다른 것 biéde / 비에더

别的航班 ㊔다른 항공편 biéde hángbān / 비에더 항반

比较 ㊙비교적, ㊍비교하다 bǐjiào / 비지아오

并 ㊞아울러 bìng / 빙

饼干 ㊔비스킷, 과자 bǐnggān / 빙간

并且 ㊞게다가, 동시에 bìngqiě / 빙치에

冰淇淋 ㊔아이스크림 bīngqílín / 빙치린

宾馆 ㊔호텔 bīnguǎn / 빈구안

比如 ㊞예를 들어 bǐrú / 비루

必须 ㊙반드시 ~해야 한다 bìxū / 비쉬

鼻子 ㊔코 bízi / 비즈

玻璃器皿 ㊔유리로 만든 생활용기 bōli qìmǐn / 보리 치민

不允许 ㊍허락되지 않다 bùyǔnxǔ / 부윈쉬

不舒服 ㊒불편하다 bù shūfu / 부 슈푸

不错 ㊒좋다, 괜찮다 búcuò / 부쵸어

布丁 ㊔푸딩 bùdīng / 부딩

不够 ㊒충족하지 않다, ㊍부족하다 búgòu / 부고우

不管 ㊙~를 막론하고, 상관없이 bùguǎn / 부관

不过 ㊞하지만, 그러나 búguò / 부구오

不好意思 ㊒실례하다, 죄송하다 bùhǎoyìsī / 부하오이스

不介意 ㊍개의하지 않다 bújièyì / 부지에이

不尽 ㊒끝이 없다, 다함이 없다 bújìn / 부진

不客气 천만에요 búkèqi / 부커치

不能 ㊍~할 수가 없다 bùnéng / 부넝

不要 ㊍필요없다 bùyào / 부야오

不用 ㊙필요 없다, ㊍사용하지 않다 búyòng / 부용

C

擦 ㊍닦다, 문지르다 cā / 차

菜 ㊔채소, 야채, 반찬 cài / 차이

菜单 ㊔메뉴판 càidān / 차이단

餐点 ㊔밥과 요리 cāndiǎn / 찬디엔

舱 ㊔객실 cāng / 창

苍白 ㊒창백하다 cāngbái / 창바이

餐食 ㊔음식 cānshí / 찬슈

侧身 ㊍몸을 옆으로 비키다 cèshēn / 츠션

茶 ㊔차 chá / 차

差 ㊒차이나다, ㊍모자르다 chā / 차

差不多 ㊒비슷하다 chàbùduō / 차부두오

尝 ㊍맛보다 cháng / 창

长 ㊒길다, ㊒뛰어나다 cháng / 창

常坐 ㊍항상 타다 cháng zuò / 창 주오

畅销 ㊒잘 팔리다, 매상이 좋다 chàngxiāo / 창시아오

长袖薄衫 ㊔얇은 긴 팔 셔츠 chángxiù báo shān / 창시우 바오 샨

超过 ㊍초과하다 chāoguò / 차오구오

超重 ㊍초과하다 chāozhòng / 차오중

超重费 ㊔초과비용 chāozhòngfèi / 차오중페이

成 ㊍완성하다 chéng / 청

乘客 ㊔손님 chéngkè / 청커

乘客名单 ㊔승객 명단 chéngkèmíngdān / 청커밍단

乘务员 명 승무원 chéngwùyuán / 청우유엔

橙汁 명 오렌지주스 chéngzhī / 청즈

称重 동 무게를 달다 chēngzhòng / 츠엉중

乘坐 동 탑승하다 chéngzuò / 청주오

吃 동 먹다 chī / 츠

吃完 동 먹었다 chīwán / 츠완

重新 부 새로, 다시, 재차 chóngxīn / 총신

穿 동 입다 chuān / 추안

传统 명 전통, 형 전통적이다 chuántǒng / 추안통

吹 동 불다 chuī / 추이

垂直 형 수직의 chuízhí / 추에이즈

处理 동 처리하다 chǔlǐ / 추리

出名 동 유명해지다, 형 유명하다 chūmíng / 추밍

出气 동 공기를 배출하다, 내보이다 chūqì / 추치

处在 동 놓이다 chǔzài / 추자이

出租车 명 택시 chūzūchē / 추주츠

刺痛 명 자극, 형 마음 아파하다 cìtòng / 스통

从 부 여태껏, 지금부터 cóng / 총

从来 부 지금까지 cónglái / 총라이

粗心 형 세심하지 못하다 cūxīn / 추신

D

大 형 크다 dà / 다

打包 동 포장하다 dǎbāo / 다바오

带 명 벨트, 동 지니다 dài / 다이

代表 동 대표하다 dàibiǎo / 다이비아오

大夫 명 의사 dàifu / 다이푸

打开 동 열다 dǎkāi / 다카이

但 접 그러나 dàn / 단

蛋糕 명 케이크 dàngāo / 단가오

当地时间 명 현지 시간 dāngdìshíjiān / 당디슈지엔

当然 부 당연히, 형 당연하다 dāngrán / 당란

当日 명 당일 dāngrì / 당르

担心 동 걱정하다 dānxīn / 단신

到 동 ~까지 오다, 도착하다 dào / 다오

到达 동 도착하다 dàodá / 다오다

道理 명 도리 dàolǐ / 다오리

打扰 동 귀찮게 하다, 폐를 끼치다 dǎrǎo / 다라오

大雪 명 폭설 dàxuě / 다슈에

大衣 명 외투, 코트 dàyī / 다이

大约 부 대략, 아마도 dàyuē / 다유에

打折 동 할인되다 dǎzhé / 다즈어

点心 명 간식 diǎnxin / 디엔신

得 보 아주 de / 더

的 조 어조사, ~의 de / 더

等 동 ~까지 기다리다 děng / 덩

登机 동 비행기에 탑승하다 dēngjī / 덩지

登机牌 명 탑승권 dēngjīpái / 덩지파이

地 명 땅 dì / 디

点 동 주문하다 diǎn / 디엔

颠簸 동 흔들리다 diānbǒ / 디엔보

电动剃须刀 명 전기면도기 diàndòng tìxūdāo / 디엔동 티쉬다오

电脑 ⓜ 컴퓨터 diànnǎo / 디엔나오

电影 ⓜ 영화 diànyǐng / 디엔잉

电子设备 ⓜ 전자제품 diànzǐshèbèi / 디엔즈서베이

掉 ⓢ 떨어뜨리다, 유실하다 diào / 디아오

地方 ⓜ 자리, 장소 dìfang / 디팡

订 ⓢ 예약하다 dìng / 딩

订票 ⓢ 표를 예매하다 dìngpiào / 딩피아오

低热量 ⓜ 저열량 dīrèliàng / 디러리앙

地上 ⓜ 땅 위 dìshàng / 디샹

丢失 ⓢ 분실하다 diūshī / 디우슈

第一次 ⓜ 맨 처음 dìyīcì / 디이츠

第一天 ⓜ 첫날 dìyītiān / 디이티엔

地址 ⓜ 주소 dìzhǐ / 디즈

东西 ⓜ 물건 dōngxi / 둥시

都 ⓑ 모두 dōu / 도우

短途 ⓜ 단거리 duǎntú / 두안투

堵车 ⓢ 차가 막히다 dǔchē / 두츠

度过 ⓢ (시간을) 보내다, 지내다 dùguò / 두구오

对 ⓗ 맞다, ⓢ 대조하다 duì / 두이

对不起 ⓢ 미안합니다 duìbùqǐ / 두이부치

多 ⓗ 많다 duō / 두오

多少 ⓓ 얼마 정도 duōshǎo / 두오샤오

多谢 ⓢ 대단히 감사하다 duōxiè / 두오시에

堵塞 ⓢ 가로막다 dǔsè / 두서

度数 ⓜ 도수 dùshù / 두슈

读书灯 ⓜ 독서등 dúshūdēng / 두슈덩

肚子 ⓜ 배 dùzi / 두즈

E

饿 ⓗ 배고프다 è / 으

而 ⓙ 그리고, 그러면서도 ér / 얼

耳朵 ⓜ 귀 ěrduo / 얼두오

耳机 ⓜ 이어폰 ěrjī / 얼지

儿童 ⓜ 아동 értóng / 얼통

儿子 ⓜ 아들 érzi / 얼즈

恶心 ⓢ 속이 메스껍다 ěxīn / 으신

F

发 ⓢ 보내다, 내주다 fā / 파

放 ⓢ 놓다 fàng / 팡

方便 ⓗ 편리하다, ⓜ 수단 fāngbiàn / 팡비엔

房间 ⓜ 방 fángjiān / 팡지엔

方面 ⓜ 방면, 분야 fāngmiàn / 팡미엔

防晒霜 ⓜ 차외선차단제 fángshàishuāng / 팡샤이슈앙

放心 ⓢ 안심하다, ⓗ 안심되다 fàngxīn / 팡신

发票 ⓜ 영수증 fāpiào / 파피아오

发烧 ⓢ 열이 나다 fāshāo / 파샤오

飞往 ⓢ 비행기로 향하다 fēiwǎng / 페이왕

非常 ⓑ 대단히, 매우 fēicháng / 페이창

非常感谢 매우 감사합니다
fēicháng gǎnxiè / 페이창 간시에

飞机 ⓜ 비행기 fēijī / 페이지

飞机内 ⓜ 기내 fēijīnèi / 페이지네이

份 ⓨ 분, 벌, 세트 fèn / 펀

分店 (명)분점, 지점 Fēndiàn / 펀디엔

服 (동)복용하다 fú / 푸

付 (동)돈을 지불하다 fù / 푸

副 (양)벌, 쪽 fù / 푸

扶 (동)부축하다, 지탱하다 fú / 푸

夫妇 (명)부부 fūfù / 푸푸

覆盖 (동)뒤덮다 fùgài / 푸가이

付款 (동)돈을 지불하다 fùkuǎn / 푸쿠안

夫妻关系 (명)부부관계 fūqī guānxì / 푸치 구안시

扶手 (명)손잡이 fúshou / 푸쇼우

服务 (동)서비스하다 fúwù / 푸우

G

该 (동)~해야 한다, 당연하다 gāi / 가이

改进 (동)개선하다 gǎijìn / 가이진

咖喱饭 (명)카레밥 gālǐ fàn / 가리 퐌

感到 (동)느끼다 gǎndào / 간다오

刚 (부)방금, 막 gāng / 깡

刚才 (부)방금, 막 gāngcái / 강차이

感激 (동)감격하다 gǎnjī / 간지

干净 (형)깨끗하다, 청결하다 gānjìng / 간징

感觉 (동)느끼다 gǎnjué / 간쥬에

感冒 (명)감기, (동)감기에 걸리다 gǎnmào / 간마오

赶上 (동)따라잡다, 시간에 대다 gǎnshàng / 간샹

干洗 (동)세탁하다, 드라이하다 gānxǐ / 간시

感谢 (동)감사하다 gǎnxiè / 간시에

高 (형)높다 gāo / 가오

告诉 (동)알려주다 gàosu / 가오수

高兴 (형)기쁘다 (동)~하기를 좋아하다 gāoxìng / 가오싱

个 (양)개, 사람 gè / 거

给 (동)~에게 주다 gěi / 게이

供 (동)드리다, 바치다 gòng / 공

公共汽车 (명)버스 gōnggòngqìchē / 공공치츠

公斤 (명)킬로그램(kg) gōngjīn / 공진

供应 (동)제공하다 gōngyìng / 공잉

工作 (명)일, 직업, (동)일하다 gōngzuò / 공주오

够 (동)충분하다, (부)비교적 gòu / 고우

购买 (동)구매하다 gòumǎi / 고우마이

购物单 (명)쇼핑목록 gòuwùdān / 고우단

乖 (형)얌전하다, 착하다 guāi / 구아이

关 (동)닫다, 끄다 guān / 관

关闭 (동)닫다 guānbì / 구안비

观察 (동)관찰하다 guānchá / 구안차

广播 (명)방송 guǎngbō / 구앙보

罐头 (명)통조림, 캔 guàntou / 구안토우

关心 (동)관심을 갖다 guānxīn / 구안신

关于 (전)~에 관해서 guānyú / 구안위

贵 (형)비싸다 guì / 구이

规定 (명)규정, (동)규정하다 guīdìng / 구이딩

柜台 (명)카운터, 업무데스크 guìtái / 구아타이

过 (조)~적이 있다 guo / 구어

过程 (명)과정 guòchéng / 구오청

过道 (명)보도, 통로 guòdào / 구오다오

国际机场 명 국제공항 Guójìjīchǎng / 구오지지창

过来 동 오다 guòlái / 구오라이

果汁 명 과일주스 guǒzhī / 구오즈

故障 명 고장 gùzhàng / 구장

H

还 부 더, 또 hái / 하이

海拔 명 해발 hǎibá / 하이바

海关 명 세관 Hǎiguān / 하이구안

害怕 동 겁내다, 두려워하다 hàipà / 하이파

还是 부 여전히 háishi / 하이슈

还有 접 그리고 háiyǒu / 하이요

孩子 명 아이 háizi / 하이즈

韩报中文 명 중문 한국 신문 hánbào zhōngwén / 한바오 중원

航班 명 항공편 hángbān / 항반

航空公司 명 항공사 Hángkōnggōngsī / 항콩공스

韩国 명 한국 Hánguó / 한구어

航线 명 항로 hángxiàn / 항시엔

号 명 번호 hào / 하오

好 형 좋다 hǎo / 하오

好吃 형 맛있다 hǎochī / 하오츠

好处 명 이로운 점 hǎochù / 하오추

好好 부 푹, 충분히, 형 좋다 hǎohao / 하오하오

好像 부 마치 ~과 같다, 동 닮다 hǎoxiàng / 하오시앙

好运 명 행운, 좋은 기회 hǎoyùn / 하오윈

好转 동 호전되다 hǎozhuǎn / 하오주안

好主意 명 좋은 생각 hǎozhǔyi / 하오주이

喝 동 마시다 hē / 흐

和 전 ~와, 과 hé / 흐

黑咖啡 명 블랙커피 hēi kāfēi / 헤이 카페이

很 부 매우 hěn / 흔

合作 동 협력하다 hézuò / 흐주오

红酒 명 와인 hóngjiǔ / 홍지우

候机室 명 공항 대합실 hòujīshì / 호우지슈

后面 명 뒤쪽 hòumiàn / 호우미엔

话 명 말, 이야기 huà / 화

换 동 교환하다, 바꾸다 huàn / 후안

还 동 돌려주다 huán / 후안

欢迎 동 환영합니다 huānyíng / 후안잉

滑行 동 활주하다 huáxíng / 후아싱

化妆品 명 화장품 huàzhuāngpǐn / 후아주앙핀

护肤品 명 피부보호용 화장품 hùfūpǐn / 후푸핀

会 동 ~할 것이다 huì / 후이

回到 동 되돌아가다 huídào / 후이다오

回国 동 귀국하다 huíguó / 후이구오

回去 동 되돌아가다 huíqù / 후이취

呼叫钮 명 호출기 hūjiàoniǔ / 후지아오니우

或 접 그렇지 않으면 huò / 후오

或者 접 이든지, 아니면 huòzhě / 후오즈

护士 명 간호사 hùshi / 후슈

呼吸 동 호흡하다, 명 1번의 호흡 hūxī / 후시

护照 명 여권 hùzhào / 후자오

护照号码 ㊔ 여권 번호 hùzhào hàomǎ / 후자오 하오마

J

系 ㊍ 매다, 묶다 jì / 지

加 ㊍ 더하다 jiā / 지아

加工 ㊍ 가공하다 jiāgōng / 지아공

家里 ㊔ 집 jiāli / 지아리

减 ㊍ 감소하다 jiǎn / 지엔

加拿大 ㊔ 캐나다 Jiānádà / 지아나다

检查 ㊍ 검사하다, 조사하다 jiǎnchá / 지엔차

将 ㊍ ~일 것이다 jiāng / 지앙

降落 ㊍ 내려오다, 착륙하다 jiàngluò / 지앙루오

江米 ㊔ 찹쌀 jiāngmǐ / 지앙미

箭头 ㊔ 화살표 jiàntóu / 지엔토우

建议 ㊍ 건의하다, ㊔ 제안 jiànyì / 지엔이

检疫 ㊍ 검역하다 jiǎnyì / 지엔이

教 ㊍ 가르치다 jiào / 지아오

交 ㊍ 지불하다, 사귀다 jiāo / 지아오

叫 ㊍ 부르다 jiào / 지아오

加上 ㊍ 더하다 jiāshàng / 지아샹

加以 ㊍ ~을 가하다 jiāyǐ / 지아이

机场 ㊔ 공항 jīchǎng / 지창

机场大巴 ㊔ 공항리무진 Jīchǎng dàbā / 지창 다바

鸡蛋 ㊔ 계란 jīdàn / 지단

鸡蛋炒饭 ㊔ 계란볶음밥 jīdàn chǎofàn / 지단 차오퐌

接 ㊍ 마중하다 jiē / 지에

借 ㊍ 빌리다 jiè / 지에

阶段 ㊔ 단계 jiēduàn / 지에두안

姐姐 ㊔ 누나, 언니 jiějie / 지에지에

解决 ㊍ 해결하다 jiějué / 지에쥐에

节目 ㊔ 프로그램 jiémù / 지에무

接受 ㊍ 받아들이다, 접수하다 jiēshòu / 지에쇼우

结束 ㊍ 끝나다 jiéshù / 지에슈

结算 ㊍ 결산하다 jiésuàn / 지에수안

戒指 ㊔ 반지 jièzhi / 지에즈

几分钟 ㊔ 몇 분 jǐfēnzhōng / 지펀중

几个 ㊃ 몇 개 jǐgè / 지거

几件 ㊃ 우편물 세는 단위 jíjiàn / 지지엔

即将 ㊕ 곧, 머지않아 jíjiāng / 지지앙

几块 ㊃ 몇 개의 jǐkuài / 지콰이

紧 ㊗ 바쁘다, 급박하다, 긴장해 있다 jǐn / 진

经常 ㊕ 자주 jīngcháng / 징창

经过 ㊍ 경유하다, 통과하다 jīngguò / 징구오

经济舱 ㊔ 비지니스석 jīngjìcāng / 징지창

尽快 ㊕ 되도록 빨리 jǐnkuài / 진콰이

进来 ㊍ 들어오다 jìnlái / 진라이

尽量 ㊕ 가능한, 최대한도로 jǐnliàng / 진리앙

进去 ㊍ 들어가다 jìnqù / 진취

进入 ㊍ 들어가다 jìnrù / 진루

今天早上 ㊔ 오늘 아침 jīntiānzǎoshang / 진티엔 자오샹

机票 ㊔ 탑승권 jīpiào / 지피아오

鸡肉 ㊔ 닭고기 jīròu / 지로우

鸡肉饭 명 닭고기밥 jīròufàn / 지로우퐌

即使 접 설령 ~하더라도 jíshǐ / 지슈

忌食 동 (종교, 병, 기타 원인으로) 먹지 않다 jìshí / 지슈

酒 명 술 jiǔ / 지우

就 부 곧, 하자마자 jiù / 지우

就会 동 곧 가능하다 jiù huì / 지우 후이

酒店 명 호텔 Jiǔdiàn / 지우디엔

酒类 명 주류 jiǔlèi / 지우레이

酒水单 명 주류 메뉴판 jiǔshuǐdān / 지우슈에이단

就要 부 머지않아 jiùyào / 지우야오

救援人员 명 구조대원 jiùyuán rényuán / 지우유엔런유엔

鸡尾酒 명 칵테일 jīwěijiǔ / 지웨이지우

机械 명 기계, 형 기계적이다 jīxiè / 지시에

机械师 명 기계사 jīxièshī / 지시에슈

继续 동 계속하다 명 계속, 연속 jìxù / 지쉬

机长 명 기장 jīzhǎng / 지장

济州岛 명 제주도 Jǐzhōudǎo / 지조우다오

纪念品 명 기념품 jìniànpǐn / 지니엔핀

觉 동 느끼다, 감지하다 jué / 쥬에

觉得 동 ~라고 여기다 juéde / 쥬에더

K

咖啡 명 커피 kāfēi / 카페이

开水 명 끓인 물 kāishuǐ / 카이슈에이

开通 동 개통하다 kāitōng / 카이통

看 동 보다 kàn / 칸

看见 동 보다 kànjiàn / 칸지엔

看看 동 조사하다, 살펴보다 kànkan / 칸칸

看起来 보기에 ~하다 kànqǐlái / 칸치라이

烤 동 굽다 kǎo / 카오

靠窗 명 창가 쪽 kào chuāng / 카오 츄앙

靠背 명 의자 등받이 kàobèi / 카오베이

靠近 형 동 가까이 가다 kàojìn / 카오진

渴 형 목마르다, 갈증나다 kě / 커

可口可乐 명 콜라 kěkǒukělè / 커코우커르

肯定 부 확실히 kěndìng / 컨딩

咳嗽 명 기침, 동 기침하다 késòu / 커소우

可惜 형 안타깝다 kěxī / 커시

可以 동 할 수 있다 kěyǐ / 커이

空座位 명 빈 자석 kōngzuòwèi / 콩주오웨이

空间 명 공간 kōngjiān / 콩지엔

恐怕 부 아마 ~일 것이다 kǒngpà / 콩파

空气 명 공기 kōngqì / 콩치

空气清新剂 명 공기청향제 kōngqì qīngxīnjì / 콩치 칭신지

空调 명 에어컨 kōngtiáo / 콩티아오

空调器 명 에어컨 kōngtiáoqì / 콩티아오치

控制 동 통제하다 kòngzhì / 콩즈

控制塔 명 관제탑 kòngzhìtǎ / 콩즈타

口味 명 맛 kǒuwèi / 코우웨이

口香糖 명 껌 kǒuxiāngtáng / 코우시앙탕

哭 동 울다 kū / 쿠

快 형 빠르다 kuài / 콰이

夸奖 ⓢ 칭찬하다 kuājiǎng / 쿠아지앙

矿泉水 ⓜ 물 kuàngquánshuǐ / 쿠앙츄엔슈에이

困难 ⓜ 곤란, ⓗ 곤란하다 kùnnan / 쿤난

L

啦 ⓙ 동사 뒤에서 동작완료 조사 了의 변화체 la / 라

辣椒酱 ⓜ 고추장 làjiāojiàng / 라지아오지앙

篮球 ⓜ 농구 lánqiú / 란치우

老婆 ⓜ 아내 lǎopo / 라오포

雷雨区 ⓜ 뇌우지역 Léiyǔqū / 레이위취

冷 ⓗ 춥다 lěng / 렁

冷饮 ⓜ 차가운 음료 lěngyǐn / 렁인

粒 ⓨ 알, 톨, 입자, ⓜ 알갱이 lì / 리

里 ⓜ 안, 속, 내부 lǐ / 리

离 ⓙ ~부터, ~까지 lí / 리

亮 ⓗ 빛나다, 밝다 liàng / 리앙

凉 ⓗ 차갑다, 서늘하다 liáng / 리앙

凉风 ⓜ 찬바람 liángfēng / 리앙펑

两个小时 ⓜ 2시간 liǎnggè xiǎoshí / 리앙거 시아오슈

两件 ⓨ 2개 liǎngjiàn / 리앙지엔

脸色 ⓜ 안색 liǎnsè / 리엔서

联系 ⓢ 연락하다 liánxì / 리엔시

厉害 ⓗ 대단하다, 심각하다 lìhai / 리하이

理解 ⓜ 이해, ⓢ 이해하다 lǐjiě / 리지에

里面 ⓜ 안쪽 lǐmiàn / 리미엔

零钱 ⓜ 잔돈 língqián / 링치엔

另外 ⓙ 이 외에 lìngwài / 링와이

留 ⓢ 보관하다, 남기다 liú / 리우

6公斤 ⓨ 6kg liù gōngjīn / 리우 공진

六排 ⓜ 6번째 줄 liùpái / 리우파이

礼物 ⓜ 선물, 증정품 lǐwù / 리우

漏 ⓢ 빠뜨리다, 누락되다 lòu / 로우

旅客 ⓜ 여행객 lǚkè / 뤼커

落 ⓢ 내려가다 luò / 루오

落地 ⓢ 착지하다 luòdì / 루오디

旅途 ⓜ 여정 lǚtú / 뤼투

旅行 ⓜ 여행, ⓢ 여행하다 lǚxíng / 뤼싱

旅行箱 ⓜ 여행가방 lǚxíngxiāng / 뤼싱시앙

M

吗 (의문조사) 문장 중간 또는 끝에 쓰임 ma / 마

麻烦 ⓗ 귀찮다, 번거롭다, ⓢ 귀찮게 하다 máfan / 마퐌

买 ⓢ 사다 mǎi / 마이

卖完 ⓢ 품절되다 màiwán / 마이완

满 ⓢ 가득차다 mǎn / 만

慢慢 ⓗ 느리다, 천천히 mànmàn / 만만

满意 ⓗ 만족하다 mǎnyì / 만이

满员 ⓜ 만석 mǎnyuán / 만유엔

毛巾 ⓜ 수건, 타월 máojīn / 마오진

毛毯 ⓜ 담요 máotǎn / 마오탄

毛衣 ⓜ 스웨터 máoyī / 마오이

马上 ⓑ 곧 mǎshàng / 마샹

没 ⓢ 없다 méi / 메이

没错 ⓗ 틀림없다 méicuò / 메이쵸우

美好 ⓗ 아름답다, 행복하다 měihǎo / 메이하오

每人 ⓜ 한 사람당 měirén / 메이런

没事儿 ⓢ 괜찮다 méishìer /메이슈얼

没问题 ⓢ 문제없다 méiwèntí / 메이 원티

没有 ⓢ 없다 méiyǒu / 메이요

美元 ⓜ 달러 měiyuán / 메이유엔

门 ⓜ 문 mén / 먼

米 ⓨ 미터 mǐ / 미

面包 ⓜ 빵 miànbāo / 미엔바오

免费 ⓢ 무료로 miǎnfèi / 미엔페이

免税品 ⓜ 면세품 miǎnshuìpǐn / 미엔슈에이핀

面条 ⓜ 국수 miàntiáo / 미엔티아오

米饭 ⓜ 쌀밥 mǐfàn / 미퐌

米酒 ⓜ 막걸리 mǐjiǔ / 미지우

明白 ⓗ 이해하다 míngbai / 밍바이

明码标价 ⓜ 정가제 míngmǎbiāojià / 밍마비아오지아

名字 ⓜ 이름 míngzi / 밍즈

蘑菇 ⓜ 버섯 mógu / 모구

茉莉花茶 ⓜ 자스민차 mòlìhuāchá / 모리후아차

目的地 ⓜ 목적지 mùdìdì / 무디디

穆斯林 ⓜ 이슬람교 mùsīlín / 무스린

N

那 ⓓ 그, 저 nà / 나

拿 ⓢ 잡다, 받다 ná / 나

哪儿 ⓓ 어디 nǎer / 날

拿回 ⓢ 가져오다 náhuí / 나후이

奶 ⓜ 우유 nǎi / 나이

耐心 ⓜ 인내심 ⓗ 참을성이 있다 nàixīn / 나이신

拿来 ⓢ 가져오다 nálái / 나라이

哪里 ⓓ 어디, 어느 곳 nǎli / 나리

难处 ⓢ 함께하기 어렵다 nánchǔ / 난추

男士 ⓜ 남자 분 nánshì / 난슈

难受 ⓗ 불편하다 nánshòu / 난쇼우

难说 ⓢ 말하기 어렵다 nánshuō / 난슈오

脑袋 ⓜ 두뇌, 머리 nǎodai / 나오다이

闹肚子 ⓜ 설사, 배탈 nàodùzi / 나오두즈

哪些 ⓓ 어떤 것들(복수) nǎxiē / 나시에

那样 ⓓ 그렇게 nàyàng / 나양

拿着 ⓢ 들다 názhe / 나즈어

呢 ⓙ 동작 상황 지속 의미 ne / 너

能 ⓗ ~할 수 있다 néng / 넝

能否 ⓢ ~인지 아닌지 néngfǒu / 넝포우

你 ⓓ 너, 당신 nǐ / 니

捏住 ⓢ 꽉 잡다 niēzhù / 니에주

你们 ⓓ 너희들, 당신들 nǐmen / 니먼

您 ⓓ 당신, 선생님 nín / 닌

拧紧 ⓢ 바싹 조이다 nǐngjǐn / 닝진

牛排 ⓜ 스테이크 niúpái / 니우파이

牛肉 ⓜ 소고기 niúròu / 니우로우

纽约 ⓜ 뉴욕 Niǔyuē / 니우유에

纽约时报 ㊔ 뉴욕타임즈 Niǔyuē shíbào / 니우유에 슈바오

女儿 ㊔ 딸 nǚer / 뉘얼

努力 ㊒ 노력하다 nǔlì / 누리

女朋友 ㊔ 여자친구 nǚpéngyou / 뉘펑요

女士 ㊔ 여사님(여성 존칭) nǚshì / 뉘슈

P

排风口 ㊔ 통풍구 páifēngkǒu / 파이펑코우

牌子 ㊔ 브랜드 páizi / 파이즈

胖 ㊖ 뚱뚱하다 pàng / 팡

旁边 ㊔ 옆, 곁, 부근 pángbiān / 팡비엔

跑道 ㊔ 활주로 pǎodào / 파오다오

配载 ㊒ 적재되다 pèizǎi / 페이자이

碰上 ㊒ 부딪치다 pèngshàng / 펑샹

朋友 ㊔ 친구 péngyou / 펑요

便宜 ㊖ 저렴하다 piányi / 피엔이

漂亮 ㊖ 예쁘다, 아름답다 piàoliang / 피아오리앙

啤酒 ㊔ 맥주 píjiǔ / 피지우

品尝 ㊒ 맛보다, 시식하다 pǐncháng / 핀창

瓶 ㊐ 병 píng / 핑

平衡 ㊖ 평형하다, ㊒ 균형잡히다 pínghéng / 핑헝

品种 ㊔ 품종 pǐnzhǒng / 핀중

迫降 ㊒ 강제착륙하다 pòjiàng / 포지앙

普遍 ㊖ 보편적이다 pǔbiàn / 푸비엔

普洱茶 ㊔ 보이차 pǔ'ěrchá / 푸얼차

葡萄酒 ㊔ 포도주 pútáojiǔ / 푸타오지우

Q

钱 ㊔ 돈 qián / 치엔

铅笔 ㊔ 연필 qiānbǐ / 치엔비

前舱 ㊔ 앞쪽 창구, 앞쪽 객실 qiáncāng / 치엔창

强烈 ㊖ 강렬하다 qiángliè / 치앙리에

抢手 ㊒ 잘 팔리다 qiǎngshǒu / 치앙쇼우

前面 ㊔ 앞쪽 qiánmiàn / 치엔미엔

签名 ㊒ 사인하다 qiānmíng / 치엔밍

谦虚 ㊖ 겸손하다, 겸허하다 qiānxū / 치엔쉬

歉意 ㊔ 미안한 마음 qiànyì / 치엔이

签证号码 ㊔ 비자 번호 qiānzhènghàomǎ / 치엔즈엉 하오마

期待 ㊒ 기대하다 qīdài / 치다이

茄子 ㊔ 가지 qiézi / 치에즈

起飞 ㊒ 이륙하다 qǐfēi / 치페이

起飞后 이륙한 후 qǐfēi hòu / 치페이 호우

起见 ㊆ ~를 위해 qǐjiàn / 치지엔

请 ㊒ 부탁하다, 청하다 qǐng / 칭

清楚 ㊖ 분명하다, ㊒ 이해하다 qīngchu / 칭츄

清洁袋 ㊔ 쓰레기봉지 qīngjiédài / 칭지에다이

情况 ㊔ 상황, 정황 qíngkuàng / 칭쿠앙

晴天 ㊔ 맑은 날씨 qíngtiān / 칭티엔

请问 말씀 좀 여쭙겠습니다 qǐngwèn / 칭원

倾斜 ㊖ 기울다, 경사지다 qīngxié / 칭시에

求助黄灯 명 긴급 빨간 등 qiúzhù huáng dēng / 치우후앙덩

气压 명 대기압 qìyā / 치야

区 명 구역 qū / 취

取 동 가지다, 얻다 qǔ / 취

确保 동 확실히 보장하다 quèbǎo / 츄에바오

确认 동 확인하다 quèrèn / 츄에런

R

让 동 ~에게 ~하도록 시키다 ràng / 랑

然后 접 그런 후 ránhòu / 란호우

热饮料 명 따뜻한 음료 rè yǐnliào / 러 인리아오

热茶 명 따뜻한 차 rèchá / 러차

忍不住 형 참지 못하다 rěnbúzhù / 런부주

任何 대 어떤, 무슨 rènhé / 런흐

人民币 명 인민폐 rénmínbì / 런민비

人数 명 인수 rénshù / 런슈

认为 동 생각하다 rènwéi / 런웨이

人员 명 직원 rényuán / 런유엔

热水 명 따뜻한 물 rèshuǐ / 러슈에이

日用品 명 일용품 rìyòngpǐn / 르용핀

荣幸 형 매우 영광스럽다 róngxìng / 롱싱

容易 형 쉽다 róngyì / 롱이

入关 동 세관에 들어가다 rùguān / 루구안

如果 접 만약 rúguǒ / 루구오

入境登记卡 명 입국신고서 rùjìngdēngjìkǎ / 루징덩지카

S

3岁 명 3살 sān suì / 산 수이

嗓子 명 목 sǎngzi / 상즈

商量 동 상의하다 shāngliang / 샹리앙

商品 명 상품 shāngpǐn / 상핀

上税 동 세금 내다 shàngshuì / 샹슈에이

稍等 동 잠깐 기다리다 shāo děng / 샤오 덩

稍后 명 잠시 후 shāohòu / 샤오호우

稍微 부 조금, 약간 shāowēi / 샤오웨이

身边 명 곁, 몸 옆 shēnbiān / 션비엔

深感 동 깊이 느끼다 shēngǎn / 션간

生菜 명 상추 shēngcài / 셩차이

生日 명 생일 shēngrì / 셩르

剩下 동 남기다 shèngxià / 셩시아

声音 명 소리 shēngyīn / 셩인

剩余 명 여분, 동 남겨두다 shèngyú / 셩위

什么 대 무슨, 어느 shénme / 션머

什么时候 의 대 언제 shénmeshíhòu / 션머슈호우

深深 형 매우 깊다, 깊숙하다 shēnshēn / 션션

身体 명 몸 shēntǐ / 션티

是 형 맞다, 옳다, 동 ~이다 shì / 슈

试 동 시도하다 shì / 슈

时差 명 시차 shíchā / 슈차

时代周刊 ⓜ 타임즈 shídàizhōukān / 슈다주오칸
是否 ⓑ ~인지 아닌지 shìfǒu / 슈포우
时光 ⓜ 시기, 시절 shíguāng / 슈구앙
时候 ⓜ 때, 시각 shíhou / 슈호우
时间 ⓜ 시간 shíjiān / 슈지엔
使劲 ⓓ 힘을 쓰다 shǐjìn / 슈진
湿毛巾 ⓜ 물수건 shīmáojīn / 슈마오진
食品 ⓜ 식품 shípǐn / 슈핀
事情 ⓜ 일 shìqing / 슈칭
失事 ⓓ 사고가 발생하다 shīshì / 슈슈
食物 ⓜ 음식물 shíwù / 슈우
15公斤 ⓜ 15kg shíwǔ gōngjīn / 슈우 공진
适应 ⓓ 적응하다 shìyìng / 슈잉
实在 ⓑ 정말 shízai / 슈자이
试着 ⓓ 한번 시도해보다 shìzhe / 슈즈어
市中心 ⓜ 시내, 도심 Shìzhōngxīn / 슈중신
收 ⓓ 수용하다, 받다 shōu / 쇼우
受欢迎 ⓓ 환영받는다 shòu huānyíng / 쇼우후안잉
受不了 ⓓ 참을 수 없다 shòubuliǎo / 쇼우부리아오
收费单 ⓜ 계산서 shōufèidān / 쇼우페이단
手机 ⓜ 핸드폰 shǒujī / 쇼우지
手脚 ⓜ 손과 발 shǒujiǎo / 쇼우지아오
收起 ⓓ 접다 shōuqǐ / 쇼우치
收拾 ⓓ 정리하다 shōushi / 쇼우슈
手提包 ⓜ 핸드백, 손가방 shǒutíbāo / 쇼우티바오
手提电脑 ⓜ 노트북 컴퓨터 shǒutídiànnǎo / 쇼우티디엔나오

受限物品 ⓜ 제한된 물품 shòuxiàn wùpǐn / 쇼유시엔 우핀
手续 ⓜ 수속 shǒuxù / 쇼우쉬
书 ⓜ 책 shū / 슈
熟 ⓗ 익다 shú / 슈
刷 ⓓ 닦다, 문지르다 shuā / 슈아
刷卡 ⓓ 카드로 결제하다 shuākǎ / 슈아카
蔬菜 ⓜ 채소 shūcài / 슈차이
蔬菜沙拉 ⓜ 야채샐러드 shūcàishālā / 슈차이샤라
舒服 ⓗ 편안하다 shūfu / 슈푸
疏忽 ⓓ 소홀히 하다, ⓗ 부주의하다 shūhu / 슈푸
谁 ⓜ 누구 shuí / 쉐이
说 ⓓ 말하다 shuō / 슈어
说明 ⓓ 설명하다, ⓜ 설명 shuōmíng / 슈오밍
舒适 ⓗ 편안하다 shūshì / 슈슈
送 ⓓ 전송하다, 주다 sòng / 송
素餐 ⓜ 간단한 식사, ⓓ 채식하다 sùcān / 수찬
速度 ⓜ 속도 sùdù / 수두
随 ⓓ 따르다 suí / 수이
虽然 ⓙ 비록 ~하지만 suīrán / 수이란
随身 ⓓ 몸에 지니다, 휴대하다 suíshēn / 수이션
锁 ⓜ 자물쇠, ⓓ 잠기다 suǒ / 수오
缩短 ⓓ 단축하다 suōduǎn / 수오두안
所以 ⓙ 그래서 suǒyǐ / 수오이

T

他 ㊥그(남성) tā / 타

它 ㊥그것, 저것 tā / 타

太 ㊕매우 tài / 타이

它们 ㊥그것들 tāmen / 타먼

他们都 ㊥그들, 저들 tāmendōu / 타먼 도우

糖 ㊔설탕 táng / 탕

躺 ㊐눕다 tǎng / 탕

套 ㊟세트 tào / 타오

套餐 ㊔세트메뉴 tàocān / 타오찬

特别 ㊕특히, ㊖특별하다 tèbié / 터비에

疼 ㊖아프다 téng / 텅

疼痛 ㊖아프다 téngtòng / 텅통

特殊 ㊖특수하다 tèshū / 터슈

特殊饮食 ㊔특별기내식 tèshūyǐnshí / 터슈 인슈

填 ㊐기입하다 tián / 티엔

甜点 ㊔디저트 tiándiǎn / 티엔디엔

填反 ㊐반대로 쓰다 tiánfǎn / 티엔퐌

天气 ㊔날씨 tiānqì / 티엔치

填写 ㊐써넣다 tiánxiě / 티엔시에

调 ㊐조절하다 tiáo / 티아오

调低 ㊐조절해 낮추다 tiáodī / 티아오디

条件 ㊔조건 tiáojiàn / 티아오지엔

贴心 ㊖가장 친하다 tiēxīn / 티엔신

提高 ㊐향상시키다 tígāo / 티가오

提供 ㊐공급하다 tígōng / 티공

听到 ㊐듣다 tīngdào / 팅다오

提前 ㊐앞당기다 tíqián / 티치엔

提醒 ㊐일깨우다 tíxǐng / 티싱

体育方面 ㊔스포츠 관련 tǐyù fāngmiàn / 티위 퐝미엔

提着 ㊐든 채로 있다 tízhe / 티즈

痛 ㊖아프다 tòng / 통

通风 ㊖공기가 통하다, ㊐통풍시키다 tōngfēng / 통펑

通关 ㊐세관을 통과하다 tōngguān / 통구안

通行 ㊐통행하다, 다니다 tōngxíng / 통싱

通知 ㊐알리다, 통지하다, ㊔통지 tōngzhī / 통즈

同坐 ㊔옆자리, 짝꿍 tóngzuò / 통주오

头 ㊔머리tóu / 토우

头等舱 ㊔일등석 tóuděngcāng / 토우덩창

头昏眼花 ㊕머리가 어지럽고 눈앞이 캄캄하다 tóuhūnyǎnhuā / 토우훈옌화

吐 ㊐토하다 tǔ / 투

推荐 ㊐추천하다 tuījiàn / 투이지엔

退款 ㊐환불하다, ㊔환불금 tuìkuǎn / 투이쿠안

退烧药 ㊔해열제 tuìshāo yào / 투이샤오 야오

托盘桌 ㊔테이블 tuōpánzhuō / 투오판주오

托运 ㊐(짐, 화물을) 탁송하다 tuōyùn / 투오윈

突然 ㊕갑자기 tūrán / 투란

突然间 ㊕갑자기 tūránjiān / 투란지엔

W

外面 ㊔바깥 wàimiàn / 와이미엔

完 ㊖끝나다 wán / 완

晚饭 명 저녁밥 wǎnfàn / 완퐌

往 전 ~로 향하다 wǎng / 왕

网站 명 웹사이트 wǎngzhàn / 왕잔

玩具 명 완구, 장난감 wánjù / 완쥐

晚上好 좋은 저녁입니다 wǎnshang hǎo / 완샹 하오

万一 부 만약, 명 만약의 일 wànyī / 완이

为 전 ~를 위해 wèi / 웨이

违禁物品 명 금지품 wéijìnwùpǐn / 웨이진우핀

为了 접 ~을 위해서 wèile / 웨이르

卫生间 명 화장실 wèishēngjiān / 웨이셩지엔

为什么 부 왜, 어째서, 명 의 왜 wèishénme / 웨이셤머

威士忌 명 위스키 wēishìjì / 웨이슈지

威士忌酸 명 위스키사워 wēishìjì suān / 웨이슈지 수안

危险 형 위험하다 wēixiǎn / 웨이시엔

位置 명 위치 wèizhi / 웨이즈

问 동 묻다 wèn / 원

温度 명 온도 wēndù / 원두

问题 명 문제 wèntí / 원티

我们 대 우리 wǒmen / 워먼

午餐 명 점심 wǔcān / 우찬

无醇 명 무알코올 wúchún / 우춘

误机 동 비행기를 놓치다 wùjī / 우지

物品 명 물품 wùpǐn / 우핀

污浊 형 공기 등이 혼탁하다, 더럽다 wūzhuó / 우주오

X

下降 동 하강하다, 내리다 xiàjiàng / 시아지앙

下面 명 아랫부분 xiàmiàn / 시아미엔

限额 동 한정하다, 명 한정액 xiàn'é / 시엔으

像 동 같다 xiàng / 시앙

想 동 생각하다 xiǎng / 시앙

想看 동 보고 싶다 xiǎng kàn / 시앙 칸

想去 동 가고 싶다 xiǎng qù / 시앙 취

想到 동 예상, 생각하다 xiǎngdào / 시앙다오

向上 동 위로 향하다 xiàngshàng / 시앙샹

香水 명 향수 xiāngshuǐ / 시앙슈에이

详细 형 상세하다 xiángxì / 시앙시

相应 동 응하다 xiāngyìng / 시앙잉

香油 명 참기름 xiāngyóu / 시앙요

箱子 명 상자 xiāngzi / 시앙즈

现金 명 현금 xiànjīn / 시엔진

限量 명 한정수량 동 수량을 정하다 xiànliàng / 시엔리앙

先生 명 선생님(남성 존칭) xiānsheng / 시엔셩

显示 동 보여주다, 나타나다 xiǎnshì / 시엔슈

现在 명 지금 xiànzài / 시엔자이

小费 명 팁 xiǎofèi / 시아오페이

效果 명 효과 xiàoguǒ / 시아오구오

消化 동 소화되다 xiāohuà / 시아오후아

小姐 명 아가씨 xiǎojiě / 시아오지에

小朋友 명 어린이, 꼬마 xiǎopéngyǒu / 시아오펑요

小时 명 시간(단위) xiǎoshí / 시아오슈

小心 동 조심하다, 형 조심스럽다 xiǎoxīn / 시아오신

小桌板 명 테이블 xiǎozhuōbǎn / 시아오주오반

下午 명 오후 xiàwǔ / 시아우

狭窄 형 비좁다, 좁다 xiázhǎi / 시아자이

写 동 쓰다 xiě / 시에

些 양 얼마간, 조금 xiē / 시에

携带 동 휴대하다 xiédài / 시에다이

谢谢 동 감사합니다 xièxie / 시에시에

写着 동 쓰여 있다 xiězhe / 시에즈

西红柿 명 토마토 xīhóngshì / 시훙슈

喜欢 동 좋아하다, 형 즐거워하다 xǐhuan / 시후안

细节 명 세부사항 xìjié / 시지에

戏剧 명 희극, 연극, 가극 xìjù / 시쥐

行 동 좋다, 해도 된다 xíng / 싱

行李 명 짐, 수화물 xíngli / 싱리

行李搬运工 명 수하물 운반공 xíngli bānyùngōng / 싱리 반윈공

行李架 명 짐받이, 선반 xínglǐjià / 싱리지아

行李箱 명 여행용 가방 xínglǐxiāng / 싱리시앙

新手 명 초보자 xīnshǒu / 신쇼우

信息 명 소식, 정보 xìnxī / 신시

信用卡 명 신용카드 xìnyòngkǎ / 신용카

洗手间 명 화장실 xǐshǒujiān / 시쇼우지엔

休息 동 휴식을 취하다 xiūxi / 시우시

希望 명 희망, 동 희망하다 xīwàng / 시왕

吸烟 동 담배 피다 xīyān / 시옌

需 동 필요하다 xū / 쉬

选 동 선택하다 xuǎn / 슈엔

旋钮 명 스위치 xuánniǔ / 슈엔니우

选择 동 선택하다 xuǎnzé / 슈엔즈

许多 형 매우 많다 xǔduō / 쉬두어

雪碧 명 사이다 xuěbì / 슈에비

巡航 동 순항하다 xúnháng / 쉰항

询问 동 알아보다, 물어보다 xúnwèn / 쉰원

需要 명 요구, 동 요구하다 xūyào / 쉬야오

Y

样 명 모양, 모습 yàng / 양

阳光 명 양광, 햇빛 yángguāng / 양구앙

眼睛 명 눈 yǎnjing / 옌징

咽口水 동 침을 삼키다 yànkǒushuǐ / 옌코우슈에이

延误 동 지체하다 yánwù / 옌우

严重 형 위급하다 yánzhòng / 옌중

咬 동 물다, 깨물다 yǎo / 야오

药 명 약 yào / 야오

要 동 요구하다 yāo / 야오

要不 접 그렇지 않으면 yàobù / 야오부

要求 동 요구하다, 명 요구 yāoqiú / 야오치우

要是 접 만약 ~라면 yàoshi / 야오슈

牙刷 명 칫솔 yáshuā / 야슈아

液体 명 액체 yètǐ / 예티

业务 명 업무 yèwù / 예우

椅背 명 의자 등받이 yǐbèi / 이베이

异常 형 정상이 아니다 yìcháng / 이창

一次性 ⓗ 일회용인 yícìxìng / 이츠싱

椅袋 ⓜ 좌석 주머니 yǐdài / 이다이

一份 ⓨ 1부 yífèn / 이펀

衣服 ⓜ 옷 yīfu / 이푸

一个 ⓨ 1개 yígè / 이거

一个人 ⓜ 한 사람 yígè rén / 이거 런

一共 ⓑ 모두, 전부 yígòng / 이공

以后 ⓜ 이후 yǐhòu / 이호우

一会儿 ⓑ 잠깐, 잠깐 사이 yíhuìer / 이후얼

已经 ⓑ 벌써, 이미 yǐjing / 이징

因此 ⓙ 이로 인해 yīncǐ / 인스

硬 ⓗ 단단하다, 딱딱하다 yìng / 잉

婴儿篮 ⓜ 아기바구니 yīng'érlán / 잉얼란

婴儿推车 ⓜ 유모차 yīng'értuīchē / 잉얼투이츠어

应该 ⓓ 반드시 ~해야 한다 yīnggāi / 잉가이

应急逃生 긴급상황에서 목숨을 건지다 yìngjí táoshēng / 잉지 타오성

影片 ⓜ 영화, 필름 yǐngpiàn / 잉피엔

英文名 ⓜ 영문 이름 yīngwén míng / 잉원 밍

影响 ⓜ 영향, ⓓ 영향을 주다 yǐngxiǎng / 잉시앙

银联卡 ⓜ 은련카드 (중국은행연합회주식유한회사에서 발행하는 은행카드) yínliánkǎ / 인리엔카

饮料 ⓜ 음료 yǐnliào / 인리아오

饮食 ⓜ 음식 yǐnshí / 인슈

因为 ⓙ 왜냐하면 yīnwèi / 인웨이

音乐 ⓜ 음악 yīnyuè / 인유에

一起 ⓑ 함께 더불어 yìqǐ / 이치

一切 ⓓ 모두, 일체의 ⓑ 모두 yíqiè / 이치에

医生 ⓜ 의사 yīshēng / 이셩

易碎 ⓗ 깨지기 쉽다 yìsuì / 이수이

异味 ⓜ 독특한 냄새, 특이한 냄새 yìwèi / 이웨이

义务 ⓜ 의무, 책임 yìwù / 이우

一下 (동사 뒤에서) 좀 ~하다 yíxià / 이시아

一些 ⓨ 약간, 조금 yìxiē / 이시에

一样 ⓗ 같다 yíyàng / 이양

医院 ⓜ 병원 yīyuàn / 이유엔

一直 ⓑ 계속, 줄곧 yìzhí / 이즈

用 ⓓ 사용하다 yòng / 용

用餐 ⓓ 식사를 하다 yòngcān / 용찬

有点 ⓑ 약간 yǒudiǎn / 요디엔

有点儿 ⓓ 조금 있다 yǒudiǎner / 요디얼

优惠 ⓗ 특혜의, 우대의 yōuhuì / 요후이

犹太教 ⓜ 유대교 yóutàijiào / 요타이지아오

有些 ⓑ 약간, 조금, ⓓ 어떤 것, 일부 yǒuxiē / 요시에

由于 ⓙ ~때문에 yóuyú / 요위

有助于 ⓓ ~에 도움이 되다 yǒuzhùyú / 요주위

遇 ⓓ 만나다 yù / 위

逾 ⓓ 초과하다, ⓑ 더욱, 훨씬 yú / 위

原谅 ⓓ 양해하다, 용서하다 yuánliàng / 유엔리앙

遇到 ⓓ 만나다 yùdào / 위다오

预定 ⓓ 미리 약속하다 yùdìng / 위딩

越来越 ⓑ 점점 더, 갈수록 yuèláiyuè / 유에라이유에

愉快 ⓗ 기쁘다 yúkuài / 위콰이

预约 ⓓ 예약하다 yùyuē / 위유에

预祝 ⓢ미리 축원한다 yùzhù / 위주

Z

在 ⓢ존재하다, 있다 zài / 자이

在这儿 여기에 있다 zài zhèr / 자이 즈얼

暂时 ⓜ잠시, 잠깐 zànshí / 잔슈

糟 ⓗ상황이 좋지 않다, 나쁘다 zāo / 자오

早上好 좋은 아침입니다 zǎoshanghǎo / 자오샹하오

杂志 ⓜ잡지 zázhì / 자즈

赠券 ⓜ쿠폰, 선물권 zèngquàn / 정츄엔

怎么 ⓓ어떻게, 어째서 zěnme / 점머

怎么办 어쩌면 좋은가 zěnmebàn / 점머반

站 ⓢ서 있다, ⓜ역 zhàn / 잔

张 ⓨ장 zhāng / 장

丈夫 ⓜ남편 zhàngfu / 장푸

找 ⓢ찾다 zhǎo / 자오

着急 ⓢ조급해하다 zháojí / 자오지

这 ⓓ이것 zhè / 즈

这个 ⓓ이것 zhège / 즈거

遮光板 ⓜ차광판 zhēguāngbǎn / 즈구앙반

折合 ⓢ환산하다 zhéhé / 즈흐

折扣 ⓜ할인 zhékòu / 즈코우

这里 ⓓ여기 zhèlǐ / 즈리

这么 ⓓ이와 같이 zhème / 즈머

真 ⓑ정말 zhēn / 즌

正餐 ⓜ정찬, 식사 zhèngcān / 정찬

正好 ⓗ딱 맞다, ⓑ마침 zhènghǎo / 정하오

整理 ⓢ정리하다 zhěnglǐ / 정리

正在 ⓑ지금 ~하고 있다 zhèngzài / 정자이

阵雨 ⓜ소나기 zhènyǔ / 즈언위

这儿 ⓓ여기, 이곳 zhèr / 즈얼

这些 ⓓ이런 것들 zhèxiē / 즈시에

这样 ⓓ이래서 zhèyàng / 즈양

这样吧 (그럼) 이렇게 하자 zhèyàngba / 즈양바

遮阳伞 ⓜ양산 zhēyángsǎn / 즈양산

只 ⓑ단지 zhǐ / 즈

直 ⓗ곧다 zhí / 즈

治 ⓢ치료하다, 관리하다 zhì / 즈

直达 ⓢ곧바로 도착하다 zhídá / 즈다

知道 ⓢ알다, 이해하다 zhīdào / 즈다오

指定的位置 ⓜ지정된 좌석 zhǐdìng de wèizhi / 즈딩 더 웨이즈

之后 ⓜ그 후 zhīhòu / 즈호

质量 ⓜ품질 zhìliàng / 즈리앙

指令 ⓢ지시하다, ⓜ지령 zhǐlìng / 즈링

只是 ⓑ단지, 다만, 오로지 zhǐshì / 즈슈

只要 ⓙ~하기만 하면 zhǐyào / 즈야오

职业 ⓜ직업 zhíyè / 즈예

指一下 ⓢ가리키다 zhǐyíxià / 즈이시아

种 ⓜ종류 zhǒng / 중

中舱 ⓜ객실 중앙 zhōngcāng / 중창

重感冒 ⓜ악성감기 zhònggǎnmào / 중간마오

中国 ⓜ중국 Zhōngguó / 중구어

中文名 ㊔ 중문 이름 zhōngwén míng / 중원 밍

中午 ㊔ 정오 zhōngwǔ / 중우

骤变 ㊕ 급변하다 zhòubiàn / 조우비엔

周到 ㊗ 세심하다, 꼼꼼하다 zhōudào / 즈오우다오

祝 ㊕ 기원하다 zhù / 주

抓紧 ㊕ 서둘러 급하게 하다 zhuājǐn / 주아진

转动 ㊕ 돌다 zhuàndòng / 주안동

转机 ㊕ 비행기를 갈아타다 zhuǎnjī / 주안지

专门 ㊗ 전문적이다 ㊖ 전문적으로 zhuānmén / 주안먼

祝贺 ㊕ 축하하다 zhùhè / 주흐

准备 ㊕ 준비하다 zhǔnbèi / 준베이

准时 ㊖ 정시에 zhǔnshí / 준슈

桌子 ㊔ 탁자 zhuōzi / 주오즈

注意 ㊔ 주의, ㊕ 주의하다 zhùyì / 주이

自己 ㊐ 스스로, 자기 zìjǐ / 즈지

紫外线 ㊔ 자외선 zǐwàixiàn / 즈와이시엔

仔细 ㊗ 세세하다, 자세하다 zǐxì / 즈시

总共 ㊖ 모두, 전부 zǒnggòng / 즈옹공

走 ㊕ 걸어가다 zǒu / 조우

足够 ㊗ 충분하다 zúgòu / 주고우

醉 ㊕ 취하다 zuì / 주이

最好 ㊗ 가장 좋다 zuìhǎo / 주이하오

最后 ㊔㊗ 최후, 마지막의 zuìhòu / 주이호우

做 ㊕ ~하다, 만들다 zuò / 주오

左边 ㊔ 왼쪽 편 zuǒbiān / 주오비엔

坐好 ㊕ 똑바로 앉다 zuòhǎo / 주하오

座位 ㊔ 좌석 zuòwèi / 주오웨이

座位底下 ㊔ 좌석 아래 zuòwèi dǐxià / 주오웨이 디시아

座位号 ㊔ 좌석번호 zuòwèihào / 주오웨이하오

座椅 ㊔ 좌석 zuòyǐ / 주오이

左右 ㊔ 정도, 왼쪽 오른쪽 zuǒyòu / 주오요

足球 ㊔ 축구 zúqiú / 주치우